Propriétaires Locataires

Qui paie quoi ?

Patricia Gendrey
Juriste

Sylvie Dibos-Lacroux

15e édition

2016

prat éditions

Les mots suivis d'un astérisque(*) vous indiquent une loi, un décret reproduit en fin d'ouvrage dans la partie Textes de loi.

Tous les codes et guides sont disponibles sur :
www.prat.fr

Direction éditoriale : Anne-Laure Marie
Édition : Sophie Boucher-Delesalle
Coordination éditoriale : Maud Taïeb
Composition : Éric Marouzé
Crédits photos : © Gilles Paire - Fotolia

52, rue Camille-Desmoulins
92448 Issy-les-Moulineaux Cedex

ISBN 978-2-8095-0810-9
ISSN 1272-4955

Votre locataire ne paye plus son loyer, **votre propriétaire** refuse de faire les travaux qui lui incombent, vous contestez la répartition des charges établie par votre bailleur, vous ne trouvez pas de solution à un contentieux et souhaitez demander réparation en justice... Voilà quelques-uns des litiges qui opposent fréquemment bailleurs et locataires.

Que vous soyez propriétaire ou locataire, mettez tous les atouts de votre côté pour gérer au mieux cette relation :

Connaissez précisément **vos droits et vos devoirs réciproques** :

- Quelle est la loi applicable à chaque type de bail (location libre, loi de 1948, HLM ...) ?
- Quelles sont les obligations des parties en fonction du type de location ?
- Quels sont les interlocuteurs et les règlements en cas de litige ?
- Que va changer la loi ALUR ?

Trouvez les réponses aux nombreuses interrogations qui font votre quotidien :

- Quelle est la valeur d'un état des lieux établi « a posteriori » ?
- Qui va payer le remplacement du carreau brisé ?
- Qui paye pour le ravalement de la façade qui vient d'être voté ?
- Comment sont réparties les charges ? Comment contester leur montant ?
- Quel est le délai légal pour restituer un dépôt de garantie ?
- Une augmentation du loyer en cours de bail est-elle légale ?
- Quels recours en cas de non-paiement des loyers ?

Pour vous accompagner dans toutes vos démarches, ce guide résolument pratique intègre également tous les modèles de lettres incontournables pour faire valoir vos droits et les textes de loi de référence.

Anne-Laure Marie
Directrice éditoriale

LISTE DES ABRÉVIATIONS

Bull. civ. : Bulletin de la Cour de cassation
BOCC : Bulletin officiel de la concurrence et de la consommation
BOI : Bulletin officiel des impôts
C. assur. : Code des assurances
C. cass. : Cour de cassation
C. civ. : Code civil
C. consom. : Code de la consommation
C. envir. : Code de l'environnement
CGCT : Code général des collectivités territoriales
C. pén. : Code pénal
CPCE : Code des procédures civiles d'exécution
C. séc. int. : Code de la sécurité intérieure
C. séc. soc. : Code de la Sécurité sociale
C. trav. : Code du travail
CA : Cour d'appel
CAA : Cour administrative d'appel
CASF : Code de l'action sociale et des familles
CCH : Code de la construction et de l'habitation
CE : Conseil d'État
CGI : Code général des impôts
Ch. : Chronique
Civ. : Chambre civile
COJ : Code de l'organisation judiciaire
CPC : Code de procédure civile
CPP : Code de procédure pénale
CSP : Code de la santé publique
Crim. : Chambre criminelle
D. : Dalloz
Gaz. Pal. : Gazette du palais
IR : Informations rapides
JCP, G : Juris-classeur périodique (semaine juridique), Édition générale
JOAN : Journal officiel Assemblée nationale
LPF : Livre des procédures fiscales
Rép. min. : Réponse ministérielle
RGAT : Revue générale de l'assurance terrestre
RGDA : Revue générale du droit des assurances
RJPF : Revue judiciaire droit et famille
S. : Sommaire
TA : Tribunal administratif
TC : Tribunal de commerce
TGI : Tribunal de grande instance
TI : Tribunal d'instance

Table des matières

Les différents types de location

Les locations libres

Les locations libres sont régies par les articles 1708 et suivants du Code civil*. La plupart des dispositions de ce code sont supplétives, c'est-à-dire qu'il est possible de déroger à la plupart des règles par contrat. En outre, il convient de noter ici que les articles du Code civil relatifs aux contrats de louage forment le droit commun. Il s'agit donc de la base commune aux locaux soumis à la loi du 1er septembre 1948* et à ceux régis par la loi du 6 juillet 1989*.
En conséquence, lorsque ces lois ne régissent pas une matière ou ne dérogent pas au contrat de louage, c'est aux dispositions du Code civil qu'il convient de se référer.

Pour quels logements ?

Les locations saisonnières, les résidences secondaires, les logements de fonction, les garages, les jardins ou les autres locaux loués indépendamment du logement sont soumis au Code civil, régime juridique peu contraignant pour les parties.

À quelles règles obéissent-elles ?

Les locations libres sont soumises au Code civil. Elles portent fort bien leur nom car elles sont très peu réglementées. Bailleurs et locataires peuvent organiser leurs relations contractuelles comme bon leur semble. Le bail peut être verbal, à durée déterminée ou indéterminée. Le loyer est fixé librement.
De même, les charges sont fixées par accord commun entre le bailleur et le preneur. En outre, les réparations locatives sont réglementées par les articles 1754 et 1755 du Code civil*. Ces textes laissent une autonomie de volonté plus grande entre les parties.
Toutefois, depuis la loi Solidarité et Renouvellement Urbains (SRU) n° 2000-1208 du 13 décembre 2000 et le décret n° 2002-120 du 30 janvier 2002, les bailleurs sont tenus de délivrer un logement décent lorsque le bail porte sur un local loué pour l'habitation principale du locataire (sur les caractéristiques d'un logement décent, voir le *texte de loi*, p. 251).

À NOTER

Des règles de droit commun Les dispositions du Code civil en matière de location sont des règles dites de droit commun. En conséquence, ce sont les règles normalement applicables aux rapports entre preneurs et bailleurs, sauf quand d'autres dispositions s'appliquent (par exemple, la loi du 6 juillet 1989 à certains baux).

À NOTER

Les locations meublées Les locations meublées constituant la résidence principale du locataire sont, depuis la loi n° 2014-366 du 24 mars 2014, soumises au titre Ier bis de la loi n° 89-462 du 6 juillet 1989.

Les règles sont alignées sur celles régissant les locations vides, sauf quelques exceptions concernant notamment le dépôt de garantie, la durée de la location et le délai de préavis. Si la location meublée dépend d'un bail commercial ou d'un établissement recevant du public aux fins d'hébergement, les articles L. 632-1 et suivants du Code de la construction et de l'habitation sont applicables.

Les locations soumises à la loi de 1948

Les logements soumis à la loi de 1948* sont caractérisés par des loyers très bas et le droit au maintien dans les lieux. Très peu de logements sont encore actuellement régis par cette loi, la plupart des locaux ayant été libérés. En outre, les logements vacants depuis le 23 décembre 1986 ne sont plus soumis à la loi de 1948.

Pour quels logements ?

Votre logement ne sera soumis à la loi de 1948 que si trois conditions sont réunies. Celles-ci sont relatives à la date de construction de l'immeuble, à sa situation géographique et à sa catégorie.

› Date de construction de l'immeuble

La loi ne s'applique qu'aux logements achevés avant le 1er septembre 1948. Elle ne s'applique donc pas :
- aux logements utilisés avant le 1er juin 1948 à d'autres fins que l'habitation et postérieurement affectés à cet usage, et répondant à des conditions d'habitabilité fixées par voie réglementaire ;
- aux locaux rénovés dans le cadre de la loi Malraux (loi n° 62-903 du 4.8.1962) ;
- aux garages et remises de garage loués accessoirement, situés dans un immeuble collectif et loués accessoirement à des locaux situés dans un immeuble collectif.

› Localisation de l'immeuble

Cette loi est applicable :
- à Paris et dans les communes se trouvant dans un rayon de 50 km de l'emplacement des anciennes fortifications de Paris ;
- dans les communes dont la population est supérieure à 4 000 habitants ou limitrophes de communes dont la population totale est au moins égale à 10 000 habitants d'après le recensement de 1968 ;
- dans les communes de 4 000 habitants ou plus dont la population s'est accrue de plus de 5 % à chacun des recensements généraux de 1954, 1962 et 1968, par rapport au recensement précédent.

› Catégorie de l'immeuble

Certains locaux ne sont plus soumis à la loi de 1948. Il s'agit des locaux classés en catégorie exceptionnelle et en première catégorie. Il en va de même pour les locaux classés en catégorie II A sauf quand ils étaient occupés par des personnes âgées d'au moins 65 ans ou 60 ans en cas d'inaptitude au travail et remplissant des conditions d'occupation et de revenus.

Les locaux classés dans les catégories énumérées ci-après sont donc soumis à la loi de 1948 :
- II A quand les occupants en place ont au moins 65 ans (60 ans en cas d'inaptitude au travail) et remplissent certaines conditions d'occupation et de revenus ;
- II B ;
- II C ;
- III A ;
- III B ;
- IV.

› Anciens locaux loi de 1948 vacants depuis le 23 décembre 1986

Les locaux vacants depuis le 23 décembre 1986 (sauf les locaux classés en catégorie IV) ne peuvent plus être soumis à la loi de 1948. Ils sont désormais régis par la loi n° 89-462 du 6 juillet 1989 (sauf s'il s'agit de locaux à usage exclusivement professionnels qui sont régis par l'article 57 A de la loi du 23.12.1986 et par les dispositions du Code civil).
Ces locaux doivent respecter les caractéristiques d'un logement décent définies par le décret n° 2002-120 du 30 janvier 2002 (voir p. 251).
S'ils ne respectent pas ces normes, le locataire peut, dans le délai d'1 an à compter de la date de prise d'effet du contrat de location initial, demander au propriétaire leur mise en conformité avec ces normes sans qu'il soit porté atteinte à la validité du contrat de location en cours.
En cas de refus, le locataire doit s'adresser à la commission départementale de conciliation puis, à défaut d'accord, au juge d'instance qui déterminera la nature des travaux à réaliser et le délai de leur exécution. Il peut, même d'office, fixer une astreinte et peut également se prononcer sur une demande de modification du loyer fixé par le bailleur ou proposé par le locataire.
Si la mise aux normes est effectuée, la fixation du loyer avec le nouveau locataire est libre.
À défaut de mise aux normes, le loyer doit être fixé en fonction des loyers constatés dans le voisinage pour des logements comparables.

À quelles règles obéissent-elles ?

Autant les locations libres permettent une grande liberté au bailleur, autant les locations soumises à la loi de 1948 enferment ce dernier dans un cadre rigide. Ces types de baux sont caractérisés par le fait que les loyers sont très bas et que le locataire a droit au maintien dans les lieux. Les charges locatives pouvant être récupérées sur le locataire sont les mêmes que celles applicables aux locations soumises à la loi du 6 juillet 1989* (loi du 1.9.1948, art. 38).
La liste précise et limitative de ces charges est prévue par le décret n° 87-713 du 26 août 1987*.
Les réparations locatives sont également les mêmes que celles à la charge des locataires dépendant de la loi du 6 juillet 1989*.

Les locations soumises à la loi du 6 juillet 1989

La majeure partie des locations d'habitation est soumise aujourd'hui à cette loi. Ce texte institue un régime juridique très contraignant pour le bailleur, car il a pour but de protéger le locataire et de consacrer, par ce biais, un « droit au logement ».

Pour quels logements ?

La loi du 6 juillet 1989* est applicable aux logements à usage d'habitation principale loués vides ou meublés et aux locaux à usage mixte d'habitation et professionnel.
Actuellement, les logements loués à usage d'habitation principale sont en majorité soumis à cette loi.
Lorsque le local remplit les conditions, le bailleur est obligé d'appliquer cette loi.

À quelles règles obéissent-elles ?

Le législateur a tenté d'équilibrer les droits et obligations des locataires et des propriétaires. Les charges récupérables sont strictement définies par le décret n° 87-713 du 26 août 1987* (*JO* du 30.8.1987) qui énonce les frais pouvant faire l'objet de récupération. La loi portant engagement pour le logement n° 2006-872 du 13 juillet 2006 a supprimé le caractère exhaustif et limitatif de cette liste en permettant d'y déroger par accords collectifs locaux portant sur l'amélioration de la sécurité ou la prise en compte du développement durable (loi n° 89-462 du 6.7.1989, art. 23).
Le logement, au début du bail, doit être décent et les réparations locatives, quant à elles, sont définies et énumérées par le décret n° 87-712 du 26 août 1987* (*JO* du 30.8.1987). Cette liste n'est pas limitative, ce qui pose de nombreux problèmes d'interprétation.

Les logements à loyers modérés (HLM)

Les logements à loyers modérés, dits logements HLM, ont pour but de permettre aux personnes ayant des ressources modestes de se loger. Ces locaux sont soumis à un régime juridique hybride. Ainsi, la loi du 6 juillet 1989 s'applique partiellement et les locataires bénéficient du droit au maintien dans les lieux de la loi du 1er septembre 1948.

Pour quels logements ?

Les logements HLM sont loués à des personnes aux revenus modestes. Pour en bénéficier, il ne faut pas dépasser un certain plafond de ressources révisé chaque année. Certaines personnes sont prioritaires.

À quelles règles obéissent-ils ?

Les logements HLM sont soumis pour une large part à la loi du 6 juillet 1989. En outre, le locataire bénéficie du principe du droit au maintien dans les lieux, posé par la loi du 1er septembre 1948. C'est ainsi que les charges récupérables sont soumises à la loi de 1989, tandis que les réparations locatives sont régies par le droit commun.

À QUELLE LOI VOTRE BAIL EST-IL SOUMIS ?			
Locations libres (Code civil)	**Logements soumis à la loi de 1948**	**Logements soumis à la loi du 6 juillet 1989**	**Logements à loyers modérés**
• locations saisonnières • logements de fonction • résidences secondaires • locations de garage, d'emplacement de parking, de jardin ou d'un autre local loué indépendamment du logement	1) logements classés en catégorie : – II A quand les occupants en place ont au moins 65 ans (60 ans en cas d'inaptitude au travail) et remplissent certaines conditions d'occupations et de revenus – II B – II C – III A – III B – IV 2) le logement doit être situé dans une commune soumise à la loi de 1948 (se renseigner auprès de la mairie) 3) le logement doit avoir été achevé avant le 1er septembre 1948	• logements à usage d'habitation principale et les dépendances (garage…) • logements à usage mixte (habitation et exercice d'une profession libérale)	logements loués par un OPHLM, un Office public d'aménagement et de construction (OPAC), une société d'HLM, une fondation

Bailleurs-locataires : vos droits, vos obligations

Les locations soumises à la loi du 6 juillet 1989

➤ Les locaux loués sont le plus souvent soumis à la loi du 6 juillet 1989. En effet, ce texte s'applique aux logements constituant la résidence principale du locataire (hors logement-foyer et logement de fonction), aux logements à usage mixte d'habitation et professionnel et aux locaux loués accessoirement au logement principal.

➤ La loi du 6 juillet 1989 est d'ordre public, il n'est donc pas possible de déroger à ces règles par contrat.

La fixation du loyer

Le loyer pour les logements soumis à la loi du 6 juillet 1989 est réglementé, tant au moment de la signature du bail que lors de son renouvellement. Autrefois réservée à Paris et l'agglomération parisienne, la limitation des loyers a été étendue à de nombreuses régions.
En fonction de l'emplacement des lieux loués, le loyer, au début du bail, peut être fixé librement entre propriétaire et locataire, augmenté en fonction des loyers du voisinage ou encore bloqué.
Lors du renouvellement du bail, la hausse autorisée ne peut en principe dépasser la variation de l'indice des loyers (si une clause prévoit cette indexation).

La fixation du loyer au début du bail

Le décret n° 2012-894 du 20 juillet 2012 relatif à l'évolution de certains loyers, pris en application de l'article 18 de la loi n° 89-462 du 6 juillet 1989, a limité, dans certaines communes, les possibilités d'augmenter le loyer en début de bail.
Ce décret est pris pour un an renouvelable.

› Si le logement n'est pas situé dans une commune réglementée

• Le loyer est libre

Le loyer peut être fixé librement dans les cas suivants :
- le local loué est neuf ;
- le local loué fait l'objet d'une première location et est conforme aux normes de décence du décret n° 2002-120 du 30 janvier 2002 ;
- le local loué est vacant (changement de locataire) et a fait l'objet de travaux d'amélioration depuis moins de 6 mois d'un montant au moins égal à 1 an de loyer.

• Le loyer ne doit pas dépasser les loyers du voisinage

Le loyer est fixé en fonction des loyers du voisinage quand le local loué a déjà été loué (vacant) et n'a pas fait l'objet de travaux d'amélioration.

› Si le logement est dans une commune réglementée

• En principe, le loyer est bloqué

En cas de changement de locataire, le loyer du nouveau bail ne peut excéder le dernier loyer appliqué au précédent locataire (éventuellement révisé).

Le loyer peut être réévalué en cas de travaux d'amélioration

Le loyer peut être réévalué quand :
- le bailleur a réalisé, depuis la conclusion du dernier contrat, des travaux d'amélioration portant sur les parties privatives ou communes d'un montant au moins égal à la moitié de la dernière année de loyer. Dans ce cas, la hausse du loyer annuel ne peut excéder 15 % du coût réel des travaux toutes taxes comprises ;
- lorsque le dernier loyer appliqué au précédent locataire est manifestement sous-évalué.

Dans ce cas, la hausse du nouveau loyer ne peut excéder la plus élevée des deux limites suivantes :
1° la moitié de la différence entre le montant moyen d'un loyer représentatif des loyers habituellement constatés dans le voisinage pour des logements comparables et le dernier loyer appliqué au précédent locataire ;
2° une majoration du loyer annuel égale à 15 % du coût réel des travaux toutes taxes comprises, dans le cas où le bailleur a réalisé depuis la fin du dernier contrat de location des travaux d'amélioration portant sur les parties privatives ou communes d'un montant au moins égal à la moitié de la dernière année de loyer.

Le loyer est libre

Le loyer peut être fixé librement dans les cas suivants :
- le local loué est neuf ;
- le local loué fait l'objet d'une première location et est conforme aux normes de décence du décret n° 2002-120 du 30 janvier 2002.

La fixation du loyer lors du renouvellement du bail

› Communes non réglementées

Si le loyer est manifestement sous-évalué

Au renouvellement du bail, le loyer peut être réévalué et fixé en fonction des loyers du voisinage quand il est manifestement sous-évalué.

Si le loyer n'est pas sous-évalué

Si le loyer n'est pas sous-évalué, il ne peut être augmenté au renouvellement, sauf application d'une clause de révision insérée dans le bail (augmenté en suivant la variation de l'indice de références des loyers).

› Communes réglementées

• Si le loyer est manifestement sous-évalué

Au renouvellement du bail, le bailleur peut le réévaluer sans que la hausse de loyer excède la plus élevée des deux limites suivantes :
1° la moitié de la différence entre le loyer déterminé en fonction des loyers du voisinage et le loyer appliqué avant le renouvellement du contrat de location ;
2° une majoration du loyer annuel égale à 15 % du coût réel des travaux toutes taxes comprises, dans le cas où le bailleur a réalisé depuis le dernier renouvellement du contrat de location des travaux d'amélioration portant sur les parties privatives ou communes d'un montant au moins égal à la dernière année de loyer.
Le coût des travaux d'amélioration portant sur les parties communes à prendre en compte est déterminé en fonction des millièmes correspondant au logement en cause.

• Si le loyer n'est pas sous-évalué

Lorsque le contrat de location est renouvelé, il ne peut y avoir de réévaluation du loyer autre que celle résultant de la révision, aux dates et conditions prévues au contrat, ou d'une clause relative à la révision introduite dans le contrat lors de son renouvellement dans les limites de la variation de l'indice de référence des loyers.

A NOTER

Indication dans le bail Le montant et la date de versement du dernier loyer acquitté par le précédent locataire doivent figurer dans le contrat de location, si ce locataire est parti depuis moins de 18 mois.

L'encadrement des loyers prévu par la loi n° 2014-366 du 24 mars 2014 (loi ALUR)

La mise en place du nouveau dispositif d'encadrement des loyers devait être effective à la fin de l'année 2014. Cette date a été repoussée. Actuellement, sans être entièrement abandonné, ce dispositif d'encadrement des loyers n'est applicable qu'à Paris (et dans les villes qui se portent volontaires) et ce, à titre uniquement expérimental.
Le nouveau dispositif a vocation à s'appliquer dans les zones dites « tendues », c'est-à-dire les « zones d'urbanisation continue de plus de 50 000 habitants, où il existe un déséquilibre marqué entre l'offre et la demande de logements, entraînant des difficultés sérieuses d'accès au logement dans l'ensemble du parc résidentiel existant, qui se caractérisent notamment par le niveau élevé des loyers, des prix d'acquisition des logements anciens ou le nombre élevé de demandes de logement par rapport au nombre d'emménagements annuels dans le parc locatif social ».

Un décret doit fixer la liste des communes situées dans ces zones.
Dans ces zones, les observatoires des loyers doivent être mis en place pour recueillir les données relatives aux loyers et pour établir un loyer de référence, un loyer de référence majoré et un loyer de référence minoré indiquant le prix au mètre carré de surface habitable par catégorie de logement et par secteur géographique.
Le loyer de référence majoré est fixé par majoration de 20 % du loyer de référence et le loyer de référence minoré par minoration de 30 % de ce loyer de référence.

› La première fixation du loyer

Si le logement est situé dans une zone d'encadrement, le loyer ne peut pas être supérieur au loyer de référence majoré. Si le logement le justifie (localisation, confort...), un complément de loyer peut être ajouté au loyer de base.
Le locataire peut contester ce complément en saisissant la commission départementale de conciliation dans le délai de 3 mois qui suit la signature du bail.
À défaut de conciliation, le locataire peut saisir le juge dans le délai de 3 mois suivant l'avis de la commission. Le loyer résultant de la conciliation ou de la décision du juge s'applique à compter de la prise d'effet du bail.
En dehors des zones réglementées, la fixation du loyer est libre.

› La révision en cours de bail

En cours de bail, le loyer peut être révisé en fonction de la variation de l'indice de référence des loyers, à condition que cette clause de révision figure dans le bail.
Si le bailleur n'exerce pas cette possibilité de révision dans l'année qui suit la prise d'effet de l'indice, il est censé avoir renoncé à cette révision.
Si le contrat le prévoit expressément, le loyer peut aussi être majoré à la suite de travaux d'amélioration exécutés par le bailleur.

› La fixation du loyer au renouvellement du bail

Dans les zones d'encadrement, le loyer peut faire l'objet d'une action en diminution s'il s'avère que ce loyer est supérieur au loyer de référence majoré ou, au contraire, d'une réévaluation s'il est inférieur au loyer de référence minoré.
Le locataire peut contester l'action en réévaluation de loyer par référence aux loyers habituellement constatés dans le voisinage pour des logements comparables. Le nombre minimal de références à fournir est de trois (six dans les communes, dont la liste est fixée par décret, faisant partie d'une agglomération de plus d'un million d'habitants).
Les propositions de nouveaux loyers doivent être faites :
- au moins 6 mois avant la fin du bail si la proposition émane du bailleur ;
- au moins 5 mois avant la fin du bail si la proposition émane du locataire.

À défaut d'accord entre les parties, la commission départementale de conciliation doit être saisie au moins 4 mois avant la fin du bail.
À défaut de conciliation, le juge doit être saisi avant la fin du bail.

Lorsque les parties s'accordent sur une hausse du loyer ou lorsque cette hausse est fixée judiciairement, celle-ci s'applique par tiers ou par sixième selon la durée du contrat.
En dehors des zones réglementées, le loyer ne donne lieu à réévaluation que s'il est manifestement sous-évalué. La réglementation antérieure à la loi de 2014 reste inchangée.
Le bailleur doit justifier sa demande en produisant des références de loyers habituellement constatés dans le voisinage pour des logements comparables.
Là encore, la commission de conciliation doit être saisie au moins 4 mois avant la fin du bail et le juge, le cas échéant, avant l'expiration du bail.
Si le loyer n'est pas sous-évalué, il ne peut être augmenté que par application d'une clause de révision insérée dans le bail.

› Les logements meublés

Le loyer pour les locations meublées est réglementé, comme pour les locations vides.
Si le logement se situe dans une zone d'encadrement où sont fixés un loyer de référence, un loyer de référence majoré et un loyer de référence minoré, le loyer initial de la location meublée ne doit pas dépasser le montant du loyer de référence majoré.
Un complément de loyer peut également être fixé en tenant compte des équipements et services spécifiques associés aux logements meublés (loi n° 89-462 du 6.7.1989, art. 25-9).
Lors du renouvellement du contrat, les règles applicables aux locations vides sont applicables aux locations meublées (voir ci-dessus).

L'entrée dans les lieux

L'entrée dans les lieux est un moment crucial. C'est en effet à compter de cette date qu'un état des lieux est dressé et qu'un dépôt de garantie est versé au propriétaire. L'étape de l'établissement du constat des lieux est à ne pas négliger par les parties, car c'est grâce à ce document que le bailleur pourra obtenir réparation des dégâts faits par le locataire, et que ce dernier pourra contester, en retour, la véracité des reproches qui lui ont été faits.

Les frais d'agence

En principe, les honoraires de l'agent immobilier liés à la mise en location d'un logement sont à la charge exclusive du bailleur. Toutefois, les honoraires peuvent être partagés entre le bailleur et le preneur lorsqu'ils concernent l'organisation des visites, la constitution du dossier, la rédaction du bail et l'établissement de l'état des lieux d'entrée.

La part due par le preneur ne doit pas excéder celle due par le bailleur, ni être supérieure aux plafonds fixés annuellement par décret.

Ces plafonds sont calculés en fonction de la surface habitable et de la zone géographique dans laquelle est situé le bien loué. Le coût d'établissement de l'état des lieux est fixé selon des règles différentes (voir plus loin).

Les honoraires de l'agent (hors état des lieux) sont dus à la signature du bail (D. n° 2014-890 du 1.8.2014).

L'état des lieux

› Définition

L'état des lieux (voir le modèle *État des lieux*, p. 272) est un document qui précise l'état du local d'habitation au moment de la remise ou de la restitution des clefs, c'est-à-dire de l'entrée ou de la sortie des lieux. Ce constat tient donc de mode de preuve de l'état d'usage du logement. C'est la comparaison des constats d'entrée et de sortie qui vous permettra, en qualité de bailleur, de déduire le montant des réparations du dépôt de garantie, et de prouver, en qualité de locataire, que les dégradations ne sont pas dues à votre fait.

› Quelle est sa valeur ?

Pour qu'il soit valable, l'état des lieux doit être établi contradictoirement entre les parties, propriétaire et locataire, ou leur mandataire (voir le modèle *État des lieux*, p. 272). Les parties doivent, par conséquent, être présentes. Afin de prouver que le preneur et le bailleur approuvent les éléments mentionnés dans l'état des lieux, celui-ci doit être signé par les deux parties. En effet, un état des lieux établi unilatéralement par le propriétaire ou par le locataire est inopposable à la partie absente (CA Paris, 22.11.1994, Loyers et copropriété 4.1995, n° 142).

› Qui paie les frais d'établissement de l'état des lieux ?

Un état des lieux est établi lors de l'entrée du locataire dans les lieux et à sa sortie.
Il doit toujours être établi contradictoirement, c'est-à-dire en la présence de tous les intéressés.
Il peut être établi à l'amiable par les parties elles-mêmes, par une agence immobilière ou encore par un tiers (voir le modèle *État des lieux*, p. 272).
Il peut aussi être établi par un huissier de justice.

A NOTER

Détecteur de fumées Depuis le 8 mars 2015, tous les logements doivent être équipés d'un détecteur de fumées. Lors de l'établissement de l'état des lieux, le bailleur doit s'assurer de son bon fonctionnement. Pendant le cours du bail, l'entretien est à la charge du locataire.

● État des lieux établi contradictoirement à l'amiable

L'état des lieux établi lors de la remise et lors de la restitution des clés doit être joint au contrat.
Cet état des lieux peut être fait contradictoirement et amiablement par les parties elles-mêmes ou par un tiers, ce tiers pouvant être un particulier ou, plus généralement un professionnel (administrateur de biens, syndic, agent immobilier…).
Les frais d'établissement de l'état des lieux d'entrée doivent être partagés entre bailleur et locataire. Le montant des honoraires payés par le locataire pour ces prestations ne peut excéder celui qui est payé par le bailleur et doit être inférieur ou égal à un plafond établi par mètre carré de surface habitable du logement mis en location.
Ce plafond a été fixé à 3 €/m² à compter du 15 septembre 2014. Il est révisable chaque année au 1er janvier par arrêté ministériel en fonction de la variation annuelle du dernier indice de référence des loyers publié.
Les honoraires sont dus à compter de la réalisation de la prestation (D. n° 2014-890 du 1.8.2014).

● État des lieux établi par un huissier

Si l'état des lieux ne peut être établi de façon amiable et contradictoire (parce qu'une partie s'y oppose), il faut obligatoirement faire appel à un huissier. Le locataire comme le bailleur peuvent prendre l'initiative de faire appel à un huissier.
L'huissier peut être saisi indifféremment par le bailleur ou le locataire. Il doit convoquer les parties par lettre recommandée avec demande d'avis de réception au moins sept jours à l'avance.

Les frais de l'huissier sont partagés par moitié entre le locataire et le bailleur. Les honoraires de l'huissier sont tarifés par décret.

À NOTER

En l'absence de litige La loi portant engagement pour le logement n° 2006-872 du 13.7.2006 déclare nulle la clause d'un bail qui impose au locataire la facturation de l'état des lieux en dehors de tout litige préalable.

› Effet d'un état des lieux établi non contradictoirement ou de façon tardive

En principe, l'état des lieux perd sa valeur de preuve s'il n'est pas établi contradictoirement.

● Absence de l'une des parties à l'état des lieux

La question se pose donc de la validité du constat des lieux en l'absence du locataire ou du propriétaire. Il ressort de la jurisprudence que si les parties ont été régulièrement convoquées, l'absence de l'une d'elles ne rend pas nul pour autant le procès-verbal établi par huissier, cet acte devenant opposable à la partie absente (CA Montpellier, 22.5.1996).

De même, il est à noter qu'un état des lieux non signé par les parties, mais établi par le bailleur ou son mandataire, en présence du locataire, est valable s'il a été précédé d'une discussion contradictoire (C. cass., civ. 3e, 14.10.1992, Loyers et copropriété 1993, Comm. 12).

● Hypothèses de validité d'un état des lieux non contradictoire

Un état des lieux établi non contradictoirement est parfois valable. Il en va ainsi lorsque le locataire quitte le logement sans en aviser son propriétaire et en omettant de lui laisser sa nouvelle adresse. Dans ce cas, le bailleur ne peut pas lui-même établir l'état des lieux qui serait alors considéré comme fait unilatéralement. Il doit faire appel à un huissier qui dressera un constat de l'état du logement (CA Versailles, 30.3.1990, D. 1990, somm. p. 311).

Pour que le constat non contradictoire soit considéré comme valable, il faut que très peu de temps se soit écoulé après le départ du locataire. Ainsi, l'état des lieux établi immédiatement après la sortie du locataire a valeur de preuve (C. cass., civ. 3e, 21.10.1992). Il en va de même, lorsqu'un délai de 15 jours s'est écoulé depuis le départ du locataire (CA Montpellier, 1re ch. B, 22.5.1996). En revanche, un état des lieux de sortie établi plus de 3 mois après le départ du locataire par l'intermédiaire d'un huissier n'a pas valeur de preuve. C'est la raison pour laquelle la juridiction a jugé que le montant des travaux ne pouvait être imputé au locataire (TI Paris, 10e arr., 11.3.1994, Revue des loyers 1994, p. 327).

D'autres décisions de jurisprudence affirment que l'état des lieux non contradictoire est dépourvu de valeur quand le locataire a contacté le bailleur pour établir

l'état des lieux, et que ce dernier a fait la sourde oreille attendant sciemment son départ (CA Nancy, 2e ch., 7.3.1995).
Pour reconnaître la validité d'un constat des lieux non contradictoire, le juge recherche si le bailleur a fait preuve de diligence. Ainsi, l'état des lieux établi hors de la présence du locataire n'est pas valable quand le bailleur s'est abstenu le jour de l'expulsion du preneur de procéder à la visite des lieux et qu'en outre, il n'a pas ultérieurement cherché à joindre le locataire (CA Rouen, civ. 1re, 7.2.1996, SA HLM Basse seine c/ Mercier, Loyers et copropriété 1996, Comm. 303).
Il en va de même du bailleur qui, bien que connaissant l'adresse du père du locataire qui s'était porté caution lors de l'établissement du bail, s'est abstenu de le contacter (CA Paris, civ. 6e, 1.7.1996, Loyers et copropriété 1996, Comm. 332).

› Que faire en cas de refus de l'autre partie d'établir l'état des lieux ?

Si vous souhaitez, en qualité de propriétaire ou de locataire, établir un état des lieux d'entrée et que l'autre partie refuse, la loi vous donne la possibilité de faire appel à un huissier qui dressera cet acte. Les frais d'acte seront alors partagés par moitié.
Quand il est fait appel à un huissier de justice, propriétaire et locataire doivent en être avisés 7 jours à l'avance par lettre recommandée avec demande d'avis de réception. Cette formalité est en effet obligatoire, car si les parties ne sont pas appelées à participer aux constatations de l'huissier de justice, l'état des lieux ne sera pas considéré comme établi contradictoirement (C. cass., civ. 3e, 2.10.1996, Bull. civ. III, n° 200, p. 130). La validité de l'état des lieux pourra donc être contestée.
Si cette procédure et ce délai sont respectés, chacun est tenu de payer la moitié du coût d'établissement du constat. Il n'est pas possible de se libérer de cette obligation de paiement en ne se rendant pas à la convocation.

Cas pratique

C'est ce qu'avait tenté de faire un locataire alors qu'il avait été régulièrement convoqué pour cet état des lieux de sortie du bail. Même n'ayant pas assisté à cet état des lieux, il a été condamné à payer la moitié des frais d'huissier (C. cass., civ. 3e, 27.5.2003, JCL, Responsabilité civile et assurances, 2003, n° 1 p. 7).

MON CONSEIL

Un état des lieux minutieux Faites établir un état des lieux aussi détaillé que possible pour prévenir tout litige (voir le modèle *État des lieux*, p. 272).
Faites l'état des lieux avant l'entrée dans le logement afin d'éviter les litiges sur les dégradations qui auraient pu survenir depuis l'emménagement.
Un état des lieux présentant très peu ou pas de détails est considéré comme inexistant (CA Paris, 1.3.1989, Loyers et copropriété 1989, n° 216).

› Est-il plus protecteur de ne pas faire d'état des lieux ?

Le propriétaire, comme le locataire, a intérêt à faire un état des lieux. En effet, le premier peut ainsi prouver qu'il a mis à la disposition du preneur un local d'habitation répondant aux exigences de la loi, c'est-à-dire qu'il a délivré un « *logement en bon état d'usage et de réparation, ainsi que les équipements mentionnés au contrat de location en bon état de fonctionnement* » (loi n° 89-462 du 6.7.1989, art. 6 a*).
À l'inverse, en l'absence d'état des lieux fait à l'entrée, le locataire est présumé avoir reçu les lieux en bon état (C. civ., art. 1731*), sauf à rapporter la preuve contraire. C'est ainsi que dans une jurisprudence, le locataire a été déchargé des frais de remise en état par la production d'attestations (voir le modèle *Location : frais de remise en état*, p. 260) rapportant que les tâches qui lui ont été reprochées existaient dès l'origine (CA Versailles, 1re ch., 2e sect., 11.10.1996, Jurisdata n° 045082). Dans une autre affaire, le locataire a été également dispensé de remettre les lieux en bon état alors que l'état des lieux n'avait pas été établi au début du bail : la précédente locataire avait certifié qu'aucun travaux de remise en état n'avaient été effectués depuis son départ (CA Besançon, 6.1.1999, Loyers et copropriété 10.99, p. 6, n° 229).
Mais le plus souvent, il est difficile, voire impossible, d'apporter la preuve de l'existence des dégradations au début du bail si elles ne figurent pas dans un état des lieux.

Cas pratique

Dans ce litige, aucune mention de l'état des lieux ne portait sur les parquets. À la fin du bail, le bailleur demande une indemnité pour remettre en état les parquets dégradés.
La cour d'appel avait repoussé cette demande en considérant que le bailleur ne prouvait pas que les dégradations importantes étaient dues à un défaut d'entretien du preneur.
Mais l'arrêt est cassé. Ce n'est pas au bailleur de prouver que le preneur n'a pas respecté ses obligations d'entretien. C'est au preneur de prouver que les dégradations sont dues à la vétusté ou à la force majeure (C. cass., 3e civ., 23.1.2007, n° 05-21232).

Le locataire a donc intérêt à faire établir un état des lieux afin de ne pas être tenu responsable des dégâts existant dès l'origine (vitre fêlée, revêtement mural endommagé, par exemple).

› Refus d'établir l'état des lieux : quelles conséquences ?

En l'absence d'état des lieux, le locataire est présumé avoir reçu le logement en bon état de réparations locatives. Il doit donc les rendre comme tels, sauf s'il peut prouver le contraire (C. civ., art. 1731*).

Toutefois, en l'absence d'état des lieux, la personne qui a fait obstacle à son établissement ne peut invoquer cette présomption. Le refus du propriétaire d'établir l'état des lieux a pour conséquence le renversement de la charge de la preuve. Il ne peut alors se prévaloir de la présomption laissant supposer que le locataire a reçu les lieux en bon état et doit donc, par conséquent, prouver que le logement était en bon état. Le locataire quant à lui bénéficiera de la présomption d'avoir reçu les lieux dans l'état où ils se trouvent au moment de la sortie (Rép. min. n° 8669, 3.11.1982, JO Sénat Q, 10.2.1983, p. 253).
Si au contraire, c'est le locataire qui s'oppose à l'établissement de l'état des lieux, la présomption de l'article 1731* du Code civil pèsera sur sa tête. Il devra alors rapporter la preuve que le logement n'était pas en bon état d'usage et de réparations. Il est donc clair que le locataire a un intérêt certain à solliciter, dès la remise des clefs, l'établissement d'un état des lieux et à faire appel à un huissier en cas de refus.
En outre, la jurisprudence considère que le refus du locataire d'établir un état des lieux de sortie ne suffit pas à prouver que le logement a été dégradé et que, par conséquent, le bailleur est créancier.

› Faut-il établir plusieurs originaux de l'état des lieux ?

Il est assurément très nettement préférable d'établir l'état des lieux en au moins deux exemplaires originaux : un pour le (ou les) locataires et un pour le propriétaire (ou son mandataire). Il vaut mieux éviter également de n'avoir qu'une photocopie.
Cela peut éviter les éventuelles accusations de falsification ou de fraude.
Mais il faut savoir toutefois qu'un état des lieux établi contradictoirement reste valable, même s'il n'est rédigé qu'en un seul exemplaire.
À la différence d'un contrat prévoyant des obligations réciproques et qui n'est valable que s'il y a autant d'originaux que de signataires, un état des lieux se borne à constater une situation de fait et n'est pas soumis à cette règle.

Cas pratique

Un litige opposait un locataire et un bailleur sur les réparations locatives à effectuer à la fin du bail, lors du départ du locataire.
Le bailleur s'appuyait sur l'état des lieux qu'il possédait et le locataire contestait cet état des lieux dont il ne possédait pas d'exemplaire original.
Il s'appuyait sur l'article 1325 du Code civil qui veut que : « *Les actes sous seing privé qui contiennent les conventions synallagmatiques ne sont valables qu'autant qu'ils ont été faits en autant d'originaux qu'il y a de parties ayant un intérêt distinct* ».
La cour d'appel avait suivi cet argument et avait jugé que l'établissement de cet unique original ôtait à ce document sa valeur probante sans que le preneur ait besoin de rapporter la preuve d'une éventuelle falsification. Les juges avaient débouté le bailleur de sa demande en paiement par le preneur du coût de remise en état des lieux loués.

Mais la Cour de cassation a cassé cet arrêt. L'article 1325 du Code civil ne s'applique pas aux documents qui constatent une situation de fait. Dès lors qu'un état des lieux est établi contradictoirement par le bailleur et le preneur, ce document est valable (C. cass., civ. 3e, 23.5.2002, Jurisdata n° 2002-014439).

À NOTER

Réforme La loi ALUR n° 2014-366 du 24 mars 2014, applicable aux baux signés à compter du 27 mars 2014, prévoit que l'état des lieux est établi en autant d'exemplaires que de parties.

› Peut-on contester l'état des lieux après la signature ou à la fin du bail ?

L'état des lieux établi contradictoirement reste valable jusqu'à preuve du contraire.
Le locataire a donc le droit d'apporter la preuve que l'état des lieux ne correspond pas à la réalité et ce, même si l'état des lieux a été signé par les deux parties.

Cas pratique

Dans cette affaire, le locataire soutenait que, lors de son entrée dans les lieux, les locaux étaient insalubres et inhabitables. Il demandait des dommages et intérêts.
Le bailleur, pour sa part, demandait le paiement des loyers dus.
Le locataire avait produit des attestations, un rapport de la direction de l'environnement et de la santé publique. De ces pièces et en écoutant les parties, les juges ont considéré que l'état des lieux ne correspondait manifestement pas à la réalité. Ils en ont déduit que le bailleur n'avait pas satisfait à son obligation de délivrance et ne pouvait donc pas prétendre au paiement des loyers (C. cass., civ. 3e, 23.5.2002, Jurisdata n° 2002-014444).

› Le cas particulier des éléments de chauffage

Le locataire a la possibilité pendant le premier mois de la période de chauffe de demander que l'état des lieux soit complété par l'état des éléments de chauffage. Ce complément à l'état des lieux doit être établi de la même façon que celui-ci, c'est-à-dire, soit contradictoirement en présence des parties, soit par acte d'huissier (loi n° 89-462 du 6.7.1989, art. 3*).

› Effets de l'état des lieux

Les états des lieux d'entrée et de sortie font l'objet d'une comparaison de situations lors du départ du locataire. Le preneur est alors tenu de rembourser le montant des réparations qui aurait dû être effectuées par lui, c'est-à-dire celles non liées à la vétusté, aux malfaçons, à un vice de construction, un cas fortuit ou à la force majeure.

MON CONSEIL

Dégradations postérieures à l'état des lieux Locataire, si vous constatez après l'établissement de l'état des lieux des dégradations affectant les installations, adressez une lettre recommandée avec avis de réception à votre bailleur, lui notifiant l'état de l'équipement. Cette lettre vous permettra de vous ménager un élément de preuve lors de la sortie des lieux (CA Versailles, 1re ch., 2e sect., 15.5.1987).

À NOTER

Réforme La loi ALUR n° 2014-366 du 24 mars 2014, applicable aux contrats de location signés à compter du 27 mars 2014, prévoit que le locataire peut demander au bailleur de compléter l'état des lieux dans un délai de 10 jours à compter de son établissement. À défaut d'accord, la commission de conciliation peut être saisie.

Le dépôt de garantie

› Qu'est-ce que c'est ?

C'est une somme d'argent versée par le locataire destinée à couvrir les dégradations ou à répondre de l'exécution de ses obligations locatives, c'est-à-dire des sommes dont il est redevable en vertu du bail ou dont le propriétaire est responsable pour le compte du locataire.

Sommes dont le locataire est redevable en vertu du bail

Bailleur, vous pouvez utiliser partiellement ou totalement le dépôt de garantie pour couvrir l'inexécution des obligations dont le locataire est redevable en vertu du bail :
- charges récupérables ;
- paiement du loyer ;
- paiement des réparations locatives ;
- remise en état des lieux après travaux de transformation non autorisés ;
- pénalités prévues au contrat en cas de non-paiement du loyer ou des charges. Toutefois, cette pénalité peut être modérée par le juge auquel est donné la possibilité d'en diminuer le montant.

Sommes dont le bailleur est responsable pour le compte du locataire

Le bailleur peut être tenu responsable notamment des impôts locatifs dus par ce dernier, tels que la taxe d'habitation, la taxe d'enlèvement des ordures ménagères ou de balayage.

À NOTER

Déménagement du locataire et obligation du bailleur 1 mois avant la date du déménagement du locataire, le propriétaire doit lui demander les quittances de la taxe d'habitation. Si ce dernier se trouve dans l'impossibilité de les présenter, le propriétaire est tenu, dans le délai d'1 mois, à compter de la date du déménagement, d'avertir le comptable du Trésor public chargé du recouvrement des impôts directs du déménagement de son locataire.

En cas de déménagement « à la cloche de bois », le propriétaire doit, dans les 3 mois, avertir le comptable du trésor du déménagement furtif de son locataire. Si le propriétaire n'exécute pas ces formalités, il devra payer la taxe d'habitation à la place du locataire (CGI, art. 1686).

Mais aucune responsabilité n'est encourue si le départ du locataire a lieu avant la mise en recouvrement du rôle, ou en cas de déménagement dans le ressort du poste comptable, ou encore si le locataire a fait connaître son déménagement au comptable.

Par ailleurs, le propriétaire peut demander une décharge gracieuse de responsabilité fiscale s'il a été victime de circonstances imprévisibles. Il peut aussi bénéficier d'une exonération s'il apporte la preuve de sa bonne foi (Rép. min. n° 57572, JOAN Q, 7.6.2005, p. 5858 ; Rép. min. n° 78416, JOAN Q, 20.7.2010, p. 8097).

› Le locataire peut-il refuser de verser un dépôt de garantie et quel est son montant ?

Le dépôt de garantie, appelé improprement caution, doit être versé par le locataire au propriétaire, ou à son mandataire, seulement si le contrat le prévoit. En conséquence, s'il n'est pas fait mention dans le contrat du versement d'un dépôt de garantie, le locataire ne doit rien.

En revanche, si le contrat de bail le prévoit, le locataire est obligé de verser le dépôt de garantie. Le refus de versement est une cause de résiliation du bail.

ATTENTION

En cas de vente du logement En cas de vente du logement entraînant un changement de bailleur en cours de bail, le locataire n'est pas tenu de verser un nouveau dépôt de garantie au nouveau propriétaire (C. cass., civ. 3e, 26.3.2014, n° 13-10698).

Le dépôt de garantie ne peut pas dépasser l'équivalent de :

- 2 mois de loyer, hors charges, si le contrat de location est signé avant le 9 février 2008 ;
- 1 mois de loyer, hors charges, pour les contrats signés depuis le 9 février 2008.

Si le loyer est payable d'avance et par trimestre, le bailleur ne peut pas réclamer de dépôt de garantie au locataire. Il n'en va pas de même si le locataire demande à bénéficier du paiement mensuel (loi n° 89-462 du 6.7.1989, art. 22*). En effet, lorsque le locataire demande à payer son loyer mensuellement, le bailleur est obligé de lui faire droit, mais en contrepartie, il peut réclamer un dépôt de garantie.

Le montant du dépôt de garantie ne peut être révisé ni en cours de bail, ni lors de son renouvellement, mais il ne produit pas non plus d'intérêts au profit du locataire. Le bailleur peut en disposer librement, il n'est donc pas contraint de le laisser sur un compte bloqué.

› La garantie autonome pour éviter le versement du dépôt de garantie

La garantie autonome a été autorisée pour les locations depuis l'ordonnance n° 2006-346 du 23 mars 2006. Pour éviter d'avoir à verser les sommes représentant le dépôt de garantie et de les bloquer pendant la durée du bail, le locataire peut proposer au bailleur une « garantie autonome » c'est-à-dire l'engagement pris par un tiers (le garant) de verser l'équivalent du dépôt de garantie au bailleur dès que celui-ci le lui réclame. Le versement doit intervenir soit à première demande du bailleur, soit selon des modalités fixées par les parties.
À l'inverse du cautionnement, qui garantit l'exécution d'une obligation (par exemple le paiement du loyer), la garantie autonome prévoit le versement d'une somme d'argent prédéterminée (comme le montant du dépôt de garantie).
Cette garantie autonome est autorisée pour le versement du dépôt de garantie mais non pour le paiement du loyer. Elle ne peut donc porter sur plus d'1 mois de loyer initial.

› Le dépôt de garantie en cas de résiliation du bail

Les contrats de location mentionnent bien souvent que, lorsque la résiliation du bail intervient aux torts du locataire (par exemple, non-paiement des loyers, défaut d'assurance), le dépôt de garantie restera acquis au bailleur, notamment en cas d'application de la clause résolutoire du bail.
Cette clause d'acquisition du dépôt de garantie doit être considérée comme valable car elle ne figure pas au nombre de celles réputées non écrites mentionnées dans l'article 4 de la loi du 6 juillet 1989*. Toutefois, cette clause étant considérée par la jurisprudence comme une clause pénale, vous pouvez, en qualité de locataire, en demander la réduction en application de l'article 1152 du Code civil si le montant retenu apparaît excessif.
En outre, si la résiliation intervient aux torts du bailleur, celui-ci ne peut conserver le dépôt de garantie aux motifs qu'il correspond au préavis.
Il en va de même à la suite d'une résiliation du bail due à un incendie ou une explosion.
Bien entendu, la restitution du dépôt de garantie est opérée en déduisant les sommes dues au bailleur.

› La restitution du dépôt de garantie

Le dépôt de garantie doit être restitué au locataire dans un délai de 2 mois à compter de la restitution des clefs par le preneur (1 mois dans certains cas - Voir plus loin encadré).

Cas pratique

Tant que le locataire n'a pas restitué les clés, le bailleur ne peut pas être condamné à restituer le dépôt de garantie.

- Le dépôt de garantie est restitué dans un délai maximal de 2 mois à compter de la restitution des clés par le locataire. Mais si le locataire n'a pas rendu les clés, le délai ne court pas.

Le locataire considérait que le défaut de remise des clés était imputable au bailleur qui n'avait ni organisé l'état des lieux de sortie, ni réclamé la restitution des clés, et qui, par ailleurs, disposait d'un double des clés.

Cet argument est rejeté.

Les clés sont portables et non quérables. Le locataire doit les rendre quand il quitte les lieux, sans attendre la réclamation du bailleur (C. cass., civ. 3e, 18.2.2014, n° 12-28678).

- Le locataire n'est pas réputé avoir rendu les clés lorsqu'il se contente de placer un jeu sous le paillasson et qu'il conserve le second jeu (C. cass., civ. 3e, 18.11.2014, n° 13-20544).

Le propriétaire peut prélever sur cette garantie :
- les sommes qui lui restent dues (par exemple, le loyer, les charges, le montant des travaux nécessaires pour remettre en état le logement) ;
- les sommes dont le bailleur pourrait être tenu pour responsable, aux lieu et place du locataire (factures EDF ou taxe d'habitation, par exemple).

Le bailleur doit, bien entendu, dûment justifier la déduction des sommes.
Si le propriétaire ne restitue pas au locataire le solde du dépôt de garantie dans le délai de 2 mois, cette somme porte intérêt au taux légal au profit de ce dernier.
C'est la date de l'arrêté des comptes qui marque le point de départ du délai.
Même si le dépôt de garantie a été versé par un tiers et non par le locataire, le bailleur ne peut pas refuser de le restituer au locataire.

Cas pratique

Dans ce dossier, le dépôt de garantie avait été versé par une association 1 % Logement. Le bailleur refusait de rendre le dépôt de garantie au locataire et la cour d'appel avait donné raison au bailleur. Mais l'arrêt d'appel a été cassé. Le locataire n'a pas eu à prouver qu'il était subrogé dans les droits de l'association. Si aucune clause particulière n'est prévue dans le bail, le dépôt de garantie doit être restitué au locataire, même s'il n'a pas effectué le versement au début du bail. (C. cass. 3e ch. civ. 7.4.2010, n° 08-21844).

La restitution du dépôt de garantie incombe au seul bailleur, même s'il a fait appel à une agence immobilière pour signer le contrat et suivre l'exécution du bail (C. cass., civ. 3e, 19.12.2013, n° 12-22202).
De même, en cas de changement de bailleur en cours de bail, c'est le nouveau bailleur qui doit restituer au locataire le montant du dépôt de garantie.
Ce n'est pas au locataire de prouver le montant des sommes qui lui restent dues mais au bailleur de prouver pourquoi il conserve une partie du dépôt de garantie.

Cas pratique

Le litige portait sur la restitution du dépôt de garantie au locataire.

À l'audience devant le juge, le bailleur avait restitué la somme de 293,23 € au locataire. Celui-ci contestait ce montant.

Les juges d'appel avaient considéré que le locataire devait prouver que cette restitution était insuffisante. La Cour de cassation a cassé cet arrêt (C. cass. civ. 3e, 15.2.2012, n° 11-13014).

À NOTER

Réforme La loi ALUR n° 2014-366 du 24 mars 2014, applicable aux baux signés à compter du 27 mars 2014, prévoit que le dépôt de garantie doit être restitué dans le délai d'1 mois quand l'état des lieux de sortie est conforme à l'état des lieux d'entrée. Si ce n'est pas le cas, le délai de restitution reste de 2 mois.

D'autre part, si le dépôt de garantie n'est pas restitué dans les délais, il est majoré d'une somme égale à 10 % du loyer mensuel.

› Le propriétaire doit-il faire les travaux de remise en état ?

Si le propriétaire conserve une partie ou la totalité du dépôt de garantie en raison des dégradations laissées par le locataire, il n'est pas obligé, néanmoins, d'utiliser les sommes retenues pour l'exécution de travaux ni de produire la facture des travaux acquittés. Il suffit qu'il présente un devis établi par un professionnel pour justifier la retenue sur le dépôt de garantie. La loi ne l'oblige pas à exécuter les travaux de remise en état. Son obligation consiste simplement à justifier le montant des dégradations invoquées (C. cass., civ. 3e, 3.4.2001). Cette jurisprudence a été confirmée et développée dans un arrêt du 30 janvier 2002.

Non seulement le bailleur n'a pas l'obligation d'affecter l'indemnité à la réparation des lieux loués mais il n'a pas non plus l'obligation de justifier d'un préjudice de jouissance (le préjudice pourrait être par exemple le fait de ne pas avoir pu relouer rapidement les lieux en raison de la nécessité de remettre le local en état). En effet, la Cour de cassation a clairement écarté la nécessité de prouver un préjudice pour pouvoir se faire indemniser. L'indemnisation due par le locataire en cas de non-respect de ses obligations est fondée sur le non-respect du contrat et non sur le préjudice subi par le propriétaire.

Cas pratique

- À la fin d'un bail, les locataires réclamaient la restitution du dépôt de garantie.

Les bailleurs refusaient, estimant que ce dépôt de garantie devra compenser la non-réalisation par les locataires des réparations locatives mises à leur charge et non exécutées.

Les locataires contestaient cette compensation en relevant que les bailleurs, après leur départ, avaient vendu l'immeuble à un promoteur qui l'avait fait démolir pour construire à la place une résidence. Les locataires estimaient donc que les bailleurs n'avaient subi aucun préjudice du fait de la non-remise en état du local. Ils n'avaient pas cherché à le relouer et n'avaient donc subi aucune perte de jouissance.
La Cour de cassation refuse l'argument des locataires.
Pour que le bailleur puisse être indemnisé si le locataire n'entretient pas le local loué, il n'est pas nécessaire qu'il prouve un préjudice. L'indemnisation n'est subordonnée ni à l'exécution des réparations ni à la justification d'un préjudice (C. cass., civ. 3e, 30.1.2002, D. 2002, II, p. 2288).
• L'indemnisation du bailleur n'est pas subordonnée à l'exécution des réparations locatives ; la juridiction de proximité, qui s'est déterminée par un motif inopérant, n'a pas donné de base légale à sa décision (C. cass. civ. 3e, 16.9.2008, n° 07-15789).

À NOTER

Jurisprudence contraire À l'encontre de cette jurisprudence, certains arrêts exigent que le bailleur justifie d'un préjudice (avoir réparé les désordres ou reloué à des conditions plus défavorables) pour pouvoir retenir tout ou partie du dépôt de garantie (C. cass. civ. 3e, 31.3.2009, n° 08-12714).

Le locataire peut bien entendu contester le montant du devis s'il estime qu'il est surévalué par rapport à la réalité. Le juge d'instance saisi pourrait, dans cette hypothèse, nommer un expert pour évaluer le coût des remises en état à un plus juste prix.

À NOTER

En cas de changement de propriétaire En cas de changement de bailleur après une donation, une vente du logement loué ou après le décès du propriétaire, la restitution du dépôt de garantie incombe au nouveau bailleur. Le locataire est en droit de demander cette restitution au nouveau bailleur même si un accord entre le nouveau et l'ancien bailleur a été conclu prévoyant que le premier bailleur prenait à sa charge le remboursement du dépôt de garantie au locataire.

› Le locataire peut-il s'abstenir de payer les derniers mois de loyers en les imputant sur le dépôt de garantie ?

La réponse à cette question est non, et a été confirmée à maintes reprises par la jurisprudence. En effet, d'une part, le locataire n'est pas en droit de se faire justice lui-même ; et d'autre part, ce serait faire échec aux dispositions de la loi de 1989 qui dispose que le dépôt de garantie est prévu au contrat pour garantir l'exécution des obligations locatives du locataire.

Toutefois, propriétaire, vous n'êtes pas dépourvu de moyens de pression :
- dès que vous constatez le non-paiement du loyer, vous pouvez faire appel à un huissier pour procéder à une saisie du compte, une saisie du salaire… (voir notre ouvrage *Agir en justice*) ;
- vous pouvez demander des dommages-intérêts dès lors que des sommes restent dues au titre des réparations locatives ;
- si la gestion de votre logement a été confiée à un administrateur de biens, vous pouvez mettre en cause sa responsabilité s'il a négligé d'encaisser le dernier loyer du locataire et qu'il l'a compensé avec le dépôt de garantie.

Dans ce litige, l'administrateur de biens avait opéré cette compensation alors qu'il savait que des travaux de remise en état seraient nécessaires après le départ du locataire. Il a été condamné à indemniser le propriétaire pour le préjudice subi. Il aurait dû réclamer le dernier mois de loyer au locataire. Le fait de compenser ce montant avec le dépôt de garantie ne faisait que couvrir sa négligence (CA Paris, 15.11.2002, JCL Loyers et copropriété, mai 2003 n° 101 p. 9).

› Que se passe-t-il si le bailleur ne dispose pas de l'ensemble des justificatifs de charges 2 mois après la sortie des lieux du locataire ?

Lorsque le bailleur d'un logement en copropriété ne dispose pas, au moment du départ du locataire, et en particulier 2 mois après la sortie des lieux, des justificatifs de charge, la question se pose de savoir si le bailleur peut conserver le dépôt de garantie et, dans cette hypothèse, si le dépôt de garantie produit intérêt au taux légal.

Le bailleur doit restituer le montant du dépôt de garantie dans les 2 mois du départ du locataire. Si le montant définitif des charges n'est pas connu à l'expiration de ce délai de 2 mois, le bailleur n'est pas pour autant dispensé de cette obligation de restitution.

ATTENTION

Divorce et dépôt de garantie Le bailleur peut restituer le dépôt de garantie à l'un ou l'autre des époux après un divorce. En effet, une décision du tribunal d'instance dispose que le bailleur ne peut refuser de restituer à la locataire le dépôt de garantie au motif qu'il avait été versé par le mari avant le divorce des époux locataires. En effet, s'agissant d'un paiement de la communauté, le dépôt de garantie appartient aux deux époux (TI de Paris 15e, référé, 18.10.1994).

En pratique, si la sortie des lieux s'est bien passée, bailleur et locataire conviennent d'une régularisation provisoire, la régularisation définitive devant avoir lieu dès que les pièces justificatives sont disponibles.

Pourtant parfois, entre les parties, le conflit est tel que le bailleur refuse de remettre le solde du dépôt de garantie au locataire tant que le syndic de l'immeuble n'aura pas procédé à l'arrêté des comptes définitifs. Les tribunaux admettent que le bailleur restitue au locataire sortant 75 % à 80 % du dépôt de garantie dans ce délai, et ne rembourse le solde dû qu'après la régularisation annuelle. Dans ce cas, la jurisprudence considère que le dépôt de garantie ne produit pas intérêt au taux légal. C'est seulement donc à compter de l'arrêté définitif des comptes que les intérêts au taux légal courront (C. cass., civ. 3e, 18.3.1992, JCP not. 1992, II, p. 398).

MON CONSEIL

Remise en état des lieux et dépôt de garantie Si le montant du dépôt de garantie est inférieur au montant des réparations qui doivent être effectuées pour remettre les lieux en état, vous êtes en droit de demander, en qualité de bailleur, le paiement de ce supplément. En cas de refus de votre locataire, il vous faudra saisir le tribunal d'instance.

Les obligations du propriétaire

Les obligations du bailleur sont définies par l'article 6 de la loi du 6 juillet 1989*. Ce texte reprend les dispositions du Code civil, en ajoutant toutefois l'obligation, pour le bailleur, de ne pas s'opposer aux travaux d'aménagement réalisés par le locataire.
Les autres obligations sont les suivantes : la nécessité de délivrer au locataire le logement décent et en bon état d'usage et de réparation, celle d'assurer au locataire la jouissance paisible du logement et l'obligation d'entretenir les locaux en état de servir à l'usage prévu par le contrat. Ces obligations sont impératives et il ne peut, en aucun cas, y être dérogé par contrat.

La délivrance d'un logement décent

Le bailleur est tenu de remettre au locataire un logement décent ne laissant pas apparaître de risques manifestes pouvant porter atteinte à la sécurité physique ou à la santé et doté des éléments le rendant conforme à l'usage d'habitation (loi du 6.7.1989, art. 6).
Cette obligation concerne toutes les locations d'habitation, dès lors que le logement est loué à titre de résidence principale.

› Les normes de décence

Le décret n° 2002-120 du 30 janvier 2002 (voir le *texte de loi*, p. 251) détermine les conditions à satisfaire au regard :
- de la sécurité et de la santé des locataires ;
- des éléments d'équipement ;
- du confort et de la consistance du logement.

• Sécurité des locataires

Le logement ne doit pas présenter de risques pour ses habitants. Cela signifie que le logement doit posséder :
- une toiture étanche ;
- des escaliers, fenêtres, balcons, garde-corps suffisamment solides ;
- des matériaux ou canalisations sans risque pour la santé des locataires (amiante, saturnisme) ;
- des installations électriques, d'eau et de gaz conformes aux normes de sécurité et suffisantes pour assurer un chauffage normal et le fonctionnement d'appareils ménagers indispensables à la vie quotidienne ;
- des dispositifs d'ouverture et de ventilation de l'air adaptés aux besoins des occupants ;
- un éclairage naturel suffisant pour les pièces principales.

Cas pratiques

• **Un chauffage au bois n'est pas un chauffage normal.** Le logement doit comporter, selon le décret du 30 janvier 2002, des installations conformes aux normes de sécurité et suffisantes pour assurer un chauffage normal.

L'appartement loué ne comportait pas d'installation générale de chauffage, mais seulement une cheminée dans le séjour et un poêle en fonte, à bois et à charbon, dans la cuisine. Les locataires ont demandé au juge de condamner le propriétaire à mettre en place une véritable installation de chauffage. Ils ont obtenu gain de cause (CA Nîmes, 29.1.2004, JCL Loyers et copropriété, 9.2004, n° 145, p. 14).

• **La seule alimentation en électricité est insuffisante.** Elle ne peut être considérée comme un équipement ou une installation permettant un chauffage normal du logement.

Dans cette affaire, le bailleur et le locataire avaient conclu un bail prévoyant la mise à disposition d'un logement sans appareil de chauffage, moyennant un loyer réduit. L'obligation de délivrer un logement décent est « d'ordre public », c'est-à-dire que le bailleur et le locataire ne peuvent pas convenir d'une clause contraire. En conséquence, le bailleur a été condamné à mettre en place une installation de chauffage (C. cass., civ. 3e, 4.6.2014, n° 13-17289).

● Éléments d'équipement

Le logement doit comporter :

- une alimentation en eau potable avec une pression et un débit suffisants ;
- un système d'évacuation des eaux usées ;
- une cuisine ou un coin-cuisine avec un appareil de cuisson, un évier et une alimentation en eau chaude, eau froide ;
- une installation sanitaire séparée avec WC et baignoire ou douche garantissant « l'intimité personnelle » (l'installation sanitaire d'un logement d'une seule pièce peut se limiter à un WC situé sur le palier, facilement accessible).

Cas pratique

L'absence de garde-corps efficaces sur le balcon rend le logement « indécent ».

Par ailleurs, le locataire doit remplacer, pendant le cours du bail, le tuyau d'alimentation de la bouteille de gaz. Mais il n'est pas obligé de remplacer ce tuyau, périmé depuis 9 ans lors de son entrée dans les lieux (C. cass. civ. 3e, 14.2.2012, n° 11-13135).

● Consistance minimale du logement

Le logement doit disposer d'au moins une pièce principale ayant :

- soit une surface habitable au moins égale à 9 mètres carrés et une hauteur sous plafond au moins égale à 2,20 mètres ;
- soit un volume habitable au moins égal à 20 mètres cubes. Le volume habitable est le résultat de la multiplication de la surface habitable (surface du plancher avec une hauteur sous plafond d'au moins 1,80 mètre) par la hauteur sous plafond.

› Les sanctions en cas de non-respect des obligations

Si le bailleur n'a pas respecté les dispositions du décret du 30 janvier 2002, le locataire peut, à tout moment en cours du bail, lui demander la mise aux normes.
Si le bailleur refuse, le locataire peut s'adresser au tribunal d'instance. Le juge peut alors fixer un délai au bailleur pour qu'il réalise les travaux de mise aux normes.
À défaut de réalisation des travaux dans le délai fixé, le juge pourra réduire le montant du loyer.
Il pourra aussi condamner le bailleur à indemniser le locataire si ce dernier a subi un préjudice. Par exemple : si son état de santé s'est aggravé en raison de l'humidité affectant les locaux.

Cas pratique

La locataire avait assigné la société HLM pour obtenir une indemnisation pour sa fille qui souffrait d'asthme du fait de l'humidité affectant les lieux loués.
La cour d'appel l'avait déboutée au vu des conclusions de l'expert qui avait relevé que l'humidité pouvait être considérée comme une circonstance favorisant l'asthme mais non comme une cause de cette maladie.
L'arrêt est cassé. Le bailleur est tenu de remettre au locataire un logement décent ne laissant pas apparaître de risques manifestes pouvant porter atteinte à la sécurité physique ou à la santé du locataire ou de sa famille (C. cass., civ. 3e, 19.1.2005, n° 03-15631).

Le bailleur n'a pas le droit de demander au locataire d'effectuer les travaux de mise aux normes, même moyennant une contrepartie.
La clause mettant à la charge du locataire certains travaux n'est pas valable si les travaux portent sur la mise aux normes minimales de confort et d'habitabilité (les normes de confort et d'habitabilité sont devenues les normes de décence du décret n° 2002-120 du 30.1.2002).

Cas pratique

La clause qui prévoit que le locataire effectuera des travaux normalement à la charge du bailleur n'est valable que si certaines conditions sont respectées. Seuls peuvent être visés les travaux d'entretien.
Dans ce litige, bailleur et locataire s'étaient mis d'accord pour que le locataire procède au cloisonnement de la salle de bains avec des matériaux fournis par le bailleur.
Le bailleur avait livré les matériaux mais le locataire n'avait pas effectué les travaux à sa charge.
Le bailleur l'avait assigné en résiliation du bail.
La cour d'appel donne raison au bailleur et résilie le bail pour non-exécution de ses obligations par le locataire.

Mais cet arrêt est cassé. Les travaux que devait effectuer le locataire visaient à rendre le logement décent. Ces travaux ne peuvent être mis à la charge du locataire et doivent rester à la charge du bailleur, quelles que soient les clauses du bail (C. cass., civ. 3e, 3.2.2010, n° 08-21205).

Concernant les allocations de logement (ALF, ALS), elles ne sont plus versées au bailleur qui n'a pas exécuté les travaux de mise aux normes ou qui n'a pas produit l'attestation de mise aux normes.
Elles ne sont pas versées tant que les travaux ne sont pas effectués. Le locataire n'est tenu que de payer le loyer résiduel, c'est-à-dire la part non couverte par l'allocation.
Les allocations sont conservées 18 mois maximum. Au-delà, elles sont perdues si le propriétaire n'a toujours pas fait les travaux. Ce délai peut être prolongé de 6 mois (CSS, art. L. 542-2, D. n° 2015-191 du 18.2.2015).

À NOTER

Copropriété et obligations du bailleur Lorsque le logement est en copropriété, certaines des obligations du bailleur portent sur les parties communes de l'immeuble comme le gros-œuvre, les escaliers, les fenêtres ou les garde-fous. Il pourrait donc être difficile pour le bailleur de rendre le logement conforme aux normes de sa seule initiative, sans avoir recours à un vote de la copropriété…

Si le coût de mise aux normes est disproportionné par rapport à la valeur de l'immeuble, le bailleur ne peut pas être obligé de faire exécuter les travaux et le bail peut être résilié. On parle de « perte de l'immeuble pour cause économique » justifiant cette résiliation en vertu de l'article 1741 du Code civil.

Cas pratique

Un logement était loué depuis 1988 pour 99,09 € par mois. Il ne respectait pas les normes de décence du décret du 30 janvier 2002 et le locataire voulait obliger le propriétaire à effectuer les travaux de remise en état.
Le coût des travaux se plaçait entre 20 000 € et 50 000 € et le logement était estimé à 22 800 €. La perte économique était due à l'inaction du bailleur mais celui-ci n'avait pas les moyens de procéder à ces travaux, compte tenu notamment du montant dérisoire du loyer.
Les juges ont considéré qu'il y avait perte totale du bien loué et ont déclaré la résiliation du bail (CA Caen, 15.3.2007, JCL Loyers et copropriété 2.2008, n° 28, p. 14).

Les risques d'intoxication au monoxyde de carbone

Pour tenter de réduire les intoxications au monoxyde de carbone, le gouvernement a rendu obligatoires certains travaux portant sur l'aération des logements. Certains travaux sont rendus obligatoires dès le 1er janvier 2009. D'autres doivent être exécutés avant le 1er juillet 2010.
Ces travaux obligatoires concernent les logements neufs et les locaux d'habitation existants.
Les règles techniques d'application sont décrites dans l'arrêté du 23 février 2009.

› Les logements neufs

Les locaux à usage d'habitation ou leurs dépendances, destinés à recevoir de façon fixe un appareil de chauffage ou de production d'eau chaude sanitaire d'une puissance inférieure ou égale à 70 kilowatts et utilisant les combustibles solides, liquides ou gazeux doivent être munis lors de leur construction :
- d'une entrée d'air permanente directe ou indirecte dans le cas où l'appareil utilise, pour la combustion, une partie de l'air de la pièce dans laquelle il est installé ;
- d'un système d'évacuation vers l'extérieur des produits de combustion.

S'il s'agit d'un immeuble collectif, les installations de ventilation mécanique contrôlée (VMC) auxquelles sont raccordés des appareils utilisant le gaz combustible ou les hydrocarbures liquéfiés doivent être équipées d'un dispositif de sécurité collective.
Les logements concernés sont ceux dont une demande de permis de construire ou une déclaration préalable de travaux a été déposée depuis le 1er janvier 2009.
Toutefois, ces règles ne s'appliquent pas aux locaux à usage d'habitation ou leurs dépendances dans lesquels fonctionnent uniquement :
- des appareils utilisant les combustibles gazeux ou les hydrocarbures liquéfiés ;
- des appareils à circuit de combustion étanche ;
- des appareils à foyer ouvert et les âtres.

› Les logements existants

S'il s'agit d'un logement individuel comportant un appareil à combustion fixe de chauffage ou de production d'eau chaude sanitaire d'une puissance inférieure ou égale à 70 kilowatts et utilisant un combustible solide, liquide ou gazeux, le propriétaire doit installer une entrée d'air permanente et un système d'évacuation vers l'extérieur des produits de combustion.
Cette obligation est effective depuis le 1er janvier 2009. Les propriétaires ont jusqu'au 1er juillet 2010 pour effectuer ces travaux si l'appareil n'utilise pas un gaz combustible ou un hydrocarbure liquéfié.
Les immeubles collectifs qui sont équipés de ventilation mécanique contrôlée, mise en service antérieurement au 9 août 1989, doivent être équipés d'un dispositif de sécurité collective à compter du 1er juillet 2010.

ATTENTION

Obligation du locataire Le locataire ou l'occupant des lieux ne doit pas entraver le bon fonctionnement de l'entrée d'air et du système d'évacuation vers l'extérieur.

Les détecteurs de fumée

Au plus tard le 8 mars 2015, des détecteurs de fumée devront être installés dans tous les lieux d'habitation. Chaque logement, qu'il se situe dans une habitation individuelle ou dans une habitation collective, devra avoir au moins un détecteur de fumée.
C'est désormais le propriétaire (et non plus l'occupant du logement) qui doit prendre à sa charge cette installation et c'est l'occupant (locataire ou propriétaire) qui doit veiller à son entretien et assurer son renouvellement si nécessaire tant qu'il occupe le logement (CCH, art. L. 129-8 s.).
Toutefois, la responsabilité de l'installation et celle de son entretien incombent au seul propriétaire pour les logements à caractère saisonnier, les logements-foyers, les résidences hôtelières à vocation sociale, les logements attribués ou loués en raison de l'exercice d'une fonction ou d'un emploi et les locations meublées (CCH, art. R. 129-13).

À NOTER

Contrats en cours La loi n° 2010-238 du 9 mars 2010 a rendu obligatoire la pose de détecteurs de fumée et la loi n° 2014-366 du 24 mars 2014 a mis cette installation à la charge des seuls propriétaires.
Pour les logements occupés par un locataire au moment de l'entrée en vigueur de l'article 1er de la loi n° 2010-238 du 9 mars 2010, l'obligation d'installation faite au propriétaire est satisfaite par la fourniture d'un détecteur à son locataire ou, s'il le souhaite, par le remboursement au locataire de l'achat du détecteur.

Le détecteur de fumée doit :
- détecter les fumées émises dès le début d'un incendie ;
- émettre immédiatement un signal sonore suffisant permettant de réveiller une personne endormie dans le seul logement où la détection a eu lieu.

Dans les parties communes des copropriétés, le syndicat doit indiquer les consignes à respecter en cas d'incendie et doit prendre des mesures pour éviter la propagation du feu des locaux à risque vers les circulations et dégagements (CCH, art. R. 129-12 s.).
Pour inciter les propriétaires à procéder à l'installation de détecteurs de fumée et les locataires à les entretenir, les compagnies d'assurances peuvent prévoir une minoration de la prime ou de la cotisation prévue par la police d'assurance garantissant les dommages incendie (C. assur., art. L. 122-9).
Le décret n° 2011-36 du 10 janvier 2011 a précisé les modalités pratiques de cette obligation.

L'arrêté du 5 février 2013 (*JO* du 14 mars 2013) porte sur les exigences auxquelles devront répondre les détecteurs de fumée normalisés.

La délivrance du logement en bon état

› L'obligation légale

Le bailleur doit délivrer le logement en « *bon état d'usage et de réparation ainsi que les équipements mentionnés au contrat de location en bon état de fonctionnement* » (loi n° 89-462 du 6.7.1989, art. 6*). Il faut entendre par bon état d'usage et de réparation, un logement délivré en état d'habitabilité immédiate et décente sans que le locataire soit obligé d'effectuer des réparations dans le logement.

Ce principe emporte deux conséquences :

- d'une part, lors de l'entrée dans les lieux, le locataire est en droit d'exiger du propriétaire qu'il remette les lieux en état (CA Nîmes, 2e ch. sect. A, 22.10.1996, RL 1997, p. 447) ;
- d'autre part, les éléments non mentionnés au contrat de location ne font pas l'objet de cette obligation.

Si le logement n'a pas été délivré en bon état d'usage et de réparation, le locataire est en droit de demander des dommages-intérêts pour trouble de jouissance ; tel est le cas du preneur d'une villa n'ayant pas été complètement achevée et du jardin laissé à l'état de terrain vague. En l'espèce, les dommages-intérêts dus au locataire ont été évalués à 914,69 € (CA Nîmes, 2e ch. A, 22.10.1996, Jurisdata n° 030213).

> **Cas pratique**
>
> **Obligation du propriétaire de délivrer le logement en bon état**
>
> N'est pas en bon état d'usage, un appartement délivré en état de propreté douteuse (CA Paris, 16.4.1984, D. 1984, inf. rap. 375).
>
> Le logement doit être délivré dans un état le rendant propre à l'usage pour lequel il est loué (CA Paris, 10.2.1984, D. 1984, inf. rap. 326).
>
> Les réparations qui incombent au propriétaire au moment de la délivrance sont les grosses réparations et les réparations locatives (réfection des peintures et des tentures, par exemple). Une réponse ministérielle stipule à cet égard que ce n'est pas au locataire entrant de prendre en charge les réparations incombant au bailleur et au locataire précédent (Rép. min. n° 8669, JO Sénat, Q, 10.2.1983, p. 253).
>
> Lors de la visite des lieux par le locataire entrant, le logement était occupé par le preneur précédent, si bien que le nouveau locataire n'a pas pu se rendre compte de l'état de saleté important et d'usage prolongé qui nécessitait une réfection complète. Le nouveau locataire est donc en droit de solliciter une indemnisation (CA Bordeaux, 1re ch., 4.7.1996, Jurisdata n° 044385).
>
> Le propriétaire qui donne en location un logement neuf dont les travaux d'achèvement n'ont pas été effectués, ne respecte pas son obligation de délivrance du logement en bon état (CA Nîmes, 2e ch. A, 22.10.1996, Jurisdata n° 030213).

En fait, le locataire qui a à se plaindre de l'inexécution de cette obligation se voit offrir plusieurs possibilités :
- exiger l'exécution des travaux de remise en état des lieux (CA Paris, 10.2.1984, D. 1984, IR, p. 325). En cas de refus du bailleur, vous pouvez retirer un formulaire d'injonction de faire auprès du tribunal d'instance de votre domicile (voir notre ouvrage *Agir en justice*) ;
- demander la résiliation du bail et/ou le paiement de dommages-intérêts ;
- requérir l'autorisation du tribunal de suspendre le paiement des loyers.

› La clause mettant les travaux à la charge du locataire

Toutefois, le bailleur peut échapper à l'obligation de délivrer les lieux en bon état s'il négocie avec le locataire une clause expresse prévoyant que celui-ci exécutera ou fera exécuter les travaux.
Pour que cette clause soit valable, un certain nombre de conditions doivent être réunies (TI Privas, 7.2.1995, Revue des loyers 1995, p. 426). La clause doit prévoir :
- les modalités d'imputation du coût des travaux sur les loyers ;
- la durée de l'imputation de ces travaux sur les loyers ;
- les modalités de dédommagement du locataire en cas de départ anticipé de celui-ci sur justification des dépenses effectuées ;
- la clause ne peut concerner que les logements répondant aux normes minimales de confort et d'habitabilité prévues par le décret n° 87-149 du 6 mars 1987*.
Ne peut être considéré comme répondant aux normes minimales de confort et d'habitabilité, le logement présentant des infiltrations et dont les ouvrants et le gros-œuvre sont en mauvais état.
Si le bail contient une clause mettant à la charge du locataire les travaux de mise en conformité du logement, la clause est nulle et entraîne également la nullité du bail.

Cas pratique

C'est ce qui a été jugé dans un arrêt du 27 septembre 2001.

Le locataire devait se charger des travaux de réfection de l'étanchéité de la salle d'eau et plus particulièrement de la douche, de réfection de la kitchenette (évier, électricité, revêtement de sol), de l'installation de la ventilation, du remplacement de deux lucarnes par des fenêtres…

Les juges ont considéré que, compte tenu de l'ampleur des travaux, l'appartement ne respectait pas les normes minimales de confort et d'habitabilité. La clause qui prévoyait la prise en charge par le locataire était donc nulle et entraînait la nullité du bail (CA Paris, JCL Loyers et copropriété, février 2002 n° 32, p. 10).

Le loyer doit être diminué du coût des travaux, voire supprimé pendant une certaine période. La clause qui prévoit une simple suppression de l'indexation du loyer n'est pas valable.

Cas pratique

Le bail prévoyait que le locataire ne subirait pas d'augmentation de loyer pendant 3 ans à charge pour lui de faire des travaux dans le logement. L'appartement était insalubre et ne comportait ni eau, ni électricité, ni chauffage, ni salle de bains, ni WC et le locataire avait installé le tout-à-l'égout et avait posé un ballon d'eau chaude.
La clause a été annulée. L'absence d'augmentation de loyer n'est pas équivalente à une franchise de loyers et constitue une somme minime très inférieure à la charge des travaux nécessaires (CA Rouen, 14.11.2006, JCL Loyers et copropriété 4.2007, p. 7).

› La clause dispensant le bailleur de délivrer le logement en bon état est-elle valable ?

Une réponse ministérielle rappelle que la loi de 1989 oblige le bailleur à délivrer les lieux en bon état de réparation et d'usage et que ces dispositions sont d'ordre public. Par conséquent, toute clause contraire prévue dans le bail est réputée non écrite sauf si un accord prévoit que les travaux seront exécutés par le locataire en contrepartie d'une diminution du loyer.
En conséquence, si votre bail mentionne « *l'acceptation des lieux dans l'état où ils se trouvent* », le propriétaire ne pourra pas s'en prévaloir pour faire échec à son obligation de délivrance du logement en bon état (C. cass., civ. 3e, 27.1.1993, Loyers et copropriété 1993, Comm. 121).
La loi du 6 juillet 1989 est d'ordre public et il n'est pas possible aux parties de déroger conventionnellement aux obligations imposées par ce texte. Le locataire ne peut jamais être tenu d'exécuter des travaux qui incombent exclusivement au bailleur tels que la mise en conformité aux normes réglementaires, les travaux assurant le clos et le couvert et plus généralement les travaux d'habitabilité de l'immeuble loué.
La clause sera donc déclarée nulle et ce, même si elle avait été insérée dans le bail à la demande du locataire, une telle renonciation n'étant pas valable.

Cas pratique

Dans un arrêt, le bail indiquait : « *Le preneur prendra les lieux dans l'état où ils se trouveront au jour de l'entrée en jouissance* »... « *Le preneur devra notamment faire entretenir et remplacer si besoin est, tout ce qui concerne les installations à son usage personnel, ainsi que les fermetures et serrures des fenêtres et portes, veiller à l'entretien des toitures, le bailleur étant aux termes des présentes déchargé des obligations mises à sa charge par la loi. La présente clause étant incluse à la demande du preneur* ».
Cette clause a été annulée et le preneur a été déchargé de son obligation d'effectuer les travaux.
L'arrêt précise également que l'annulation de cette clause ne saurait pour autant rendre caduques les autres parties de la convention (C. cass., civ. 3e, 17.7.2001, JCL Loyers et copropriété, juillet 2002, n° 171, p. 9).

De quelles informations doit disposer le locataire ?

Le bailleur doit informer le locataire de l'état, de la situation ou encore des équipements du logement.
Il doit aussi indiquer la surface exacte du logement loué.

› La surface habitable

Les contrats de location signés à compter du 27 mars 2014 (loi n° 2014-366 du 24.3.2014) doivent obligatoirement indiquer la surface habitable du logement. Les erreurs ou les indications erronées peuvent être sanctionnées.
Lorsque la surface habitable est inférieure de plus d'un vingtième à celle indiquée dans le contrat de location, le locataire est en droit de demander une diminution de son loyer, proportionnelle à l'écart constaté.
À défaut d'accord entre les parties ou à défaut de réponse du bailleur dans un délai de 2 mois à compter de la demande en diminution de loyer, le juge peut être saisi, dans le délai de 4 mois à compter de cette même demande, afin de déterminer, le cas échéant, la diminution de loyer à appliquer.
La diminution de loyer acceptée par le bailleur ou prononcée par le juge prend effet à la date de signature du bail.
Si la demande en diminution du loyer par le locataire intervient plus de 6 mois à compter de la prise d'effet du bail, la diminution de loyer acceptée par le bailleur ou prononcée par le juge prend effet à la date de la demande.

› Qu'est-ce que le dossier de diagnostic technique ?

Lors de la signature du contrat de location, ou lors de son renouvellement, le propriétaire doit annexer le dossier de diagnostic technique.
Ce dossier doit comprendre :
- l'état des risques naturels et technologiques ;
- le constat de risque d'exposition au plomb ;
- le diagnostic de performance énergétique.

À compter du 27 mars 2014 (loi n° 2014-366 du 24.3.2014), le dossier de diagnostic technique annexé aux nouveaux contrats de location devra comprendre en plus :
- une copie d'un état mentionnant l'absence ou, le cas échéant, la présence de matériaux ou produits de la construction contenant de l'amiante ;
- un état de l'installation intérieure d'électricité et de gaz, dont l'objet est d'évaluer les risques pouvant porter atteinte à la sécurité des personnes.

Les candidats locataires doivent pouvoir consulter le dossier de diagnostic technique tenu à leur disposition par le propriétaire bailleur.

État des risques naturels et technologiques

Si le logement se situe dans une commune elle-même située dans une zone couverte par un plan de prévention des risques technologiques ou par un plan de prévention des risques naturels prévisibles ou encore dans une zone de sismicité, un arrêté préfectoral fixe la liste de ces risques et délimite les zones de la commune exposées à ces risques. Le bailleur a un délai de 4 mois à compter de la publication de l'arrêté préfectoral pour faire établir cet état des risques pour ses locataires et l'annexer au bail.
Depuis le 1er juillet 2013, un nouveau modèle d'imprimé pour l'établissement de l'état des risques naturels et technologiques est librement disponible en préfecture, sous-préfecture et mairie, et téléchargeable à partir du site Internet du ministère chargé de la prévention des risques majeurs (arrêté du 19.3.2013).

À NOTER

Quelle indemnité en cas d'erreur du diagnostic ? En cas d'erreur du diagnostiqueur, le préjudice subi par les acquéreurs s'analyse comme la perte d'une chance pour défaut d'information.
Si la performance énergétique est moins bonne que celle annoncée, ce n'est pas pour autant le diagnostiqueur qui est responsable de l'isolation de la maison. Il ne peut donc pas être condamné à réparer les défauts relevés (C. cass. civ. 1re, 20.3.2013, n° 12-14711).

Pour les nouveaux contrats de location, cet état doit être établi moins de 6 mois avant la date de conclusion du contrat de location écrit (C. envir., art. L. 125-5).
Depuis le 1er juin 2006, le bailleur doit également avertir par écrit son locataire des sinistres survenus pendant la période où il était propriétaire et qui ont donné lieu à indemnisation. Il est recommandé de fournir cette information par lettre recommandée avec AR pour s'assurer d'une preuve en cas de contestation.
En cas de non-respect de cette obligation, le locataire peut poursuivre la résolution du contrat ou demander au juge une diminution du loyer.

À NOTER

Élaboration et approbation des plans de prévention Les plans de prévention des risques technologiques doivent être élaborés et approuvés dans un délai de 5 ans suivant la publication de la loi n° 2003-699 du 30 juillet 2003 relative à la prévention des risques technologiques et naturels.

Constat de risque d'exposition au plomb

Les bailleurs qui louent un logement dans un immeuble construit avant le 1er janvier 1949 doivent faire établir un constat de risque d'exposition au plomb (risque de saturnisme) et joindre ce constat (datant de moins de 6 ans) au contrat de location. Il ne concerne que les parties privatives si le logement se situe dans une copropriété. Si le constat indique l'absence de revêtements contenant du plomb ou des revêtements contenant du plomb à des concentrations inférieures aux seuils autorisés, il n'est pas obligatoire d'établir un nouveau constat à chaque nouvelle location, mais le constat initial devra toujours être annexé au bail. Les frais sont à la charge du bailleur (CSP, art. L. 1334-7 et R. 1334-11).

Diagnostic de performance énergétique

Depuis le 1er juillet 2007, le propriétaire-bailleur, lors du renouvellement du bail ou pour tout nouveau contrat, doit tenir à la disposition du locataire le diagnostic de performance énergétique qui doit évaluer la consommation d'énergie. Ce document décrit la quantité d'énergie effectivement consommée ou estimée pour une utilisation standardisée du bâtiment ou de la partie de bâtiment et compare la performance énergétique avec d'autres systèmes. Il est accompagné de recommandations destinées à améliorer cette performance. Mais le diagnostic n'a qu'une valeur informative pour le locataire. Ce dernier ne peut pas s'appuyer sur les informations contenues dans le diagnostic pour agir contre le propriétaire (CCH, art. L. 134-1).

S'il s'agit d'un immeuble en copropriété équipé d'une installation collective de chauffage ou de refroidissement, le diagnostic établi par le syndic et voté en assemblée vaut diagnostic de performance énergétique pour chacun des lots de la copropriété.

Pour les maisons neuves individuelles (c'est-à-dire comportant au plus deux logements), l'arrêté du 21 septembre 2007 (*JO* du 28.9.2007) fixe les clauses devant figurer dans le diagnostic de performance énergétique.

Par ailleurs, depuis le 1er janvier 2011, en cas de vente ou de location d'un bien immobilier, le classement du bien au regard de sa performance énergétique doit être mentionné dans les annonces immobilières. Les modalités de cette mention sont précisées aux articles L. 134-4-3 et R. 134-5-1 s. du Code de la construction et de l'habitation.

Le diagnostic doit être refait à l'occasion du renouvellement du bail si ce renouvellement intervient après les 10 ans de validité du diagnostic (D. n° 2008-461 du 15.5.2008).

À NOTER

Constructions nouvelles Pour les constructions nouvelles, depuis le 1er janvier 2013, le diagnostic doit également indiquer les émissions de gaz à effet de serre du bâtiment. Ce document doit être remis au propriétaire au plus tard à la réception de l'immeuble.

À NOTER

Les locations saisonnières et les locaux annexes Le diagnostic de performance énergétique n'a pas être établi pour les locations saisonnières ni dans les locaux annexes non chauffés, dans les locaux non destinés à l'habitation ou dans les bâtiments résidentiels utilisés moins de 4 mois par an.

› Les services de télévision de l'immeuble

Lors de la signature du contrat de location ou lors de son renouvellement, le bailleur doit informer le locataire sur la possibilité ou non de recevoir les services de télévision par voie hertzienne.
Si l'immeuble dispose d'un réseau interne, le bailleur doit indiquer si l'accès à la TNT est possible ou non et, le cas échéant, les coordonnées du distributeur de services auquel le locataire doit s'adresser pour bénéficier du « service antenne numérique ».
Le défaut de communication de ces informations n'est toutefois pas sanctionné (L. n° 2007-309 du 5.3.2007 ; L. n° 89-462 du 6.7.1989, art. 3-2).

L'obligation de garantie

Le propriétaire doit assurer au locataire la jouissance paisible du logement. De même, il doit le garantir des vices ou défauts de nature à y faire obstacle, en dehors des défauts qui auraient été mentionnés dans l'état des lieux et qui auraient fait l'objet d'une clause prévoyant l'imputation sur le loyer des travaux effectués par le locataire.
Cette garantie porte également sur les vices ou défauts qui étaient inconnus lors de la signature du bail (art. 6 de la loi du 6.7.1989* renvoyant à l'article 1721 du Code civil*).
Cette obligation ne s'applique pas aux occupants sans titre. En revanche, les membres de la famille habitant avec le preneur peuvent s'en prévaloir. L'obligation de garantie est triple : elle concerne les vices, les troubles résultant de tiers et ceux du fait personnel du bailleur.

ATTENTION

Une obligation obligatoire ! Contrairement aux locaux libres, il n'est pas possible, dans le contrat, de s'exonérer de cette garantie, les dispositions de la loi du 6 juillet 1989 étant d'ordre public. En conséquence, les clauses d'un bail exonérant le bailleur de son obligation de garantie sont interdites.

Cas pratique

L'obligation de garantie du propriétaire

Le locataire peut demander la diminution de son loyer en cas d'infiltrations affectant le logement qui le rendent ainsi partiellement impropre à l'usage (CA Paris, 6e ch. B, 2.6.1995). Toutefois, le bailleur n'est pas responsable d'un défaut d'étanchéité provenant de l'immeuble voisin. Il n'a pas à réparer les troubles causés par les voisins (C. cass., civ. 3e, 15.10.2008, n° 07-13971).
Locataire, si votre logement est situé au rez-de-chaussée, vous pouvez contraindre votre propriétaire à procéder à la pose de persiennes, volets ou autres protections sur les fenêtres du local loué (CA Nancy, 2e ch., 28.2.1995, Loyers et copropriété 1995, comm. 351).

Si le chauffage collectif de l'immeuble ne fonctionne pas, le locataire a le droit de réclamer à son propriétaire le remboursement des charges de chauffage payées sans contrepartie.
En effet, le propriétaire doit assurer une jouissance paisible du lot à son locataire et ce, même si le trouble subi par le locataire a pour origine une déficience d'une partie commune ou d'un élément d'équipement commun (C. cass., 3e ch. civ., 10.2.2004, JCL Loyers et copropriété, 5.2004, n° 87 p. 11).

L'obligation d'assurer une jouissance paisible au locataire ne cesse qu'en cas de force majeure.
Même si les travaux de remise en état se révèlent difficiles, le bailleur doit respecter son obligation.

Cas pratique

Dans ce contentieux, les locataires se plaignaient de l'encombrement du sous-sol, des remontées d'odeurs et de la défectuosité de la pompe du chauffe-eau. Le bailleur avait autorisé les locataires à se débarrasser des effets encombrant le sous-sol et avait demandé à son plombier de réparer les désordres. Il estimait que si les désordres n'avaient pas cessé, seul le plombier en était responsable du fait de son incompétence. Cet argument n'a pas été retenu. Seule la force majeure peut exonérer le bailleur de son obligation d'assurer une jouissance paisible de son logement. (C. cass. 3e ch. civ. 29.4.2009, n° 08-12261).

› La garantie des vices

Le bailleur doit garantir les vices qui empêchent l'usage du logement, et non pas ceux qui en rendent l'usage moins commode. Ces vices s'étendent également aux accessoires de la chose louée (entrée, jardin, par exemple) quand ils en empêchent la jouissance (T. civ. Château Gonthier, 12.1.1904, Gaz. Pal. 1904).
En outre, la garantie du bailleur couvre le vice caché et non pas le vice apparent.
La garantie du bailleur peut être écartée dans certaines conditions :
• Le locataire a eu connaissance du vice avant la conclusion du contrat. Ainsi le bailleur n'a pas à répondre des vices apparents et connus du preneur lors de la conclusion du bail.
• Les vices étaient notoires lors de la conclusion du bail, sauf si ceux-ci ont, par la suite, augmenté d'une façon telle qu'ils faisaient obstacle à la jouissance paisible du locataire.
• La faute commise par le locataire exonère le bailleur ou limite la responsabilité de celui-ci. Ainsi commet une faute :
- le locataire qui ne prévient pas le bailleur de la dégradation avancée du plancher (C. cass., civ. 3e, 31.5.1994, Loyers et copropriété 1994, n° 375) ;
- le locataire qui branche un appareil sur une installation inadéquate (C. cass., civ. 3e, 13.11.1970, Bull. civ. III n° 599).
• La cause étrangère pouvant être assimilée à un cas fortuit ou à la force majeure exonère le bailleur de toute responsabilité.

Quand le locataire peut prouver le lien de cause à effet, dit lien de causalité, entre l'existence du vice et le préjudice subi, il peut demander des dommages-intérêts pour l'indemniser des pertes qu'il a subies.
De même, il peut demander en justice la réduction du loyer pour avoir été privé de la jouissance de tout ou partie du local loué.

Cas pratique

Même de bonne foi, le bailleur doit garantir son locataire contre les vices cachés.
Dans ce contentieux, la locataire avait constaté que l'appartement loué était infesté de punaises de lit. Le bailleur avait réagi très vite en demandant l'intervention de techniciens. Les punaises avaient provisoirement disparu puis étaient réapparues en grand nombre, nécessitant dans les lieux un nouveau traitement plus lourd.
Les juges ont constaté que le bailleur avait réagi avec diligence, qu'il n'était pas au courant, avant la signature du bail de la présence de ces parasites.
Et pourtant, il a été condamné à indemniser sa locataire qui avait subi ces troubles pendant 2 ans. Le bailleur est tenu de garantir son locataire contre les vices cachés. Ce n'est qu'en cas de force majeure que sa responsabilité peut être écartée (CA Toulouse, 3e ch. 3.4.2012, Loyers et copropriété, 6.2012, n° 160).

À NOTER

Exonération de garantie du bailleur Si un accident se produit dans les lieux loués, le bailleur est responsable car tenu à une obligation de sécurité. Mais cette obligation de sécurité n'est qu'une obligation de moyens (et non de résultat) ce qui signifie que cette responsabilité est retenue si le locataire parvient à prouver la défectuosité, le vice ou la dangerosité de l'installation ou des équipements.
Dans une affaire dramatique, puisqu'elle avait abouti à la mort par électrocution de l'enfant du locataire, le rapport d'expertise concluait que l'accident était survenu en raison du mauvais branchement d'une machine à laver installée par le locataire dans la salle de bains et non de la défectuosité de l'installation électrique (relevant de la compétence du bailleur). Le bailleur a donc été mis hors de cause (CA Lyon, 30.5.2000, JCP Loyers et copropriété 2001, n° 2 p. 8).

› La garantie du fait personnel du bailleur

Le bailleur devant assurer la jouissance paisible du logement, il ne peut créer aucun trouble de droit, comme, par exemple, accorder une servitude à un tiers portant ainsi atteinte à ce droit. En outre, le bailleur ne doit pas gêner l'usage du lieu loué. Par exemple, il peut être tenu responsable des conséquences d'un défaut d'éclairage des accès au logement.
De même, il ne peut changer la forme des lieux loués. C'est ainsi que la responsabilité peut être retenue en cas de suppression de l'installation de gaz existant.
Le bailleur doit donc garantir les troubles qu'il pourrait faire subir au locataire ou que pourraient lui faire subir des personnes dont il doit répondre.

Le bailleur doit donc répondre par exemple :
- du changement de forme du local loué. En effet, le locataire a donné son consentement pour la location du logement en considération de la forme initiale de celui-ci. Toutefois ce principe ne s'applique pas, lorsque les modifications ont pour cause l'adaptation aux normes de confort, de salubrité, de sécurité ou d'équipement ;
- du préjudice résultant de travaux ou d'aménagements qui rendent difficile l'usage normal du logement. Il doit s'agir d'une gêne sérieuse troublant la jouissance du locataire. Toutefois des dispositions spécifiques s'appliquent lorsque les réparations s'avèrent urgentes (voir *Les troubles de jouissance résultant de travaux*, p. 133) ;
- la suppression d'aménagements ou d'équipements qui restreigne l'usage de la chose louée (par exemple, la suppression du poste de gardienne, sauf si cette décision a été prise par l'assemblée des copropriétaires) ;
- le changement de destination de l'immeuble. En effet, le locataire subit un préjudice lorsqu'antérieurement l'immeuble était habité bourgeoisement et que par la suite un commerce bruyant s'installe.

Le bailleur est non seulement responsable de ses propres faits, mais aussi :
- de ceux de son mandataire, celui-ci agissant en son nom et pour son compte ;
- de ceux du concierge ou du gardien lorsque celui-ci est lié par un contrat de travail au bailleur. Ainsi, en cas de vol ou de perte du courrier, la garantie du propriétaire du logement peut être mise en œuvre ;
- des agissements d'un autre locataire du bailleur. En effet, le bailleur conférant des droits locatifs à ses locataires, il est garant des perturbations causées par les agissements de celui-ci.

Cas pratique

Le bailleur est responsable des clients de son locataire

Un propriétaire avait loué un local de l'immeuble à un particulier pour l'organisation du réveillon du 31 décembre.

Il avait loué également à une autre personne un autre local pour les mêmes raisons.

Le second locataire avait vendu trop de places pour la soirée et les clients en surnombre avaient envahi la première salle, causant des dégradations, dérobant certains objets…

Le premier locataire demande réparation de son préjudice au bailleur.

La question posée était de savoir si les clients du second locataire étaient des tiers au sens de l'article 1725 du Code civil (auquel cas le bailleur n'était pas tenu de garantir la tranquillité des occupants de l'immeuble).

Les clients d'un locataire ne sont pas des tiers pour le bailleur. Il est donc responsable vis-à-vis de ses autres locataires des troubles causés (C. cass., civ. 3e, 22.10.2003, D. 2004, II, p. 2078).

› La garantie du fait des tiers

Le bailleur n'est, en principe, pas garant des troubles de fait que des tiers apportent à sa jouissance. Il faut entendre par troubles de fait, les troubles de jouissance provenant d'agissements d'un tiers. Le bailleur n'est donc pas responsable si des clochards entrent dans l'immeuble (C. cass., civ. 3e, 10.11.1987, D. 1987, IR, p. 235) ou encore si le locataire a à se plaindre d'actes de vandalisme ou d'un cambriolage. De même, si le locataire se plaint de troubles subis en raison de travaux dans la copropriété, il ne peut pas obtenir d'indemnisation de son bailleur (CA Paris, 21.9.1999, JCP Loyers et copropriété 2000, n° 133, p. 7). Le locataire pourrait demander réparation au bailleur en cas de voies de fait rendues possible par une faute lourde que ce dernier aurait commise.

Cette faute doit être une négligence caractérisée ou un manquement à ses obligations contractuelles (nées du bail).

En cas d'incendie criminel survenu dans les locaux, la responsabilité d'un bailleur pourrait être mise en cause s'il avait commis une faute de négligence ayant permis l'infraction (défaut d'entretien ou de remise en état du système d'accès protégé de l'immeuble, défaut de signalement aux autorités des nombreuses tentatives d'effraction dans l'immeuble, par exemple).

À défaut de faute en relation avec les troubles, le bailleur, qui n'a pas l'obligation de surveiller et de faire garder les lieux loués et qui doit simplement assurer une sécurité minimale, ne peut être déclaré responsable des dégradations ou infractions commises par des tiers (CA Paris, 4.6.2002, D. 2002, IR p. 3058).

Mais, le bailleur est responsable des troubles de droit, c'est-à-dire des troubles ayant pour origine la remise en cause par un tiers d'un droit sur la chose louée (une servitude, une revendication ou une emprise, par exemple).

La mise en œuvre de cette garantie permet au locataire de demander une diminution proportionnée du loyer (C. civ., art. 1726*). Il n'est toutefois pas exclu qu'il puisse demander des dommages-intérêts ou la résiliation du bail. Une telle demande peut être faite en cas d'éviction du logement loué, par exemple.

L'obligation d'entretien

Le bailleur doit entretenir les locaux en état de servir à l'usage prévu par le contrat. De même, il doit procéder, dans le logement loué, à toutes les réparations, autres que les réparations locatives (réparations qui ne sont pas à la charge du locataire), nécessaires au maintien en état et à l'entretien normal des locaux loués. Le bailleur qui refuserait de procéder aux réparations normalement à sa charge, engagerait sa responsabilité.

L'obligation d'entretien est permanente, le locataire n'a donc pas à formuler une demande ou adresser au bailleur un avertissement.

Mais il doit bien sûr avertir éventuellement le propriétaire s'il est le seul à pouvoir constater les désordres survenus dans son logement.

Cas pratique

Dans cet arrêt, le locataire avait omis de signaler au bailleur l'effondrement des planchers qui existait depuis 8 ans. Il était le seul à pouvoir le constater et son silence n'a fait qu'aggraver les désordres. Le locataire a été condamné à supporter la moitié des travaux de rénovation (C. cass., civ. 3e, 9.2.2005, Bull. civ. n° 32, p. 27).

Le bailleur n'est pas tenu de contrôler régulièrement l'état du logement et notamment de vérifier si le locataire n'a pas procédé dans les locaux à des aménagements non conformes aux normes en vigueur.

Cas pratique

Les locataires avaient changé en 1988 l'applique de la salle de bains, de type classe 2, par une armoire, comportant deux ampoules électriques, de type classe 1.
En 2005, la locataire subit une électrocution, prenant un savon dans cette armoire en sortant de son bain…
Selon les rapports d'expertise, l'accident était dû à l'absence de « mise à la terre » de l'armoire incriminée et à l'absence de différentiel haute sensibilité sur l'installation électrique de l'appartement.
L'absence de mise à la terre était imputable aux locataires qui avaient fait installer l'armoire incriminée. Mais ces derniers considéraient que le bailleur avait sa part de responsabilité puisqu'il n'avait jamais procédé à aucune révision ni vérification de l'installation électrique pendant plus de 18 ans, alors qu'une simple inspection de l'installation par un technicien lui aurait permis de constater le défaut de conformité de l'installation et d'y remédier.
Cet argument n'est pas retenu par la Cour de cassation. Le bailleur est tenu de fournir un logement en bon état de réparations autres que locatives et d'entretenir les locaux en état de servir à l'usage prévu par le contrat.
Mais, dès lors qu'il n'en est pas informé par le locataire, il n'a pas l'obligation d'effectuer des vérifications périodiques pour s'assurer que le locataire n'a pas procédé à des transformations qui ne respecteraient pas les normes en vigueur (C. cass., civ. 3e, 15.9.2010, n° 09-67192).

L'obligation d'entretien prend fin lorsque des travaux de reconstruction totale ou partielle du logement s'avèrent nécessaires. Le juge retient notamment comme critère de la distinction le coût des travaux par rapport à la valeur vénale de l'immeuble ou à la rentabilité locative pour décider s'il s'agit ou non d'une opération de reconstruction.
Lorsque le bailleur ne remplit pas son obligation d'entretien, le locataire est en droit de saisir le tribunal d'instance pour demander :
- l'exécution forcée des travaux : les travaux peuvent être exécutés par le bailleur, par un tiers ou par le locataire qui se fera autoriser à les effectuer ;
- l'exonération en tout ou en partie du paiement du loyer jusqu'à ce que les travaux soient effectués ;
- la résiliation du bail.

Cas pratique

Si le bailleur propose d'effectuer en nature les travaux à sa charge, le locataire ne peut pas exiger le paiement en espèces du coût de ces travaux. L'exécution en nature est prioritaire, même si le locataire a perdu toute confiance dans la capacité du bailleur à trouver une solution aux problèmes soulevés (C. cass., civ. 3ᵉ, 27.3.2013, n° 12-13734).

En outre, le locataire qui a subi un préjudice est en droit de demander des dommages-intérêts pour privation de jouissance.
Préalablement à l'assignation devant le tribunal d'instance, le locataire peut faire constater les dommages par huissier ou, mieux, demander en référé la désignation d'un expert qui pourra établir les travaux nécessaires et évaluer leur coût. Le juge d'instance statuera au vu du rapport de l'expert.

Cas pratique

Un litige opposait un propriétaire et son locataire sur des réparations nécessaires à effectuer dans le local. Pour inciter le bailleur à les effectuer rapidement, le locataire décide d'arrêter de payer le loyer. En riposte, le bailleur lui envoie un commandement visant la clause résolutoire et demande au tribunal de constater la résiliation du bail.
Il obtient gain de cause devant la cour d'appel. Le locataire n'a le droit de cesser le paiement de ses loyers que s'il ne peut plus du tout utiliser les lieux. Le fait qu'il subisse une simple gêne n'est pas suffisant et ne peut justifier son attitude (CA Rouen, 31.10.2000, JCL, Loyers et copropriété 2001, p. 7, n° 83).

Si le locataire exécute des travaux normalement à la charge du bailleur, il ne pourra pas en obtenir le remboursement sauf :
- s'il prouve qu'il y a urgence ;
- ou bien s'il a mis le bailleur en demeure de les exécuter, et a obtenu du tribunal l'autorisation d'y procéder.
(C. cass., civ. 3ᵉ, 23.5.2013, n° 11-29011).

Les travaux d'amélioration

› Définition

Le bailleur peut avoir intérêt à effectuer des travaux d'amélioration pour deux raisons :
- il peut, en cours de bail, majorer le loyer à l'issue de ces travaux lorsqu'un accord entre les parties le prévoit ;
- pour les zones géographiques où le loyer est bloqué, une majoration annuelle du loyer est possible en cas de travaux d'amélioration.
C'est la raison pour laquelle il est nécessaire de différencier les travaux d'amélioration d'autres types de travaux.

Les travaux d'amélioration sont :
- des travaux apportant un équipement nouveau, un service ou une qualité supérieure au niveau des prestations existantes ;
- des travaux apportant une qualité permettant de diminuer de façon certaine les dépenses d'entretien et d'exploitation en apportant une plus grande sécurité pour les biens comme pour les personnes.
On peut considérer comme travaux d'amélioration l'installation d'un digicode, la pose d'un carrelage ou la création d'un ascenseur, par exemple.

› La clause expresse de travaux d'amélioration

Les parties peuvent prévoir dans le contrat de bail, ou postérieurement par un avenant, que le loyer sera augmenté dès que le bailleur aura fait exécuter des travaux d'amélioration. Le montant de l'augmentation de loyer qui s'ensuivra doit être noté dans le contrat, un accord verbal entre les parties ne suffisant pas. De même, afin d'éviter tout litige, pensez à inscrire dans le contrat le délai de réalisation des travaux et les modalités d'exécution.

› L'obligation du locataire de laisser effectuer les travaux

Voir *Laisser effectuer des travaux*, p. 65.

L'obligation de gardiennage

Le décret n° 2001-1361 du 28 décembre 2001 a créé une obligation de gardiennage ou de surveillance pour certains immeubles d'habitation.
Les bailleurs, quel que soit leur statut juridique, doivent affecter un effectif minimum de personnes aux fonctions de gardiennage ou de surveillance dans les ensembles d'immobilier locatifs dès lors qu'ils gèrent 100 logements locatifs ou davantage.
L'objectif de ce décret est de garantir une présence humaine effective sur le terrain afin d'assurer, par le lien social avec les habitants, la tranquillité des lieux.

À NOTER

Codification Le gardiennage et la surveillance des immeubles à usage d'habitation et des locaux administratifs, professionnels ou commerciaux sont désormais régis par le Code de la sécurité intérieure.

› Les immeubles concernés

Ces logements doivent se situer, soit dans un même immeuble, soit dans un groupe d'immeubles collectifs formant un ensemble qui présente une certaine unité.
Dans la plupart des cas, il s'agit des immeubles construits sur une même emprise foncière ou d'une même « opération » au sens du financement du logement social (éventuellement financée en plusieurs tranches).

Les immeubles concernés sont ceux situés en ZUS (zone urbaine sensible), quelle que soit la taille de la commune, ainsi que ceux situés dans une commune de plus de 25 000 habitants ou dans une commune comprise dans une aire urbaine de plus de 50 000 habitants comportant au moins une commune de plus de 15 000 habitants (C. séc. int., art. R. 127-1 s.).
Sont exclus de cette obligation les logements individuels, en diffus ou en lotissement ainsi que les logements en copropriété.

› Les modalités du gardiennage et de la surveillance

Le bailleur doit affecter aux fonctions de gardiennage ou surveillance au moins une personne équivalent temps plein par tranche de 100 logements sur l'ensemble de l'année.
Les tranches de 100 logements s'analysent comme suit :
- de 0 à 99 logements : pas d'obligation ;
- de 100 à 199 logements : une personne ;
- de 200 à 299 logements : deux personnes ;
- etc.

L'équivalent temps plein peut être assuré par plusieurs personnes travaillant à temps partiel. Cela ne signifie pas qu'une personne par tranche de 100 logements doive être présente 24 heures sur 24, nuit, samedi et dimanche compris, mais qu'une personne assurant un temps de travail normal soit présente. Ce temps de travail est de 1 600 heures annuelles si la personne se situe dans le cadre d'un contrat de travail de 35 heures hebdomadaires, mais la situation est variable et souvent dérogatoire selon les statuts d'emploi pour les gardiens ou employés d'immeubles.
La fonction doit être assurée sur l'ensemble de l'année, ce qui implique le remplacement des agents concernés pendant leurs congés payés annuels.
Le décret énumère cinq types d'emplois : concierge, gardien, employé d'immeuble à usage d'habitation, agent de prévention et de médiation, correspondant de nuit. Le bailleur peut également faire assurer le gardiennage ou la surveillance par un prestataire de services.
L'obligation s'applique depuis le 1er janvier 2002 aux logements sociaux situés en ZUS et depuis le 1er janvier 2003 pour les autres logements.

› Autres mesures pour assurer la sécurité

Les bailleurs gérant plus de 100 logements doivent aussi installer et entretenir :
- un éclairage assurant une bonne visibilité de l'entrée des immeubles et de leurs parties communes, notamment des parcs de stationnement, quand ils sont situés à l'intérieur des locaux ;
- des systèmes permettant de limiter aux seuls résidents et personnes autorisées l'accès aux parties communes des immeubles, aux caves et parcs de stationnement intérieurs.

Par ailleurs, les propriétaires ou exploitants d'immeubles à usage d'habitation peuvent accorder à la police et à la gendarmerie nationale ainsi, le cas échéant, qu'à la police municipale une autorisation permanente de pénétrer dans les par-

ties communes de ces immeubles. S'il y a des caméras de surveillance, les images peuvent également être transmises à la police ou à la gendarmerie, sous réserve que soient remplies les conditions suivantes : imminence d'une atteinte grave aux biens ou aux personnes, affichage et information du public, signature d'une convention prévoyant les modalités de transmission et de conservation des images dans la limite d'un mois, modalités de financement du transfert.
S'il s'agit d'une copropriété, la transmission des images doit être autorisée par la majorité des voix de tous les copropriétaires de l'immeuble (majorité de l'art. 25 de la loi n° 65-557 du 10 juillet 1965).
Les bailleurs peuvent aussi faire intervenir ponctuellement la police ou la gendarmerie pour rétablir l'ordre, dégager les accès aux parties communes… (CCH, art. L. 126-1 et s. ; loi n° 2001-1062 du 15.11.2001).

Cas pratique

Bailleur, de quels troubles devez-vous répondre ?

Installation du chauffage atteinte d'un dysfonctionnement ayant conduit à une explosion (CA Aix, 11e ch, 20.5.1987, Bull. Aix, 1987, n° 71).
Logement affecté d'infiltration d'eau due à la mauvaise construction des murs (CA Paris, 5.5.1926, Gaz. Pal. 1926).
Locataires devant être évacués de l'immeuble dans lequel se trouve le logement en raison d'un vice de construction (CA Lyon, 12.10.1936, Gaz. Pal. 1937).
Plafond s'étant effondré (C. cass., civ. 24.3.1965, Gaz. Pal. 1965). D'autres bailleurs ont été condamnés en raison de l'effondrement d'un balcon ou d'un plancher.
Défectuosité de la fourniture de chauffage prévue par le bail (CA Paris, 18.11.1967, Gaz. Pal. 1968).
Le bailleur n'est pas responsable des cambriolages (C. cass., civ. 3e, 28.2.1990, Bull. civ. III n° 63, p. 34) sauf si ce fait est dû à un défaut de surveillance du gardien (C. cass., civ. 3e, 21.2.1983, Gaz. Pal. 1983).
En principe, le bailleur ne peut être garant du trouble causé par le voisin car il s'agit d'un trouble de fait, sauf si l'acte du voisin entraîne une véritable privation de jouissance (C. cass., civ. 3e, 30.11.1988, JCP éd. N 1989).
Le propriétaire est responsable des fautes commises par le concierge dans l'exercice de ses fonctions (C. cass., civ. 3e, 6.11.1970, D. 1971, p. 250, Bull. civ. III, n° 586, p. 426).

Les obligations du locataire

C'est l'article 7 de la loi du 6 juillet 1989* qui définit les obligations du locataire. Le preneur est obligé :
- de payer le loyer et les charges récupérables ;
- d'user paisiblement des locaux ;
- de répondre des dégradations et des pertes ;
- de prendre à sa charge l'entretien courant du logement ;
- de laisser exécuter dans les lieux loués les travaux d'amélioration ou d'entretien ;
- de ne pas transformer les locaux et équipements loués sans l'accord du bailleur ;
- de s'assurer contre les risques dont il doit répondre.

Payer les charges et le loyer

Le locataire a l'obligation de payer le loyer et les charges à la date convenue. Le locataire peut refuser le virement automatique du loyer, ainsi que les traites ou billets à ordre émis d'avance (loi n° 89-462 du 6.7.1989, art. 4*).
Le loyer peut être payé d'avance ou à terme échu, mensuellement, trimestriellement ou en fonction d'une autre périodicité prévue au contrat. Toutefois, le locataire peut demander le paiement mensuel qui est de droit.
Le locataire peut réclamer une quittance (contre le paiement du loyer) que le bailleur doit lui remettre gratuitement (loi n° 89-462 du 6.7.1989, art. 21).
Cette quittance de loyer doit indiquer le détail des sommes versées en distinguant le loyer et les charges.
Mais cette quittance ne doit pas être confondue avec l'avis d'échéance du mois suivant. La Cour de cassation a condamné la pratique utilisée par beaucoup de bailleurs qui consiste à délivrer au locataire un seul document récapitulant d'une part la créance du mois en cours et d'autre part valant quittance pour le paiement de celle du mois précédent.

> **Cas pratique**
> Dans cet arrêt, la formule indiquée sur l'avis d'échéance précisait que « *la quittance est donnée sous réserves du règlement intégral des sommes dues pour le mois précédent* ».
> Le document remis au locataire n'était pas une quittance au sens de la loi puisque le détail des sommes versées ne figurait pas sur le même document que la quittance elle-même.
> La Cour de cassation a approuvé la cour d'appel qui avait condamné le bailleur pour non-respect de l'article 21 de la loi du 6 juillet 1989 (C. cass., 3e civ., 24.3.2004, D. 2004, IR p. 1208).

Pendant le cours du bail, le locataire doit payer régulièrement son loyer. Il ne peut cesser ce paiement qu'à la condition que les manquements du bailleur rendent impossible l'usage du logement. S'il ne s'agit que d'une gêne (même importante) ou d'un défaut de fonctionnement d'un élément d'équipement, le locataire ne peut se servir du loyer comme moyen de pression à l'encontre de son propriétaire. Il doit respecter les échéances du loyer et s'adresser au tribunal d'instance pour obtenir la condamnation du bailleur.
Le défaut de paiement des loyers par le locataire entraîne de plein droit la résiliation du bail si celui-ci le prévoit. Dans le cas contraire, il vous faudra demander la résiliation judiciaire du bail. Dans les deux cas, il faut saisir le tribunal d'instance.

ATTENTION

Les formalités liées à la résiliation Résilier de plein droit un bail ne signifie pas que le bail prend fin du jour au lendemain sans formalités. Il vous faut, tout de même, saisir le juge qui se contentera de constater que le locataire n'a pas rempli ses obligations. Toutefois, depuis la promulgation de la loi relative à la lutte contre les exclusions, la procédure est devenue un peu plus complexe.

Le locataire doit payer le loyer jusqu'à la remise effective des clefs (sauf en cas de congé donné par le bailleur) et ceci, même s'il a quitté de façon effective les lieux (CA Nancy, 2e ch., 10.11.1988, Jurisdata n° 049882). La remise des clefs dans la boîte aux lettres ou à la concierge ne vaut pas restitution des lieux loués, sauf accord écrit du bailleur (ou du propriétaire).

MON CONSEIL

Paiement du loyer Sauf dispositions contraires du bail, le locataire n'est pas obligé d'adresser le montant du loyer par courrier au bailleur. Ce dernier est tenu de venir le chercher. Afin d'éviter tout malentendu, il convient de prévoir dans le contrat que le loyer devra être adressé au domicile du bailleur.

› La solidarité des époux mariés

Les époux, cotitulaires du bail du local servant à leur habitation, sont tenus solidairement du règlement du loyer et des charges, même si le bail a été signé avant leur mariage et même si le bail ne prévoit pas cette solidarité (C. civ., art. 220 et 1751).
Cette solidarité est effective tant que dure le mariage et même si l'un des époux a quitté le domicile conjugal et a donné congé au bailleur.
De même, les époux sont tenus solidairement du paiement des indemnités d'occupation (dans l'hypothèse où l'un d'entre eux reste dans le local après la résiliation du bail).
En cas de décès d'un des époux, le conjoint survivant cotitulaire du bail dispose d'un droit exclusif sur celui-ci, sauf s'il y renonce expressément.

› La solidarité des personnes ayant conclu un PACS

Les partenaires sont tenus solidairement à l'égard des tiers des dettes contractées par l'un d'eux pour les besoins de la vie courante. Cette obligation inclut le loyer.

Parallèlement, comme pour les époux, le droit au bail du local, sans caractère professionnel ou commercial, qui sert effectivement à l'habitation de deux partenaires liés par un PACS, dès lors que les partenaires en font la demande conjointement, est réputé appartenir à l'un et à l'autre.

En cas de décès de l'un d'entre eux, le partenaire survivant cotitulaire du bail dispose d'un droit exclusif sur celui-ci, sauf s'il y renonce expressément.

Enfin, le bailleur peut valablement donner congé à son locataire pour loger la personne avec laquelle il a conclu un PACS, les ascendants ou les descendants de celle-ci (loi n° 89-462 du 6.7.1989, art. 15*).

› Les concubins non pacsés et les colocataires

Le total des loyers demandés à chaque colocataire ne peut être supérieur au loyer applicable au logement dans sa globalité.

Les règles de fixation ou de révision du loyer prévues pour les contrats simples sont applicables aux colocations.

À la différence des époux et des partenaires pacsés, les concubins ou les colocataires ne sont pas tenus solidairement du paiement des loyers s'il n'y a pas de clause de solidarité inscrite dans le bail.

Dans cette hypothèse, si l'un d'entre eux donne congé au bailleur, il est dégagé du paiement des loyers et des charges à compter de la date pour laquelle le congé est donné.

Mais il est très fréquent que le bail contienne une clause de solidarité entre les locataires les rendant responsables solidairement du paiement des loyers pendant tout le cours du bail. Le bailleur peut donc réclamer indifféremment à l'un ou à l'autre le montant de l'arriéré de loyers, même si l'un d'entre eux a quitté les lieux.

Si le bail a pris fin (à la suite d'un congé délivré par le bailleur, de l'application d'une clause résolutoire ou d'une résiliation judiciaire du contrat), les locataires qui se maintiennent dans les lieux ne sont plus redevables du loyer mais d'une indemnité d'occupation.

La question se posait de savoir si la solidarité des ex-locataires prévue pour les loyers était toujours applicable au paiement de cette indemnité d'occupation.

La Cour de cassation a décidé que cette solidarité ne devait pas s'appliquer dans cette hypothèse. La solidarité locative cesse en même temps que le bail. En conséquence, seul le locataire qui se maintient dans les lieux est redevable de cette indemnité (C. cass., civ. 3e, 13.6.2001).

À NOTER

Réforme Pour les contrats de location signés à compter du 27 mars 2014 (loi ALUR n° 2014-366 du 24.3.2014), la solidarité d'un des colocataires qui a donné congé et celle de la personne qui s'est portée caution pour lui prennent fin à la date d'effet du congé régulièrement délivré et lorsqu'un nouveau colocataire figure au bail. À défaut, la solidarité du colocataire sortant s'éteint au plus tard à l'expiration d'un délai de 6 mois après la date d'effet du congé.

User paisiblement des lieux

La loi pose l'obligation, à la charge du locataire, d'user paisiblement des locaux loués suivant la destination (usage d'habitation ou mixte [habitation et exercice d'une activité libérale]) qui leur a été donnée par le bail (loi n° 89-462 du 6.7.1989, art. 7 b*). Ce principe signifie que le locataire (ou les personnes vivant sous son toit) ne doit pas être l'auteur de comportements susceptibles de causer une gêne excessive aux autres occupants de l'immeuble et au voisinage.

ATTENTION

Troubles de voisinage et fin du bail Il est possible, désormais, d'insérer dans le bail une clause résolutoire permettant au bailleur de mettre fin au bail en cas de condamnation du locataire pour troubles de voisinage. Auparavant, seules étaient autorisées les clauses résolutoires visant le non-paiement des loyers et des charges, le non-versement du dépôt de garantie ou la non-souscription d'une assurance pour les locaux (loi n° 89-462 du 6.7.1989, art. 4 g).

› Vie professionnelle et usage paisible des lieux

La possibilité de domicilier l'entreprise dans le local d'habitation de l'entrepreneur ou du représentant de la société a été élargie par la loi n° 2003-721 du 1er août 2003 pour l'initiative économique.

S'il n'y a pas de clauses d'interdiction dans le règlement de copropriété ou dans le bail, la personne morale est autorisée à installer son siège au domicile de son représentant légal et y exercer une activité.

En cas de clause d'interdiction, le représentant légal de la société peut néanmoins installer le siège de son entreprise à son domicile, pour une durée de 5 ans (auparavant 2 ans) à compter de la création de celle-ci.

Dans ce cas, le créateur d'entreprise doit, préalablement au dépôt de sa demande d'immatriculation, notifier par écrit au bailleur, au syndicat de la copropriété ou au représentant de l'ensemble immobilier son intention d'user de cette faculté.

Si l'entrepreneur est une personne physique les règles sont les mêmes. Il peut déclarer l'adresse de son local d'habitation et y exercer une activité, dès lors qu'aucune disposition législative ou stipulation contractuelle ne s'y oppose. En présence d'une clause d'interdiction, il est toujours possible de conserver, exclusivement pour l'adresse de l'entreprise, celle du local d'habitation, dès lors que le locataire ne reçoit ni clientèle, ni marchandises.

À NOTER

Le cas des assistantes maternelles Quand bien même la destination de l'immeuble serait à usage exclusif d'habitation, une assistante maternelle peut exercer son activité dans le logement loué dès lors qu'elle ne cause aucune nuisance dans l'immeuble (CA Paris, 29.9.1992, D. 1992 IR p. 271).

› Animal domestique et usage paisible des lieux

Alors qu'il est évident, car contraire à des principes constitutionnels, que le bailleur ne puisse interdire la présence d'enfants dans le logement loué, les choses paraissent moins simples en ce qui concerne les animaux.
En 1969, la Cour de cassation avait précisé que la présence d'animaux domestiques dans un logement résultait des usages. Il faut attendre 1970 (loi du 9.7.1970) pour qu'un texte affirme le droit de posséder des animaux, et déclare nulles les clauses d'un bail interdisant aux locataires la présence d'un animal familier. En effet, ce texte précise « *est réputée non écrite toute stipulation tendant à interdire la détention d'un animal dans un local d'habitation dans la mesure où elle concerne un animal familier* » ; cette détention est toutefois subordonnée au fait que ledit animal ne cause aucun dégât à l'immeuble ni aucun trouble de jouissance aux occupants de celui-ci. Ce principe comporte donc des limites. Ainsi manque à son obligation de jouissance paisible et ne peut donc se prévaloir de ce droit :
- le locataire qui possède trois chiens, deux cacatoès et cinq canaris (CA Aix, 11e ch., 25.6.1992, Bull. 1992, 46, n° 27) ;
- le locataire dont les voisins ont à se plaindre d'odeurs nauséabondes ayant pour cause les urines d'un chat (C. cass., civ. 3e, 21.11.1995, n° 2056) ;
- le locataire qui détient un serpent (CA Colmar, 3e ch., 25.10.1993, JCP éd. G 1994, IV, n° 1910, p. 250) ;
- le locataire détenant un berger allemand qu'il laisse en liberté et sans surveillance ;
- la locataire qui élève des chiens de race Staffordshire Terrier dans son appartement et qui occupe avec ses animaux certaines parties communes de l'immeuble, ne respecte pas son obligation d'user paisiblement des lieux loués. Le fait de l'absence totale d'agressivité des chiens ne justifie en rien cette attitude (CA Riom, 20.2.2012, Loyers et copropriété, 5.2012, n° 132, p. 17).

Depuis la loi Sarre (loi n° 99-5 du 6.1.1999, *JO* du 7.1.1999), dans les parties communes d'un immeuble, les chiens considérés comme dangereux (pitbull, boerbull...) doivent obligatoirement être muselés et tenus en laisse par un adulte. De plus, leur stationnement dans ces mêmes parties communes est interdit.

À NOTER

Locations saisonnières La clause qui interdit les animaux familiers peut être validée s'il s'agit d'une location saisonnière (L. n° 2012-387 du 22.3.2012).

Répondre des dégradations

Le locataire a l'obligation de répondre des dégradations et pertes qui surviennent pendant la durée de la location. Sa responsabilité est toutefois écartée s'il rapporte la preuve que les dégradations sont dues à la force majeure, à la faute du bailleur ou au fait d'un tiers qu'il n'a pas introduit dans le logement (loi n° 89-462 du 6.7.1989, art. 7 c*).
C'est ainsi que le locataire est responsable vis-à-vis de son bailleur des dégradations survenues au local loué au cours d'un déménagement même si les dégradations sont le fait des déménageurs.

Cas pratique

Le monte-meubles avait endommagé le garde-corps en pierre du balcon.
Le locataire a été reconnu responsable de ces dégradations en vertu de l'article 1735 du Code civil qui prévoit que « *le locataire doit répondre des dégradations et pertes qui arrivent par le fait des personnes de sa maison ou de ses sous-locataires* ».
Le bailleur a obtenu le paiement de la réfection du balcon et une indemnité pour la perte de loyers pendant le temps de réparations puisque l'appartement ne pouvait pas être loué en l'absence de sécurité sur le balcon. La facture s'est élevée à 21 343 €.
Le déménageur ainsi que l'entreprise qui avait fourni le monte-meubles ont été obligés de garantir le locataire de ses condamnations (CA Paris, 6e ch. B, 23.5.2002, JCL Loyers et copropriété, 3.2003, n° 54 p. 8).

De la même façon, le locataire est responsable des dommages subis par les tiers et provenant du local loué. Ce sont les règles du Code civil qui s'appliquent et le locataire est responsable puisque la garde de la chose (en l'occurrence le local loué) lui a été transférée.

Cas pratique

Un volet était tombé dans la rue et avait endommagé un véhicule appartenant à un tiers. Le locataire a été déclaré responsable (C. cass., civ. 2e, 12.12.2002, JCL Responsabilité civile et assurances, mars 2003, n° 62 p. 10).

Le locataire n'est responsable des dégradations commises par des tiers que s'il s'agit des personnes « de sa maison » (C. civ., art. 1735) ou des personnes qu'il a introduites chez lui (loi du 6.7.1989, art. 7). Ces expressions, pour la jurisprudence, visent les personnes qui demeurent chez le locataire et les personnes qui interviennent chez lui à titre professionnel et à sa demande. En sont donc exclus les invités du locataire.

Cas pratique

À la fin d'une soirée passée chez le locataire, un de ses invités cause des dégradations aux parties communes de l'immeuble. Le propriétaire assigne son locataire en paiement d'une indemnité représentant le coût des remises en état.

> La question était de savoir si le locataire était responsable de ces agissements et si son invité était considéré comme une « *personne de sa maison* » au sens de l'article 1735 du Code civil.
> La société propriétaire estime que les « *personnes de la maison du locataire sont toutes les personnes qu'il fait entrer chez lui (personnes demeurant avec lui, livreur, fournisseur, employés, artisans ou invités)* ».
> Les juges du tribunal d'instance, suivis par la Cour de cassation, refusent de considérer que les invités font partie des personnes dont le locataire est responsable. Seules sont visées les personnes qui demeurent chez le locataire et les personnes qui interviennent chez lui à titre professionnel et à sa demande (C. cass., civ. 3e, 16.6.2004, Bull. civ. n° 119, p. 10).

Le locataire est donc présumé responsable des dégradations ou pertes survenues dans le logement dont il a la jouissance exclusive. Pour se dégager de cette présomption, il doit non pas prouver qu'il n'a commis aucune faute, mais prouver par exemple la faute du propriétaire, cause de ces dégradations.
Dans un cas jugé par les tribunaux, les canalisations avaient gelé. Le locataire présumé responsable a pu se dégager de cette responsabilité car les juges ont considéré que le propriétaire aurait dû mettre en place un système de calorifugeage susceptible d'éviter le phénomène de gel dans l'hypothèse où aucun mouvement de fluide n'interviendrait (CA Besançon, 8.4.1999, Loyers et copropriété 1.2000, p. 7).

> **ATTENTION**
> **Usure normale et dégradations** L'usure normale du logement ne peut être assimilée à des dégradations.

Lorsque le bail est résilié, le locataire n'est plus responsable des dégradations survenues dans le local, sauf s'il n'a pas restitué les clés au bailleur et sauf si les dégradations sont commises par une personne qu'il a lui-même introduite dans les lieux. (C. cass. 3e ch. civ. 7.4.2010, n° 09-13512).

Entretenir le logement

Nous reviendrons sur cette obligation de façon plus détaillée (voir *L'entretien et les réparations*, p. 93). Il convient toutefois de préciser ici que l'entretien courant du logement et des équipements mentionnés dans le contrat, incombe au locataire. De même, il doit prendre en charge les menues réparations et l'ensemble des réparations locatives sauf si elles sont occasionnées par la vétusté, des malfaçons, des vices de construction, le cas fortuit ou la force majeure.
L'obligation d'entretien à la charge du locataire n'est pas contrôlée uniquement à la fin du bail, lorsque le locataire quitte les lieux. Cet entretien doit être effectué pendant le cours de la location et le bail peut être résilié avant terme si le locataire ne respecte pas cette obligation.

Cas pratique

Après avoir reproché à leur locataire un défaut d'entretien, les bailleurs demandent la résiliation du bail et le versement de dommages-intérêts.
Cette demande est repoussée par la cour d'appel considérant que les obligations d'entretien du locataire doivent s'apprécier et ne peuvent être sanctionnées qu'en fin de bail.
Mais l'arrêt est cassé.
Parmi les obligations du locataire figurent dans le bail :
– l'obligation d'entretenir le local en parfait état de réparation ;
– l'obligation de restituer ce local à la fin du bail en bon état de toutes réparations (entretien, réparations locatives et grosses réparations).
La première doit être respectée pendant le bail et le non-respect justifie la résiliation du contrat (C. cass., 3e civ., 30.6.2004, Dalloz 2004, IR p. 2345).

À NOTER

Les termites Le Code de la construction et de l'habitation (art. L. 133-1 et suivants) oblige le locataire qui a connaissance de la présence de termites dans les parties privatives de l'immeuble à en faire la déclaration à la mairie.
La déclaration doit être adressée à la commune dont dépend l'immeuble, par lettre recommandée avec AR ou déposée contre décharge.
La lettre doit être datée et signée par le déclarant et préciser, dans l'immeuble, les éléments contaminés. Cette lettre peut être accompagnée d'un état parasitaire établi par un expert.
Ces déclarations ont pour but d'établir de façon la plus précise possible la cartographie des zones contaminées.
Le défaut de déclaration de la présence de termites peut entraîner une amende de 450 € (contravention de 3e classe) (D. n° 2000-613 du 3.7.2000, *JO* du 5.7.2000).
Lorsque l'immeuble est situé dans un secteur reconnu par le conseil municipal comme contaminé, le maire peut enjoindre le propriétaire à procéder à des travaux préventifs ou d'éradication.
Tous les arrondissements de Paris sont classés dans les zones déclarées infestées par les termites (arrêté préfectoral du 21.3.2003).

L'entretien doit aussi porter sur le détecteur de fumée. Le locataire doit veiller à son entretien et assurer son renouvellement si nécessaire tant qu'il occupe le logement (CCH, art. L. 129-8 s.).
L'installation est désormais à la charge du propriétaire uniquement.
(Voir *Les détecteurs de fumée*, p. 40).

Laisser effectuer des travaux

Le locataire a l'obligation de laisser effectuer :
- les travaux d'amélioration des parties communes ou privatives ;
- les travaux nécessaires au maintien en état et à l'entretien normal des locaux loués, ainsi que les travaux d'amélioration de la performance énergétique. (Sur les modalités d'exécution de ces travaux, voir *Les travaux d'économie d'énergie,* p. 76).
Le propriétaire n'a pas à justifier du caractère urgent de ces travaux (loi n° 89-462 du 6.7.1989, art. 7 c*).
Si les travaux durent plus de 21 jours (et non plus 40 jours), vous pouvez exiger, en qualité de locataire, la diminution du loyer à proportion du temps et de la partie du logement dont vous aurez été privée (C. civ., art. 1724*).
Si ces réparations sont de telle nature qu'elles rendent inhabitable votre logement, vous pourrez demander la résiliation du bail.
Avant le début des travaux, le locataire est informé par le bailleur de leur nature et des modalités de leur exécution par une notification de travaux qui lui est remise en main propre ou par lettre recommandée avec demande d'avis de réception. Aucuns travaux ne peuvent être réalisés les samedis, dimanches et jours fériés sans l'accord exprès du locataire.
Si le locataire estime que les travaux sont abusifs ou vexatoires ou ne respectent pas les conditions prévues ou encore que leur exécution a pour effet de rendre l'utilisation du local impossible ou dangereuse, il peut demander au juge l'interdiction ou l'interruption des travaux entrepris.

L'aménagement ou la transformation du logement

› L'aménagement du logement

Le propriétaire ne peut s'opposer aux travaux d'aménagement réalisés par le locataire dès lors qu'ils ne s'apparentent pas à une transformation des lieux loués (loi n° 89-462 du 6.7.1989, art. 6 d*). Il est donc nécessaire de pouvoir distinguer les travaux d'aménagement des travaux de transformation. Le critère de distinction retenu par la jurisprudence est le changement apporté à la structure, à la configuration, à la destination, à la forme ou au confort des lieux loués.
En conséquence, le locataire est en droit d'agencer le logement comme il le souhaite dès lors qu'il ne modifie pas le gros-œuvre, la configuration des lieux ou la structure de l'immeuble.
L'usage d'une pièce peut être modifié sans qu'il s'agisse de transformation. Les juges ont considéré également que constituaient de simples aménagements :
- l'installation d'un bureau dans le sous-sol ;
- la transformation en bureau d'une chambre au rez-de-chaussée ;
- l'aménagement du grenier en trois chambres sans ouverture d'une nouvelle fenêtre.

Concernant les équipements, le locataire peut faire installer une baignoire non scellée dans une salle d'eau, un éclairage extérieur, remplacer un lavabo (CA Rouen, 27.10.1999, Loyers et copropriété 5.2000, p. 8).
La question s'est posée de savoir si la suppression d'une cloison (mur non porteur) ou d'un élément d'équipement était un aménagement ou une transformation.
Là encore, les contentieux sont réglés au cas par cas. Ainsi, constituent des travaux d'aménagement que le locataire peut effectuer sans autorisation :
- la suppression d'un placard pour agrandir une pièce (CA Paris, 12.10.1995, Loyers et copropriété 1996, com. p. 61) ;
- la suppression partielle d'une cloison pour y installer une cabine de douche (dans un appartement qui ne possédait pas de salle d'eau).
En revanche, sont considérés comme travaux de transformation le fait de remplacer une moquette par du parquet ou la suppression d'une fenêtre.
Les juges statuent en fonction de l'importance des travaux, du degré de confort du logement, du caractère irréversible ou non des travaux.
Ils étudient aussi les clauses du bail. C'est ainsi que si le bail interdit au locataire toute modification dans la distribution des lieux, le locataire n'a pas le droit de supprimer les cloisons.
Pour des développements sur les travaux de transformation, voir ci-dessous.

ATTENTION

L'indemnisation des travaux d'aménagement Le locataire n'a pas à être indemnisé par le propriétaire pour les travaux d'aménagement qu'il réalise dans le logement. Ceux-ci devenant propriété du bailleur à la fin du bail. De plus, il n'est pas obligé de remettre les lieux dans l'état antérieur.

› La transformation du logement

Lorsqu'en qualité de locataire, vous effectuez des travaux de transformation, et non pas d'aménagement vous devez demander l'accord écrit de votre bailleur.
Si vous n'avez pas demandé ou obtenu l'accord de votre bailleur, ce dernier sera en droit d'exiger lors de votre départ des lieux, la remise en état du logement. Le bailleur peut toutefois choisir de conserver le bénéfice de ces transformations sans que vous puissiez lui réclamer une indemnité pour les frais engagés (loi n° 89-462 du 6.7.1989, art. 7 f*).
Il peut aussi demander la résiliation du bail et votre expulsion. Si le bail interdit purement et simplement toute modification des lieux ou tout changement dans la distribution des lieux, le bail peut également être résilié même si vous avez prévenu le bailleur avant les travaux.

Cas pratique

Des locataires se plaignaient de la vétusté de la chaudière de leur logement et, devant le refus de leur propriétaire de la changer, procèdent par eux-mêmes à ce changement.

> Ils compensent le coût de la chaudière avec le montant de plusieurs mensualités de loyer, estimant que la prise en charge du remplacement de cet élément d'équipement devait être assurée par le bailleur.
> Le bailleur les assigne en paiement de ces loyers.
> Les juges lui donnent raison. Les locataires ne peuvent pas décider unilatéralement d'effectuer à la place du bailleur les réparations à sa charge. Ils doivent obtenir son accord écrit préalable ou, à défaut, lui adresser une mise en demeure et enfin, si nécessaire, s'adresser au tribunal d'instance pour obtenir l'autorisation de procéder à ces travaux aux frais du bailleur (CA Versailles, 19.11.1999, JCL Loyers et copropriété 2000, n° 249 p. 23).

Si les travaux de transformation mettent en péril le bon fonctionnement des équipements ou la sécurité du local loué (par exemple, le locataire tente d'abattre un mur porteur), le bailleur peut exiger la remise en état des lieux sans avoir à attendre la fin du bail. Ces travaux de remise en état se feront aux frais du locataire. En cas de refus par ce dernier de cesser les travaux, le bailleur peut saisir le tribunal par la voie d'une procédure de référé (pour plus de détails, voir notre ouvrage *Agir en justice*).

TRAVAUX : FAUT-IL L'AUTORISATION DU PROPRIÉTAIRE ?		
Nature des travaux	**Oui**	**Non**
Suppression des fenêtres	X	
Suppression d'un élément d'équipement	X	
Travaux de peinture		X
Pose d'une tapisserie		X
Nouveau radiateur		X
Pose d'appliques		X
Prise de courant supplémentaire		X
Double vitrage		X
Installation d'un store		X
Percement d'un mur séparatif	X	
Modification de la distribution des pièces	X	
Suppression ou modification des portes de séparation	X	

› La baisse de la TVA pour les travaux sur les logements

Les travaux d'amélioration de la qualité énergétique des locaux à usage d'habitation achevés depuis plus de 2 ans ainsi que sur les travaux induits qui leur sont indissociablement liés sont soumis à une TVA de 5,5 %.
Ces travaux portent sur la pose, l'installation et l'entretien des matériaux et équipements, sous réserve que ces matériaux et équipements respectent des caractéristiques techniques et des critères de performances minimales fixés par arrêté du ministre chargé du Budget (CGI, art. 278-0 bis A).
L'amélioration de la qualité énergétique des locaux peut consister en :
- l'acquisition de chaudières à condensation ou de matériaux d'isolation thermique ;
- l'acquisition d'appareils de régulation de chauffage ou d'équipements de production d'énergie utilisant une source d'énergie renouvelable ;
- l'acquisition d'équipements de raccordement à un réseau de chaleur ;
- l'acquisition de chaudières à micro-cogénération gaz…

Les autres travaux d'amélioration, de transformation, d'aménagement et d'entretien portant sur des locaux à usage d'habitation, achevés depuis plus de 2 ans, sont soumis à une TVA de 10 %, à l'exception de la part correspondant à la fourniture d'équipements ménagers ou mobiliers ou à l'acquisition de gros équipements fournis dans le cadre de travaux d'installation ou de remplacement du système de chauffage, des ascenseurs, de l'installation sanitaire ou de système de climatisation dont la liste est fixée par arrêté du ministre chargé du Budget (CGI, art. 279-0 bis).

Souscrire une assurance

› Souscription obligatoire

Le locataire doit s'assurer contre les risques locatifs dont il doit répondre. Il faut entendre par risques les dommages dont il doit répondre (par exemple, dégât des eaux, incendie).
Le locataire doit présenter un justificatif lors de la remise des clefs, puis une fois par an à la demande du bailleur. Ce justificatif est une attestation de l'assureur ou de son représentant.

A NOTER

Le changement d'assurance L'assurance des risques locatifs, obligatoire pour le locataire, peut être résiliée à tout moment, sans frais ni pénalité, dès lors que le contrat a au moins 1 an d'existence. Cette faculté est discrétionnaire.

L'assuré doit choisir un nouvel assureur qui se charge des formalités de résiliation auprès de l'ancien.

Cette faculté concerne les contrats conclus depuis le 1er janvier 2015. Pour les contrats antérieurs, cette disposition entre en vigueur après la prochaine reconduction tacite du contrat (C. assur., art. L. 113-15-2 et R. 113-11 ; D. n° 2014-1685 du 29.12.2014).

Si le locataire ne remet pas cette attestation, le bailleur a le choix entre souscrire une assurance à la place et au frais du locataire ou faire jouer la clause résolutoire éventuellement insérée dans le contrat pour obtenir la résiliation du bail.

Souscription par le bailleur

Si le bailleur opte pour la première solution, il doit envoyer au locataire une mise en demeure lui accordant un mois pour fournir l'attestation et l'informant qu'à défaut, il souscrira à ses frais une assurance contre les risques locatifs.

Cette mise en demeure équivaut à renoncer à demander la mise en jeu de la clause résolutoire.

Le montant total de la prime d'assurance annuelle, éventuellement majoré dans la limite d'un montant fixé par décret en Conseil d'État, est récupérable par le bailleur par douzième à chaque paiement du loyer. Il est inscrit sur l'avis d'échéance et porté sur la quittance remise au locataire.

Une copie du contrat d'assurance est transmise au locataire lors de la souscription et à chaque renouvellement du contrat.

Le locataire peut toujours souscrire sa propre assurance et transmettre une attestation au bailleur. Dans ce cas, le bailleur résilie le contrat souscrit pour le compte du locataire dans le délai le plus bref possible. La prime ou la fraction de prime exigible dans ce délai demeure récupérable auprès du locataire.

Mise en jeu de la clause résolutoire

En présence d'une clause résolutoire du bail pour défaut d'assurance, le bailleur qui demande la production d'une attestation et ne l'obtient pas peut mettre fin au bail. Pour faire jouer cette clause, il doit s'adresser à un huissier qui délivrera un commandement. À défaut de production de l'attestation d'assurance dans un délai d'1 mois à compter de ce commandement, le bail prend fin de plein droit. Là encore, il convient de noter que le bailleur est tout de même obligé de saisir le juge, qui ne fera que constater la carence du locataire et, par conséquent, prononcera la résolution du bail (loi n° 89-462 du 6.7.1989, art. 7 g*).

Mais attention, le bail ne peut pas être résilié de plein droit pour défaut de production de l'attestation d'assurance s'il s'avère que le locataire était bien assuré et que son assurance était toujours en vigueur (C. cass., 3e civ., 13.4.1988, pourvoi n° 87-10516).

› La responsabilité en cas d'incendie

En principe, le locataire est responsable en cas d'incendie puisqu'il doit veiller à la conservation des lieux loués et les rendre dans l'état où il les a reçus.
Vis-à-vis du bailleur, il ne peut se dégager de cette responsabilité que s'il prouve la force majeure, le vice de construction ou que le feu a été communiqué par la maison voisine (C. civ., art. 1733).
Mais si l'incendie a causé un préjudice à des tiers, le locataire, vis-à-vis d'eux, pourra dégager sa responsabilité si aucune faute de sa part ou de celle des personnes dont il est responsable n'est prouvée (C. civ., art. 1384).
(C. cass, civ. 3e, 19.9.2012, n° 11-10827 11-12963).

> **Cas pratique**
>
> La force majeure a été reconnue dans ce litige où l'incendie avait été causé par des malfaiteurs qui s'étaient introduits de nuit en arrachant un barreaudage et en neutralisant le système de télésurveillance des locaux. La cour d'appel n'avait pas reconnu la force majeure en considérant que les lieux n'étaient pas assez sécurisés, ce qui avait facilité l'acte de malveillance. Mais la Cour de cassation avait cassé l'arrêt et exonéré le locataire de sa responsabilité dans l'incendie (C. cass., civ. 3e, 5.11.2014, n° 13-20186).

Les charges récupérables

En qualité de bailleur, vous pouvez demander à votre locataire, sur justificatifs, remboursement de certaines charges afférentes au logement loué. C'est ce que l'on appelle les charges récupérables.

Définition des charges récupérables

Ce sont des sommes accessoires au loyer principal qui sont dues par le locataire sur présentation de justificatifs en contrepartie :
- des services rendus liés à l'usage des différents éléments du logement ;
- des dépenses d'entretien courant et des menues réparations sur les éléments d'usage commun du local loué, et notamment, concernant les ascenseurs, les opérations et les vérifications périodiques minimales, la réparation et le remplacement de petites pièces présentant des signes d'usure excessive ainsi que les interventions pour dégager les personnes bloquées en cabine et le dépannage et la remise en fonctionnement normal des appareils ;
- des impositions dont le locataire profite directement (loi n° 89-462 du 6.7.1989, art. 23*).

L'évaluation des charges

La loi du 6 juillet 1989 (art. 23 al. 1*) posant l'exigence d'une contrepartie, les charges doivent donc être déterminées sur une base réelle. C'est la raison pour laquelle les clauses d'évaluation forfaitaire figurant dans les baux de location sont nulles (C. cass., civ. 3e, 20.12.1995, Bull. civ. III, n° 262, p. 176).
Il ressort de l'obligation de fixer le montant des charges sur une base réelle, celle de séparer clairement le loyer principal et les charges, c'est-à-dire d'individualiser les deux postes (voir le modèle *Propriétaire : régularisation de charges*, p. 257).

La répartition des charges entre locataires

Il n'existe pas de règles précises pour procéder à la répartition des charges entre locataires. Cette répartition doit être équitable et portée à la connaissance des locataires dans le décompte qui leur est adressé.
Le propriétaire peut répartir ces charges au prorata de la surface de chaque logement. Le propriétaire peut aussi utiliser les règles applicables à la copropriété à savoir les millièmes de chaque logement ou l'utilité représentée par les équipements et services communs.
Par exemple, les frais de chauffage peuvent être répartis en fonction du volume chauffé, les frais d'eau froide en fonction du nombre d'occupants.

Le bailleur doit communiquer aux locataires le mode de répartition et, le cas échéant, une note d'information sur les modalités de calcul des charges de chauffage et de production d'eau chaude collectifs.

Le délai de réclamation des charges

La loi ALUR n° 2014-366 du 24 mars 2014 a modifié le délai de prescription des actions découlant du contrat de bail.
Avant la loi, les actions en paiement ou remboursement des loyers et des charges étaient soumises à une prescription de 5 ans.
À compter du 27 mars 2014 (date d'application de la loi du 24 mars 2014), le délai de prescription passe à 3 ans (loi n° 89-462 du 6.7.89, art. 7-1).
Pour le droit transitoire, la règle est la suivante : en cas de réduction de la durée du délai de prescription, ce nouveau délai court à compter du jour de l'entrée en vigueur de la loi nouvelle, sans que la durée totale puisse excéder la durée prévue par la loi antérieure (C. civ. art. 2222).

À NOTER

Absence de contestation du locataire Le fait que le locataire paie, depuis plusieurs années et sans contester, le montant réclamé par son bailleur ne signifie pas qu'il a accepté tacitement le mode de répartition opéré par le bailleur. Le locataire a tout à fait le droit de remettre en cause cette répartition dès lors qu'il respecte la prescription (C. cass., civ. 3e, 6.1.2009, n° 07-20540).

La provision pour charges et la régularisation

Le bailleur est en droit de demander au locataire le paiement des charges sous forme de provisions. Si tel est le cas, les charges devront faire l'objet d'une régularisation au moins annuelle. En outre, lorsque le bailleur fixe le montant de la provision pour charge, il doit justifier sa demande :
- par la communication de résultats antérieurs arrêtés lors de la précédente régularisation ;
- par le budget prévisionnel lorsque l'immeuble est soumis au statut de la copropriété ou lorsque le bailleur est une personne morale.

› La régularisation des charges

Lorsqu'en qualité de bailleur, vous procédez à la régularisation des charges, vous devez, 1 mois avant cette régularisation, communiquer à votre locataire :
- le décompte des charges ;
- le mode de répartition entre les locataires (du même bailleur) s'il s'agit d'un immeuble collectif.

Si l'immeuble est en copropriété, cette répartition figure dans les comptes et le règlement de la copropriété. Cette obligation doit donc être respectée quand l'immeuble appartient à un seul bailleur.
Si le bailleur se contente de communiquer le décompte et les justificatifs sans préciser la répartition entre locataires, les locataires sont en droit de refuser de payer les charges (C. cass., civ. 3e, 4.3.2008, n° 06-21192).
Le bailleur est tenu de régulariser une fois par an les charges qu'il réclame.
Lorsque la régularisation des charges n'a pas été effectuée avant le terme de l'année civile suivant l'année de leur exigibilité, le paiement par le locataire est effectué par douzième, s'il en fait la demande (loi n° 89-462 du 6.7.89, art. 23).
Le bailleur est toujours obligé de justifier les charges qu'il réclame, même si le locataire a accepté de payer une somme forfaitaire.

Cas pratique

Un bail verbal avait été conclu en 2003 entre le bailleur et le locataire pour un loyer de 800 €.
En novembre 2006, le preneur reçoit une quittance pour la somme de 865 € sur laquelle le bailleur a inscrit « charges comprises ».
Le locataire demande la restitution des sommes indûment perçues au titre des charges locatives mais sa demande est rejetée par la cour d'appel.
Pour la cour d'appel, il y avait un accord entre les parties sur la pratique qui veut que les sommes réclamées au locataire comprennent le loyer et les charges calculées forfaitairement. Le bailleur n'avait pas à justifier des charges qui étaient incluses forfaitairement dans le montant du loyer. Mais l'arrêt d'appel est cassé.
Il résulte de l'article 23 de la loi du 6 juillet 1989, dont les dispositions sont d'ordre public, que les charges sont exigibles sur justification.
Dès lors que les charges n'étaient pas justifiées, le locataire était fondé à en réclamer le remboursement (C. cass., civ. 3e, 4.5.2010, n° 09-14871).

› La consultation des pièces justificatives

Le bailleur doit tenir à la disposition du ou des locataires les pièces justificatives pendant les 6 mois qui suivent l'envoi du décompte (ce délai était d'1 mois avant la loi n° 2014-366 du 24 mars 2014).
Le nouveau délai de 6 mois s'applique à toutes locations (nouveaux contrats et contrats en cours au moment de la parution de la loi du 24 mars 2014).
À compter du 1er septembre 2015, le bailleur devra également transmettre le récapitulatif des charges du logement par voie dématérialisée ou par voie postale si le locataire le lui demande.
La mise à disposition des pièces justificatives est une obligation pour le bailleur.

Cas pratique

Le litige opposant locataire et bailleur portait notamment sur le montant des charges.

Le locataire demandait le remboursement des charges qu'il avait payées car le bailleur n'avait pas communiqué le mode de répartition des charges entre les différents locataires ni justifié le montant réclamé.

Le bailleur refusait en constatant que le locataire n'avait jamais élevé de protestations lors de la réception du décompte individuel des charges.

Les juges donnent raison au locataire. Le bailleur doit communiquer au locataire le mode de répartition des charges et tenir à la disposition du locataire les pièces justificatives de ces charges. À défaut, les charges ne sont pas dues (C. cass., civ. 3e, 8.12.2010, n° 09-71124).

Le bailleur n'est pas dispensé de l'obligation de permettre aux locataires de consulter les pièces justificatives même s'il a adressé un décompte très détaillé des charges réclamées, avec ventilation poste par poste et indication de la nature récupérable de la charge en application du décret du 26 août 1987 (C. cass., 3e civ., 30.6.2004, D. 2004, IR, p. 2268).
Par ailleurs, le bailleur ne peut pas se contenter d'organiser une réunion collective pour permettre aux locataires de prendre connaissance des justificatifs des charges. Le droit de contrôler les charges doit rester un droit individuel et chaque locataire doit pouvoir spécifiquement utiliser son droit pendant le délai d'1 mois (porté à 6 mois depuis le 27 mars 2014).

Cas pratique

Dans ce contentieux, le bailleur avait communiqué le décompte et, dans le délai d'1 mois, organisé une réunion collective destinée à la vérification.

Deux locataires contestent certaines charges qu'ils considèrent injustifiées et réclament la possibilité de vérifier les pièces justificatives, estimant que le bailleur n'a pas respecté ses obligations à ce sujet.

Le bailleur estimait au contraire qu'il avait respecté la loi puisqu'il avait organisé cette réunion dans le délai légal (les deux locataires étant par ailleurs présents à cette réunion).

Les juges donnent raison aux locataires. Le bailleur doit permettre à chaque locataire de consulter les pièces justifiant les charges et ne peut se contenter d'organiser une réunion collective (C. cass., 3e civ., 28.1.2004, D. 2004, IR, p. 604).

ATTENTION

Les comptes de gestion ne constituent pas des justificatifs Les comptes de gestion destinés aux assemblées générales ne peuvent pas servir de justificatifs pour demander au locataire le paiement des charges récupérables.

Les comptes de gestion ont trait à la répartition des dépenses générales concernant l'immeuble mais ne comportent aucune ventilation permettant aux locataires de vérifier l'exactitude des charges qui leur sont réclamées.

Cas pratique

Dans cette affaire, le bailleur réclamait un montant de 1 482,41 € (9 724 F) au titre des charges récupérables sur la base des comptes de gestion de la copropriété. Devant le tribunal d'instance, il a obtenu la condamnation des locataires à payer ces sommes, mais devant la cour d'appel, les locataires ont été déchargés de cette condamnation. Les justificatifs proposés n'ont pas été jugés suffisants (CA Paris, 14.12.2000, JCL Loyers et copropriété 2001, n° 88 p. 8).

L'obligation de présenter des justificatifs de charges peut se faire devant le juge si l'affaire est portée en justice. La Cour de cassation l'a explicitement prévu dans un contentieux qui opposait le bailleur qui réclamait un arriéré de charges et les locataires qui refusaient de les payer, faute de justificatifs. (C. cass. 3e civ., 1.4.2009, n° 08-14854).

Les différentes charges récupérables

On parle de charges récupérables lorsqu'il s'agit de réparations faites sur les parties communes. En revanche, lorsqu'il s'agit des parties privatives, on parle de réparations locatives.

› Principe de base

C'est le décret n° 87-713 du 26 août 1987* qui fixe la liste des charges récupérables. Cette liste n'est plus limitative depuis la loi portant engagement pour le logement n° 2006-872 du 13 juillet 2006.

Il est en effet désormais possible d'y déroger par accord collectif local et d'ajouter à cette liste les frais relatifs à la sécurité de l'immeuble (par exemple pour l'installation d'un digicode) ou relatifs au développement durable.

Les accords collectifs peuvent être conclus par une ou plusieurs associations de locataires.

À défaut d'accords signés, les bailleurs peuvent proposer directement à leurs locataires des accords de même nature.

Ces accords sont obligatoires s'ils ont été approuvés, par écrit, par la majorité des locataires concernés par l'accord (majorité des voix exprimées), dans un délai de 2 mois à compter de la réception de la notification individuelle par le bailleur, à condition que 25 % des locataires concernés par l'accord se soient exprimés.

À défaut, une nouvelle consultation est alors engagée et l'accord est applicable s'il a été approuvé, par écrit, par la majorité des locataires qui se sont exprimés, dans le même délai de 2 mois (L. n° 2006-1290 du 23.12.2006, art. 42).

Cas pratique

En l'espèce, un accord collectif prévoyant la pose d'un interphone avait été signé et approuvé par une majorité de locataires dans le délai d'un mois. Il s'imposait donc aux autres locataires. Une locataire refusait de laisser effectuer dans son appartement les travaux de pose de cet interphone. Elle estimait que cet accord ne lui était pas opposable puisqu'elle n'avait eu que 15 jours pour se prononcer sur la proposition de la bailleresse. Cet argument a été rejeté. L'accord lui était opposable (C. cass., 3e civ., 17.9.2008, n° 07-15784).

La question se pose de savoir si le bailleur peut prévoir dans le contrat des charges autres que celles prévues dans le décret (ou prévues par un accord collectif de location). La réponse est non et deux raisons s'y opposent : d'une part, le décret n° 87-713 est d'ordre public, en conséquence, il ne peut y être dérogé par contrat ; d'autre part, la loi du 6 juillet 1989* stipule bien que les charges doivent être la contrepartie des services énumérés dans son article 23.
En règle générale, le bailleur peut demander remboursement des menues réparations, dépenses d'entretien et dépenses liées à la fourniture de biens consommables tels que l'eau, le gaz ou l'électricité. Le remplacement d'éléments d'équipement incombe, en principe, au bailleur, sauf s'ils peuvent être assimilés à des menues réparations et que leur coût n'est pas plus cher.
Le bailleur peut récupérer auprès de ses locataires les charges énumérées dans le décret de 1987 mais il doit prouver qu'il a informé ses locataires de ce service.

Cas pratique

Le propriétaire réclamait le coût de l'abonnement du poste de téléphone situé dans la loge du gardien et mis à la disposition des locataires.
Ce coût, prévu par le 3° du VII de l'annexe du décret n° 87-713 du 26 août 1987 (liste des charges récupérables), peut être récupéré sur les locataires, à condition que ces locataires en soient informés. À défaut, cette charge n'est pas récupérable (C. cass., 3e civ., 29.10.2008, n° 07-16082).

› Les travaux d'économie d'énergie

Lorsque des travaux d'économie d'énergie sont réalisés par le bailleur dans les parties privatives d'un logement ou dans les parties communes de l'immeuble, une contribution pour le partage des économies de charges peut être demandée au locataire, à condition toutefois que cette économie lui profite directement.
Cette contribution peut lui être réclamée dès la fin des travaux. Le bailleur doit, bien sûr, justifier de la dépense.
Le bailleur n'a pas à obtenir l'accord de son locataire pour effectuer des travaux d'économie d'énergie mais doit néanmoins engager une concertation préalable avec lui.
Il doit l'informer du programme de travaux qu'il envisage d'entreprendre, des modalités de leur réalisation, des bénéfices attendus en termes de consommation énergétique du logement et de la contribution du locataire, notamment sa durée, au partage des économies de charges résultant de ces travaux.
Bien que la loi ne le précise pas, il est préférable d'établir un écrit, signé par les parties (loi n° 89-462 du 6.7.89, art. 23-1).

Les travaux réalisables

Le propriétaire peut réaliser, parmi cette liste, deux types de travaux :
- travaux d'isolation thermique des toitures ;
- travaux d'isolation thermique des murs donnant sur l'extérieur ;
- travaux d'isolation thermique des parois vitrées donnant sur l'extérieur ;
- travaux de régulation ou de remplacement de systèmes de chauffage ou de production d'eau chaude sanitaire ;
- travaux d'installation d'équipements de chauffage utilisant une source d'énergie renouvelable ;
- travaux d'installation d'équipements de production d'eau chaude sanitaire utilisant une source d'énergie renouvelable.

Les matériaux d'isolation utilisés, les fenêtres et les portes, les chaudières ou les pompes à chaleur doivent respecter certaines caractéristiques techniques prévues dans l'arrêté du 23 novembre 2009.

Le propriétaire peut aussi faire un ensemble de travaux permettant au logement d'atteindre un niveau minimal de performance énergétique (baisse de l'énergie consommée pour le chauffage, la ventilation, la production d'eau chaude sanitaire, le refroidissement et l'éclairage des locaux).

La consommation d'énergie ne doit pas, après travaux, dépasser un seuil fixé par l'arrêté du 23 novembre 2009.

Les immeubles concernés

Seuls les immeubles achevés avant le 1er janvier 1990 sont concernés par cette réglementation.

Si le bâtiment a été achevé avant le 1er janvier 1948, le bailleur ne peut opter que pour le bouquet de travaux.

Si le bâtiment a été achevé entre le 1er janvier 1948 et le 31 décembre 1989, le propriétaire peut choisir entre les deux formules.

La participation financière du locataire

À condition que les travaux bénéficient directement au locataire et qu'ils lui soient justifiés, le propriétaire peut lui réclamer, en plus du loyer et des charges, une participation.

Il ne s'agit pas, pour le locataire, de payer une partie des travaux, mais de contribuer au partage de l'économie de charges (abaissées à la suite des travaux).

Le versement de cette contribution est exigible à partir du mois civil qui suit la date de fin des travaux et est limitée au maximum à 15 ans.

Elle doit figurer sur l'avis d'échéance et être portée sur la quittance remise au locataire.

Le montant de la contribution demandée au locataire ne peut être supérieur à la moitié du montant de l'économie d'énergie estimée. Ce montant est fixe et non révisable.

Il est fixé :
- soit conventionnellement (par études thermiques comparatives réalisées avant et après les travaux) ;

- soit forfaitairement (à condition que le propriétaire ne possède pas plus de 3 logements loués dans l'immeuble ou si l'étude comparative n'est pas possible).

Nombre de pièces	Contribution forfaitaire
1 pièce principale	10 €
2 ou 3 pièces principales	15 €
4 et plus pièces principales	20 €

Ces montants doivent être révisés tous les 3 ans.

› Le personnel de l'immeuble

• Gardiens et concierges

Quand l'entretien des parties communes et l'élimination des déchets sont assurés par un gardien ou un concierge, les dépenses qui correspondent à sa rémunération, à l'exclusion du salaire en nature (le logement, par exemple), doivent être remboursées par le locataire à concurrence des trois-quarts (75 %) de leur montant.

Si le gardien ou le concierge n'assure, conformément à son contrat de travail, que l'une ou l'autre des deux tâches (l'entretien des parties communes ou l'élimination des rejets), ces dépenses ne sont exigibles qu'à concurrence de 40 % de leur montant.

Mais lorsque le gardien d'un immeuble partage avec un tiers l'entretien des parties communes et l'élimination des rejets, ou une seule de ces deux tâches, les dépenses correspondant à sa rémunération ne sont pas récupérables sur le locataire, sauf si ce partage des tâches est dû à une impossibilité matérielle temporaire du gardien.

Cas pratique

Dans cet immeuble, les gardiens effectuaient partiellement l'entretien des parties communes et l'élimination des déchets ou l'une de ces deux tâches avec l'aide d'une société tierce intervenant pendant leur temps de travail. Les charges afférentes à la rémunération des gardiens n'étaient donc pas récupérables et devaient être restituées au locataire (C. cass., civ. 3e, 17.12.2013, n° 12-26780).

Ces remboursements (75 % ou 40 %) sont dus même pendant les périodes de remplacement du gardien ou du concierge (repos hebdomadaires, congés, arrêt de travail...).

ATTENTION

Dégorgement Les frais de dégorgement des colonnes d'eau usées ne peuvent être mis à la charge des locataires. Ces frais ne peuvent pas être assimilés aux charges d'élimination des rejets (qui, elles, sont récupérables) (C. cass., civ. 3e, 13.6.2012, n° 11-18740).

Couples de gardiens

Un couple de gardiens ou de concierges qui assure, dans le cadre d'un contrat de travail commun, l'entretien des parties communes et l'élimination des rejets est assimilé à un personnel unique.
En conséquence, les dépenses correspondant à la rémunération d'un couple de gardiens ou de concierges qui, en exécution de leur contrat de travail commun, assure seul et de manière effective les activités cumulées d'entretien des parties communes et d'élimination des rejets, sont récupérables à concurrence des trois quarts de leur montant, peu importe le mode de répartition de ces tâches au sein du couple (C. cass., 3e civ., 15.10.2008, n° 07-21452).

Personnel d'encadrement

Le bailleur peut récupérer auprès de son locataire les dépenses d'encadrement engagées pour assurer le contrôle direct du concierge ou de l'employé d'immeuble. Cette récupération est autorisée à hauteur de 10 % de ces dépenses, quelle que soit l'organisation de ce contrôle (services assurés par le bailleur en régie ou par une entreprise extérieure).

Employés d'immeuble et entreprise de nettoyage

Quand l'entretien des parties communes et/ou l'élimination des déchets sont assurés par un employé d'immeuble, les dépenses correspondant à sa rémunération et aux charges sociales et fiscales y afférentes sont payables en totalité par le locataire. Le coût des services assurés dans le cadre d'un contrat d'entreprise correspond à la dépense toutes taxes comprises acquittée par le bailleur. Cette règle a été affirmée par la loi du 13 juillet 2006 (modification de l'article 23 de la loi du 6.7.1989).
Mais cette loi n'est pas rétroactive, ce qui signifie qu'elle ne peut pas s'appliquer aux périodes antérieures à sa promulgation. Le bailleur ne peut pas réclamer la TVA figurant sur les contrats d'entreprise pour les périodes antérieures au 13 juillet 2006 (C. cass., 3e civ., 19.3.2008, n° 07-10704).

Les dépenses non récupérables

Qu'il s'agisse d'un gardien, d'un concierge ou d'un employé d'immeuble, le bailleur ne peut pas réclamer à son locataire les dépenses suivantes :
- le salaire en nature ;
- l'intéressement et la participation aux bénéfices de l'entreprise ;
- les indemnités et primes de départ à la retraite ;
- les indemnités de licenciement ;
- la cotisation à une mutuelle prise en charge par l'employeur ou par le comité d'entreprise ;
- la participation de l'employeur au comité d'entreprise ;
- la participation de l'employeur à l'effort de construction ;
- la cotisation à la médecine du travail.

Jardinier

(voir *Les espaces verts*, p. 89).

Surveillance et sécurité de l'immeuble

La question s'est posée de savoir si les tâches relevant de la surveillance et de la garde de l'immeuble dans lequel se trouve le logement sont à la charge exclusive du propriétaire. Jusqu'à la loi portant engagement pour le logement n° 2006-872 du 13 juillet 2006 les charges relatives à la surveillance de l'immeuble (téléalarme, télésurveillance…) ne pouvaient pas être récupérées sur le locataire car ne figurant pas dans la liste du décret de 1987.
Cette exclusion peut être écartée, conventionnellement, par un accord collectif local signé entre bailleurs et locataires et portant sur l'amélioration de la sécurité ou la prise en compte du développement durable (loi n° 89-462 du 6.7.1989, art. 23).
À défaut de cet accord préalable, la récupération sur le locataire n'est pas possible.

› Les ascenseurs et les monte-charges

La souscription d'un contrat d'entretien est obligatoire pour le propriétaire. Des mesures tendant à assurer une meilleure sécurité des ascenseurs ont été prises par la loi urbanisme et habitat n° 2003-590 du 2 juillet 2003 (voir *Quelles sont les mesures prises pour assurer la sécurité des ascenseurs ?*, p. 82).
Le décret d'application n° 2004-964 du 9 septembre 2004 a déterminé la fréquence des contrôles, la liste des exigences et les modalités des obligations d'entretien.
Actuellement, les propriétaires ou les copropriétaires ont le choix entre deux types d'entretien dont les conséquences sur le montant des charges diffèrent en fonction de la nature du contrat conclu.

Répartition du coût des contrats d'entretien

Contrat d'entretien normal

Le contrat d'entretien normal, appelé encore contrat simple, est récupérable à 100 %, car il ne contient que l'entretien courant.
La loi n° 2006-872 du 13 juillet 2006 portant engagement national pour le logement apporte à ce sujet une précision et déclare récupérables sur le locataire, les dépenses engagées par le bailleur qui concernent les opérations et les vérifications périodiques minimales et, parmi les opérations occasionnelles, la réparation et le remplacement de petites pièces présentant des signes d'usure excessive ainsi que les interventions pour dégager les personnes bloquées en cabine et le dépannage et la remise en fonctionnement normal des appareils.
Le coût des services récupérable sur le locataire correspond à la dépense toutes taxes comprises acquittée par le bailleur (loi n° 89-462 du 6.7.1989, art. 23).
Cette précision met fin à la jurisprudence qui exigeait que la facture fasse apparaître le coût du personnel d'une part (récupérable) et les autres frais non récupérables (TVA, frais fiscaux…) et qui, à défaut, le déclarait non récupérable.

Contrat d'entretien complet

Le contrat d'entretien complet comprend à la fois l'entretien courant et le gros entretien. À cet égard, un accord a été passé entre la Chambre syndicale des

ascensoristes et la Direction générale de la concurrence, de la consommation et de la répression des fraudes qui fixe le montant de la part récupérable sur le locataire à 73 % du coût du contrat.
Les dépenses relatives au système de sécurité reliant la cabine d'ascenseur à une centrale de veille (téléalarme) ne doivent pas être comprises dans les charges récupérables sur le locataire, sauf accord collectif local signé entre bailleurs et locataires.
À défaut d'accord collectif préalable, le bailleur chargé d'assurer la sécurité des équipements mis à la disposition des occupants doit assumer seul ces dépenses (CA Paris, 14.6.2001, JCL Loyers et copropriété, 2.2002, n° 29, p. 8).

Cas pratique

Dans ce dossier, le bailleur considérait que la téléalarme faisait partie des charges d'exploitation de l'ascenseur (entretien normal).
Mais la solution retenue par la cour d'appel a été confirmée par la Cour de cassation : « *La ligne de téléalarme de l'ascenseur constitue un système de sécurité destiné à relier la cabine à une centrale de veille en cas de panne ; (...) Le bailleur a l'obligation d'assurer la sécurité et plus généralement la jouissance paisible des équipements mis à la disposition des locataires (...). Les dépenses relatives à cet élément d'équipement ne figurent pas dans la liste limitative du décret du 26 août 1987 (...). Les dépenses devaient être exclues des charges récupérables* » (C. cass., 3e civ., 24.3.2004, JCP 2004, II, 10140).

Comment vérifier le type de contrat qui a été choisi ?

Il est aisé de distinguer le contrat d'entretien normal du contrat d'entretien complet en listant la nature des prestations effectuées par l'ascensoriste.

Contrat d'entretien normal

Le contrat d'entretien normal est destiné à maintenir les ascenseurs et monte-charges dans de bonnes conditions de sécurité et de fonctionnement.
Ce type de contrat comprend :
- les visites périodiques de nettoyage et de graissage des organes mécaniques (minimum : une fois par an) ;
- la fourniture des produits de lubrification et de nettoyage nécessaires ;
- le dépannage ;
- l'examen semestriel des câbles ;
- la vérification annuelle de l'état de fonctionnement des parachutes ;
- la tenue des dossiers indiquant l'historique de certains travaux effectués ;
- la réparation de certaines pièces usées par le fonctionnement normal ou le remplacement de celles ne pouvant être réparées.

Contrat complet

Celui-ci comprend les prestations contenues dans le contrat d'entretien normal et des prestations supplémentaires relatives à la gaine et à la machinerie. Toutefois, certains travaux sont inclus et, par conséquent, font l'objet d'une facturation séparée.

ATTENTION
Locataires résidant au rez-de-chaussée Selon une réponse ministérielle de la secrétaire d'État au logement (JOAN 6.8.2001, n° 63323, p. 4586), la répartition des charges locatives doit se faire en fonction de l'utilité représentée par les équipements ou services communs. Ainsi, des charges locatives relatives à l'entretien courant et aux menues réparations d'un ascenseur peuvent être demandées aux locataires d'un appartement au rez-de-chaussée dès lors que ceux-ci peuvent être amenés à utiliser cet ascenseur pour accéder, par exemple, à des parties communes ou privatives (sous-sol, parking, cave). En dehors de ce cas, aucune dépense ne doit être mise à leur charge.

● Quelles sont les mesures prises pour assurer la sécurité des ascenseurs ?

Les ascenseurs ont fait l'objet de plusieurs réglementations successives tendant à améliorer leur sécurité en imposant en premier lieu l'installation de portes de cabines et en rendant obligatoires par la suite l'entretien et les contrôles périodiques de l'installation.
La réglementation s'applique à tous les ascenseurs desservant de manière permanente les bâtiments et les constructions, et destinés au transport soit de personnes, soit de personnes et d'objets (CCH, art. L. 125-1 s. ; loi urbanisme et habitat n° 2003-590 du 2.7.2003).
Le décret d'application n° 2004-964 du 9 septembre 2004 a défini les dispositifs de sécurité nécessaires, établi un échéancier pour procéder aux mises en place de ces dispositifs en fonction de la date de construction de l'ascenseur et établi les règles relatives à l'entretien.

Les dispositifs de sécurité

Ascenseurs installés après le 27 août 2000
La sécurité d'un ascenseur consiste à assurer :
- la fermeture des portes palières ;
- l'accès sans danger des personnes à la cabine ;
- la protection des utilisateurs contre les chocs provoqués par la fermeture des portes ;
- la prévention des risques de chute et d'écrasement de la cabine ;
- la protection contre les dérèglements de la vitesse de la cabine ;
- la mise à la disposition des utilisateurs de moyens d'alerte et de communication avec un service d'intervention ;
- la protection des circuits électriques de l'installation ;
- l'accès sans danger des personnels d'intervention aux locaux des machines, aux équipements associés et aux espaces parcourus par la cabine ;
- l'impossibilité pour toute personne autre que les personnels d'intervention d'accéder aux locaux des machines, aux équipements associés et aux espaces parcourus par la cabine (CCH, art. R. 125-1-1).

Ascenseurs installés avant le 27 août 2000

Les propriétaires d'ascenseurs installés avant cette date qui ne répondent pas à ces objectifs de sécurité doivent, en respectant un échéancier précis, mettre en place des systèmes de sécurité alternatifs.

• Avant le 31 décembre 2010, devront être installés :

- des serrures munies de dispositifs de contrôle de la fermeture et du verrouillage des portes palières ;
- lorsqu'il est nécessaire de prévenir des actes de nature à porter atteinte au verrouillage de la porte palière, un dispositif empêchant ou limitant de tels actes ;
- un dispositif de détection de la présence des personnes destiné à les protéger contre le choc des portes coulissantes lors de leur fermeture ;
- la clôture de la gaine d'ascenseur empêchant l'accès à cette gaine et aux éléments de déverrouillage des serrures de porte palière ;
- pour les ascenseurs électriques, un parachute de cabine et un limiteur de vitesse en descente ;
- un dispositif destiné à éviter toute chute en gaine lorsque la cabine est immobilisée en dehors de la zone de déverrouillage ;
- une commande de manœuvre d'inspection et d'arrêt de la cabine en vue de protéger les personnels d'intervention opérant sur le toit de la cabine, en gaine ou en cuvette ;
- des dispositifs permettant aux personnels d'intervention d'accéder sans danger aux locaux de machines ou de poulies ;
- un système de verrouillage des portes et portillons destinés à la visite technique de la gaine et de la cuvette ainsi que des portes de secours, avec une commande automatique de l'arrêt de l'ascenseur lors de l'ouverture de ces portes et portillons par les personnels d'intervention.

• Avant le 3 juillet 2013, devront être installés :

- dans les ascenseurs installés avant le 1er janvier 1983, un système de contrôle de l'arrêt et du maintien à niveau de la cabine de nature à assurer, à tous les niveaux desservis, un accès sans danger ainsi que l'accessibilité des personnes handicapées ou à mobilité réduite ;
- un système de téléalarme entre la cabine et un service d'intervention et un éclairage de secours en cabine ;
- une résistance mécanique suffisante des portes palières lorsqu'elles comportent un vitrage ;
- pour les ascenseurs hydrauliques, un système de prévention des risques de chute libre, de dérive et d'excès de vitesse de la cabine ;
- une protection avec marquage ou signalisation éliminant le risque de contact direct des personnels d'intervention avec des composants ou conducteurs nus sous tension, dans les armoires de commande, les armoires électriques et les tableaux d'arrivée de courant ;
- un dispositif de protection des personnels d'intervention contre le risque de happement par les organes mobiles de transmission, notamment les poulies, câbles ou courroies ;
- un éclairage fixe du local de machines ou de poulies assurant un éclairement suffisant des zones de travail et de circulation.

• Avant le 3 juillet 2018, devront être installés :
- dans les ascenseurs installés après le 31 décembre 1982, un système de contrôle de l'arrêt et du maintien à niveau de la cabine pour assurer, à tous les niveaux desservis, un accès sans danger ainsi que l'accessibilité des personnes handicapées ou à mobilité réduite.

À NOTER

Des aménagements possibles À la place des dispositifs de sécurité précédemment cités, le propriétaire d'un ascenseur peut mettre en œuvre des mesures équivalentes si elles sont acceptées par un expert (contrôleur technique, personne agréée ou organisme habilité dans ce domaine).
De même, si les caractéristiques de l'ascenseur empêchent l'installation d'un dispositif de sécurité, ou encore si l'installation d'un nouveau dispositif fait obstacle à l'accès aux handicapés ou s'il porte atteinte à la conservation du patrimoine historique que représente l'immeuble, le propriétaire doit faire réaliser une expertise technique pour déterminer les mesures compensatoires qui pourraient être prises.

Entretien

Les ascenseurs sont soumis à un contrôle technique périodique portant sur leur état de fonctionnement et sur la sécurité des personnes.
Le contrôleur technique doit être totalement indépendant des activités de fabrication, d'installation ou d'entretien des ascenseurs.
Ils font l'objet d'un entretien propre à les maintenir en état de bon fonctionnement et à assurer la sécurité des personnes. Cette obligation incombe au propriétaire de l'ascenseur. Celui-ci confie ou délègue l'entretien de l'ascenseur à un prestataire de services dans le cadre d'un contrat écrit. Toutefois, s'il dispose des capacités techniques nécessaires, il peut y pourvoir par ses propres moyens.
Le contrat écrit doit respecter certaines clauses précisées par le décret n° 2004-964 du 9 septembre 2004 (durée minimale d'1 an, indication du délai garanti pour le remplacement des pièces, mise à jour du carnet d'entretien, garanties des assurances, pénalités…) et organiser la fréquence et les modalités techniques des contrôles.
Certaines vérifications sont obligatoires et doivent être réalisées toutes les 6 semaines, tous les 6 mois ou annuellement.
Le décret n° 2012-674 du 7.5.2012 a complété cette réglementation en prévoyant l'insertion, dans les contrats d'entretien, d'une clause de résiliation facilitant le changement de prestataire à l'occasion de travaux importants (CCH, art. R. 125-2-1).
Les mises à jour des contrats d'entretien existants doivent s'appliquer au plus tard le 1er janvier 2015.

Contrôle technique

Les dates des premiers contrôles techniques sont fixées par le décret n° 2008-291 du 28 mars 2008. Elles dépendent des dates d'installation des ascenseurs et des dates de leur mise en conformité :

Ascenseurs installés avant le 27 août 2000
• pour les ascenseurs mis en conformité avant le 3 juillet 2008 : la date limite est fixée au 3 juillet 2009 ;
• pour les ascenseurs mis en conformité à partir du 3 juillet 2008 : la date limite est fixée 1 an après la date d'achèvement des travaux ;
• pour les autres ascenseurs : la date limite est fixée au 31 décembre 2011.
Ascenseurs installés à partir du 27 août 2000
• pour les ascenseurs installés avant le 1er juillet 2004 : la date limite est fixée au 30 juin 2009 ;
• pour les ascenseurs installés à partir du 1er juillet 2004 : la date limite est de 5 ans maximum après la date d'installation.
Par la suite, le contrôle technique doit être réalisé tous les 5 ans.
Le contrôle technique a pour but de vérifier le bon état des dispositifs de sécurité et de repérer tout défaut présentant un danger pour la sécurité des personnes ou portant atteinte au bon fonctionnement de l'appareil.
Il est réalisé par un contrôleur technique habilité, par une entreprise accréditée ou par une personne physique titulaire d'une certification.
Le propriétaire doit remettre au technicien le carnet d'entretien et le rapport annuel. Le rapport, établi dans le mois qui suit l'examen, doit indiquer, le cas échéant, les défauts relevés. Il est ensuite transmis à la personne ou à l'entreprise chargée de l'entretien.
Le décret n° 2012-674 du 7.5.2012 a ajouté pour les fabricants d'ascenseurs l'obligation de fournir, sur demande, les outils spécifiques d'entretien et de maintenance, outils qui doivent être accompagnés d'une notice d'utilisation et d'une documentation technique suffisamment explicite pour permettre au prestataire de maintenance d'accéder aux différents menus fonctionnels de l'installation et de modifier les paramètres de réglage si nécessaire. Cette obligation sera effective le 1er juillet 2013.
Par ailleurs, les contrôleurs peuvent désormais solliciter la présence du technicien de l'entreprise d'entretien pour expliquer la technologie mise en œuvre et le fonctionnement des appareils.

Droits des habitants de l'immeuble

Tout propriétaire, locataire ou occupant de l'immeuble peut saisir le juge des référés afin qu'il ordonne, éventuellement sous astreinte, la mise en conformité des ascenseurs.
Toute personne disposant d'un titre d'occupation dans l'immeuble peut obtenir, à ses frais, du propriétaire de l'ascenseur, communication du rapport du contrôle technique ou de ses conclusions.

› Eau et chauffage

• Les dépenses récupérables pour les installations collectives

Le propriétaire peut récupérer les dépenses relatives à l'eau, froide et chaude, des locataires. De ce fait, les dépenses d'eau nécessaires à l'entretien courant des parties communes (y compris la station d'épuration) et des espaces verts sont à la charge du locataire.

Les dépenses récupérables incluent les taxes et les redevances ainsi que les sommes dues au titre de la redevance d'assainissement.

En outre, sont récupérables les produits nécessaires à l'exploitation, à l'entretien et au traitement de l'eau, les dépenses d'électricité, ainsi que les dépenses de combustible ou de fourniture d'énergie.

Dans tous les cas, sont à la charge du locataire, les dépenses d'exploitation et d'entretien courant :

- le nettoyage des gicleurs, filtres, électrodes et clapets de brûleurs ;
- l'entretien courant et le passage des pompes de relais, jauges, contrôleurs de niveau ainsi que des groupes de motopompes et pompes de puisards ;
- le graissage des vannes et robinets, ainsi que la réfection des presse-étoupes ;
- le remplacement des ampoules des voyants lumineux et des ampoules de chaufferie ;
- l'entretien et le réglage des appareils de régulation automatique et de leurs annexes ;
- la vérification et l'entretien des régulateurs de tirage ;
- le réglage des vannes, robinets et tés ne comprenant pas l'équilibrage ;
- la purge des points de chauffage ;
- les frais de contrôles de combustion ;
- l'entretien des épurateurs de fumée ;
- les opérations de mise en repos en fin de saison de chauffage, rinçage des corps de chauffe et tuyauteries, nettoyage de chaufferies, y compris leurs puisards et siphons, ramonage des chaudières, carneaux et cheminées ;
- la conduite de chauffage ;
- les frais de location d'entretien et relevé des compteurs généraux et individuels ;
- l'entretien de l'adoucisseur, du détartreur d'eau, du surpresseur et du détendeur ;
- les contrôles périodiques visant à éviter les fuites de fluide frigorigène des pompes à chaleur ;
- la vérification, le nettoyage et le graissage des organes des pompes à chaleur ;
- le nettoyage périodique de la face extérieure des capteurs solaires ;
- la vérification, le nettoyage et le graissage des organes des capteurs solaires.

Enfin, les charges relatives aux menues réparations dans les parties communes ou sur des éléments d'usage commun peuvent être remboursées par le locataire. Il s'agit :

- des réparations de fuites sur raccords et joints ;
- du remplacement des joints et presse-étoupes ;
- du rodage des sièges de clapets ;
- des menues réparations visant à remédier aux fuites de fluide frigorigène des pompes à chaleur ;
- de la recharge en fluide frigorigène des pompes à chaleur.

ATTENTION

Combustible : coût et consommation Seul le coût du combustible consommé est à la charge du locataire et non pas le coût du combustible stocké qui doit être acquitté, sans pouvoir être récupéré, par le bailleur (C. cass., civ. 3e, 5.2.1992, Loyers et copropriété 92 n° 201).

Les dépenses récupérables pour les installations individuelles

Quand les installations d'eau et de chauffage ne sont pas collectives, mais individuelles, vous pouvez demander en qualité de propriétaire remboursement des dépenses d'alimentation de combustible. De même, sont à la charge du locataire l'exploitation et l'entretien courant, et plus particulièrement :
- le réglage du débit et de la température de l'eau chaude sanitaire ;
- la vérification et le réglage des appareils de commande, d'asservissement, de sécurité d'aquastat et de pompe ;
- le dépannage ;
- le contrôle des raccordements et de l'alimentation des chauffe-eau électriques, le contrôle de l'intensité absorbée ;
- la vérification de l'état des résistances, des thermostats et le nettoyage ;
- le réglage des thermostats et le contrôle de la température d'eau ;
- le contrôle et la réfection d'étanchéité des raccordements eau froide – eau chaude ;
- le contrôle des groupes de sécurité ;
- le rodage des sièges de clapets des robinets ;
- le réglage des mécanismes de chasses d'eau.

Enfin, les menues réparations doivent, elles aussi, être remboursées par le locataire. Il s'agit :
- du remplacement des bilames, pistons, membranes, boîtes à eau, allumage piézo-électrique, clapets et joints des appareils à gaz ;
- du rinçage et du nettoyage des corps de chauffe et tuyauteries ;
- du remplacement des joints, clapets et presse-étoupes des robinets ;
- du remplacement des joints, flotteurs et joints-cloches des chasses d'eau.

Les contrats d'achat d'énergie

Les contrats d'achat d'électricité, d'énergie calorifique ou de gaz naturel combustible, distribués par réseaux sont, depuis la loi n° 2010-1488 du 7 décembre 2010, intégrés dans les charges pouvant être récupérées sur le locataire.

Le montant récupérable est la dépense, toutes taxes comprises, acquittée par le bailleur.

Ce dernier n'est plus tenu de faire la distinction entre la partie variable (la consommation réelle du locataire) et la partie fixe (dépenses d'investissement ou d'amortissement) des sommes payées au fournisseur.

Auparavant, seule la partie variable pouvait être réclamée au locataire.

La totalité est désormais récupérable.
Cette règle est valable pour les logements soumis à la loi du 6 juillet 1989 (art. 23), comme pour les logements HLM (CCH, art. L. 442-3).

● Les compteurs

La réglementation est différente selon qu'il s'agit d'eau froide ou d'eau chaude.
En effet, l'installation d'un compteur d'eau chaude est obligatoire pour les immeubles construits après le 30 juin 1975. En ce qui concerne les autres immeubles, seuls ceux dont l'installation présenterait des difficultés d'ordre technique ou dont le coût serait trop important ne font pas l'objet de cette obligation.
Les compteurs doivent être conformes au décret n° 82-537 du 22 juin 1982.
En revanche, il n'est pas obligatoire de faire installer des compteurs d'eau froide.

À NOTER

En cas d'augmentation anormale de la consommation d'eau Dès que le service d'eau potable constate une augmentation anormale du volume d'eau consommé susceptible d'être causée par la fuite d'une canalisation, il en informe sans délai l'abonné. Une augmentation du volume d'eau consommé est anormale si le volume d'eau consommé depuis le dernier relevé excède le double du volume d'eau moyen consommé par l'abonné.
L'abonné n'est pas tenu au paiement de la part de la consommation excédant le double de la consommation moyenne s'il présente au service d'eau potable, dans le délai de 1 mois, une attestation d'une entreprise de plomberie indiquant qu'il a fait procéder à la réparation d'une fuite sur ses canalisations.
L'abonné peut aussi demander, dans le même délai de 1 mois, au service d'eau potable de vérifier le bon fonctionnement du compteur. L'abonné n'est alors tenu au paiement de la part de la consommation excédant le double de la consommation moyenne qu'à compter de la notification par le service d'eau potable, et après enquête, que cette augmentation n'est pas imputable à un défaut de fonctionnement du compteur (CGCT, art. L. 2224-12-4).

› Les parties communes

Certaines dépenses sont à la charge du locataire. Il s'agit, en particulier, des dépenses relatives à l'électricité et aux fournitures consommables, notamment les produits d'entretien, les balais, et le petit matériel assimilé nécessaires à l'entretien de propreté.
De même, l'entretien de la minuterie, la pose, dépose et entretien des tapis est à la charge du locataire, comme les menues réparations des appareils d'entretien de propreté tels que l'aspirateur.
Il en va de même de l'entretien de propreté et en particulier, des frais de personnel.

ATTENTION

Graffitis et frais de ravalement : qui paie ? Les frais de nettoyage consécutifs à l'inscription de graffitis sur les parties communes du bâtiment ne peuvent être mis à la charge des locataires (CA Paris, 6e ch. B, 12.5.1995).
Les frais de ravalement sont à la charge du bailleur et ne peuvent être récupérés par lui sur le locataire (Rép. min. JOAN, 12.12.1988, p. 3659).

› Les espaces extérieurs

Les dépenses d'électricité et celles relatives à l'essence et à l'huile sont à la charge du locataire. Il en va de même des fournitures consommables utilisées dans l'entretien courant : ampoules ou tubes d'éclairage, engrais, produits bactéricides et insecticides, produits tels que les graines, les fleurs, les plants, les plantes de remplacement, à l'exclusion de celles utilisées pour la réfection de massifs, plates-bandes ou haies.
Enfin, sont également à la charge du locataire, les opérations de coupe, désherbage, sarclage, ratissage, nettoyage et arrosage concernant :
- les allées, aires de stationnement et abords ;
- les aires de jeux ;
- les bassins, fontaines, caniveaux, canalisations d'évacuation des eaux pluviales ;
- le remplacement du sable des bacs et du petit matériel de jeux ;
- la peinture et les menues réparations des bancs de jardins et des équipements de jeux et grillages.

› Les espaces verts

La coupe, le désherbage, le sarclage, le ratissage, le nettoyage et l'arrosage des espaces verts, ainsi que les frais d'entretien du matériel horticole sont à la charge du locataire.
Entrent dans la catégorie de ces charges récupérables les pelouses, massifs, arbustes, haies vives et plates-bandes. N'entrent donc pas dans cette liste les arbres et, en particulier, l'élagage qui reste à la charge du bailleur.
S'agissant des charges liées à l'emploi d'un jardinier, le salaire et les charges de ce dernier doivent être remboursés par le locataire pour les activités énumérées ci-dessus.
Si le bailleur a négocié une rétrocession de l'éclairage public, de la voirie et des espaces verts, l'entretien ne sera pas à la charge du locataire, mais entrera dans le montant des impôts que les contribuables de la commune auront à payer.

ATTENTION

Élagage des arbres et remplacement des plantations : qui paie ? L'élagage des arbres et le remplacement des plantations ne font pas partie des charges récupérables sur le locataire.

› Les équipements divers

La fourniture d'énergie nécessaire à la ventilation mécanique est à la charge du locataire. Il en va de même pour l'exploitation et l'entretien courant dont les postes récupérables sont limitativement énumérés : le ramonage des conduits de ventilation, l'entretien de la ventilation mécanique, l'entretien des dispositifs d'ouverture automatique ou codée et des interphones ; les visites périodiques à l'exception des contrôles réglementaires de sécurité, de nettoyage et le graissage de l'appareillage fixe de manutention des nacelles de nettoyage des façades vitrées.
Enfin, l'abonnement des postes de téléphone à la disposition des locataires sont également des frais récupérables, sauf si ce poste se trouve dans la loge du gardien.

› L'hygiène

• Les fournitures consommables

Les dépenses de fournitures consommables sont à la charge du locataire et, en particulier : les sacs en plastique et en papier nécessaires à l'élimination des rejets ; les produits relatifs à la désinsectisation et à la désinfection. De même, le locataire doit rembourser à son bailleur les dépenses relatives à l'exploitation et à l'entretien courant. Il s'agit de l'entretien et de la vidange des fosses d'aisance et de l'entretien des appareils de conditionnement des ordures. Enfin, l'élimination des déchets, y compris les frais de personnel, sont à la charge du locataire.

• Dératisation, canalisation et conteneurs d'ordures ménagères

La dératisation ne peut être qu'à la charge du bailleur car ce poste ne figure pas dans la liste dressée par le décret de 1987. Il en va de même :
- du dégorgement des canalisations d'eaux usées ;
- de la location des conteneurs d'ordures ménagères auprès de la commune ou d'une société. À cet égard, il a été confirmé par un jugement d'instance du 18 novembre 1991 que ce loyer était à la charge exclusive du bailleur.

• Le vide-ordures

Le décret n° 87-713 du 26 août 1987* étant limitatif, la Cour de cassation a jugé que les frais de personnel réclamés par les bailleurs pour la désinfection, la désinsectisation et le débouchage d'un vide-ordures ne sont pas à la charge du locataire (C. cass., civ. 3e, 10.3.1999, Société Régie Foncia Saint-Antoine et autres c/M. Gasole et autres, JCP G 1999, II, 10154).
Cette solution a été confirmée par des arrêts de la Cour de cassation du 27 novembre 2002 et du 1er avril 2003 (C. cass., civ. 3e, 1.4.2003, JCL Loyers et copropriété, août 2003, n° 149, p. 9).
Les frais de dégorgement des vide-ordures restent à la charge des propriétaires et ne peuvent être récupérés sur le locataire. Ces frais ne peuvent pas être compris dans les frais de personnel pour l'élimination des rejets (qui eux, font partie des charges récupérables sur le locataire).

› Les impôts et les taxes

La contribution annuelle représentative du droit de bail

La contribution annuelle du droit au bail a été totalement supprimée pour les loyers perçus depuis le 1er janvier 2001, quel que soit le montant du loyer. Le propriétaire ne peut donc plus récupérer cet impôt sur le locataire (loi de finances pour 2000 n° 99-1172 du 30.12.1999).

La contribution additionnelle à la contribution annuelle représentative du droit de bail

La contribution additionnelle à la contribution au droit de bail est une contribution exclusivement à la charge des bailleurs. Cette contribution, avant la réforme, était due lorsque la contribution représentative du droit de bail était exigible.
Depuis la suppression de cette contribution, la contribution additionnelle devient un impôt autonome à la charge des bailleurs.
Cette contribution additionnelle est applicable aux recettes nettes de l'année civile (du 1er janvier au 31 décembre) tirés de la location de locaux situés dans des immeubles achevés depuis 15 ans au moins, lorsque le montant annuel est supérieur à 1 830 € par local.
Les recettes prises en compte sont les revenus des locations augmentés du montant des dépenses incombant normalement au bailleur et mises par convention à la charge du preneur, et diminués du montant des dépenses supportées par le bailleur pour le compte du preneur.
Le taux de la contribution additionnelle est fixé à 2,5 %.
La contribution est déclarée, contrôlée et recouvrée comme l'impôt sur le revenu.
Ces dispositions s'appliquent aux revenus perçus depuis le 1er janvier 2001 (CGI, art. 234 nonies et s.).

La taxe d'enlèvement des ordures ménagères

Quand la commune fait fonctionner un tel service, elle a la faculté d'instituer une taxe d'enlèvement des ordures ménagères.
Bien que cette taxe soit imposée au nom du propriétaire ou de l'usufruitier, elle est récupérable sur le locataire.

ATTENTION

La taxe d'enlèvement des ordures ménagères récupérable sur le locataire ? La taxe d'enlèvement des ordures ménagères n'est récupérable sur le locataire que si son taux est fixé de façon indépendante dans le budget de la commune et si son montant peut être déterminé.

Si ce n'est pas le cas, la taxe, intégrée dans les impôts fonciers, reste à la charge du propriétaire (C. cass., civ. 3e, 10.6.1998, Gaz. Pal. 13.3.1999, p. 7).

De la même façon, le prélèvement forfaitaire prévu à l'article 1641 du Code général des impôts ne figure pas dans la liste du décret de 1987 et n'est donc pas récupérable sur le locataire.

Le prélèvement forfaitaire de l'État est un pourcentage calculé sur le montant de certaines taxes perçues par la commune (dont la taxe d'enlèvement des ordures ménagères et la taxe de balayage) (C. cass., civ. 3e, 30.10.2002, Dalloz 2003, II, 801).

La taxe de balayage

La commune peut percevoir une taxe de balayage lorsqu'elle assure l'entretien des voies livrées à la circulation.

Cette taxe est récupérable sur le locataire.

L'entretien et les réparations

En dehors des charges récupérables, le locataire doit prendre à sa charge :
– l'entretien courant du logement et des équipements mentionnés au contrat ;
– les menues réparations ;
– l'ensemble des réparations locatives.

L'entretien courant

L'entretien courant s'oppose à l'entretien normal. En effet, la personne qui jouit du logement, c'est-à-dire le locataire, doit assurer son entretien courant. On peut définir cette obligation comme les mesures quotidiennes que doit prendre le locataire pour éviter, à peu de frais, une longue dégradation du logement ou des éléments d'équipement. Il doit effectuer, par exemple, les menus raccords de peinture, le changement des petites pièces ou l'huilage.
En revanche, l'entretien normal est assuré par le bailleur. Ce dernier prend donc en charge les grosses réparations.
Il est à noter que la loi oblige le locataire à n'effectuer un entretien courant que pour les équipements mentionnés au contrat. En qualité de propriétaire, vous avez donc particulièrement intérêt à mentionner dans le contrat de bail tous les équipements qui donnent lieu à entretien courant. N'oubliez pas les équipements annexes, tels que la piscine ou le court de tennis par exemple, souvent omis dans le contrat de bail car situés à l'extérieur du logement.
La question qui se pose alors est donc de savoir quelles sont les conséquences du défaut de mention des équipements dans le contrat.
À notre avis, si le locataire n'utilise pas les équipements en question, la piscine ou le court de tennis par exemple, il n'a pas à assurer l'entretien.
En revanche, s'il les utilise, il pourrait effectivement opposer les dispositions de l'article 7 de la loi du 6 juillet 1989 en arguant que seuls les équipements mentionnés au contrat doivent faire l'objet d'un entretien courant. Toutefois, à notre avis, si le locataire profite directement de l'équipement, le juge considérera sans doute qu'il doit prendre en charge l'entretien.

ATTENTION

Locataire, vétusté et malfaçon Le locataire n'est en aucun cas dispensé d'assurer l'entretien courant du fait de la vétusté ou de la malfaçon frappant l'équipement en question.
Il est en revanche dispensé d'effectuer les réparations locatives sur les éléments d'équipement ou sur le logement si ces réparations sont causées par la vétusté ou les malfaçons.

Les réparations

La liste des réparations locatives a été dressée par le décret n° 87-712 du 26 août 1987. Il est important de noter d'emblée que cette liste n'est pas limitative. En conséquence, d'autres réparations que celles figurant dans la liste peuvent être mises à la charge du locataire (C. cass., civ. 3e, 7.4.1994, Loyers et copropriété 1994, Comm. 230). Il faut schématiquement garder dans l'esprit que les réparations d'un faible montant sont souvent à la charge du locataire, alors que celles d'un montant plus important incombent au bailleur car elles correspondent souvent à des dépenses de grosses réparations ou des dépenses liées à la vétusté du bien.
La liste figurant ci-dessous correspond aux réparations à la charge du locataire.

ATTENTION

Réparations locatives ne signifient pas charges récupérables En effet, tandis que les réparations locatives concernent les parties privatives, les charges récupérables ne sont relatives qu'aux parties communes. En conséquence, si le logement que vous avez loué est entouré d'un jardin privatif, l'élagage des arbres est à votre charge car cette dépense figure dans le décret. En revanche, si le jardin est commun à plusieurs logements, vous n'aurez pas à assumer pécuniairement l'élagage des arbres car ce poste ne figure pas dans le décret relatif aux charges récupérables.

MON CONSEIL

Tribunal d'instance et devis justificatifs Lorsque les réparations sont nécessitées par la vétusté, c'est au bailleur de faire les travaux. S'il refuse, il vous faudra saisir le tribunal d'instance (l'assistance d'un avocat n'est pas obligatoire). Vous pourrez alors demander au tribunal la condamnation du bailleur, ainsi que des dommages-intérêts (TI Aulnay-sous-bois, 12.8.1993).
Locataire, pour prouver que la réparation est nécessitée par la vétusté, faites établir un devis par un artisan qui notifiera que le bien à réparer est vétuste.

› Les parties extérieures

Il n'est pris en compte ci-après que les espaces extérieurs du logement dont le locataire jouit exclusivement.

• Jardins

Nous ne parlerons ici que des jardins privatifs. En effet, l'entretien des jardins dont la jouissance profite à tous les habitants d'un immeuble sont en partie à la charge du locataire sur le fondement des charges récupérables (voir *Les espaces verts*, p. 89).
Pour les jardins privatifs, vous devez, en qualité de locataire, assurer l'entretien courant des allées, pelouses, massifs, bassins et piscines. De même, vous devez tailler, élaguer, écheniller les arbres et arbustes.

En outre, vous devez :
- remplacer les arbustes ;
- réparer et remplacer les installations mobiles d'arrosage (les arrosoirs, par exemple).

ATTENTION
Le remplacement des arbres est à la charge du propriétaire.

Auvents, terrasses et marquises

Locataire, vous devez enlever la mousse et les autres végétaux ayant investi votre auvent, votre terrasse ou votre marquise.

Descentes d'eaux pluviales, chéneaux et gouttières

En qualité de locataire, vous devez vous préoccuper du dégorgement des conduits. En conséquence, si votre gouttière est bouchée, par exemple, vous devez faire les réparations nécessaires à l'écoulement.

› Les ouvertures intérieures et extérieures

Il s'agit de toutes les ouvertures donnant accès au logement : fenêtres, portes, serrures…

Portes, fenêtres et autres sections ouvrantes

Vous devez effectuer le graissage des gonds, paumelles et charnières des ouvertures. De même, vous devez assurer les menues réparations des boutons et poignées de portes, gonds, crémones et espagnolettes. Enfin, vous devez remplacer les boulons, clavettes et targettes.

Vitrages

Vous devez effectuer la réfection des mastics bordant les fenêtres. De même, vous devez remplacer les vitres détériorées.

Stores, jalousies et autres dispositifs d'occultation de la lumière

Vous devez, là encore, effectuer le graissage. En outre, c'est à vous de remplacer cordes et poulies.
S'il manque quelques lames à un store (ou à un autre dispositif qui occulte la lumière), vous devez les remplacer.

Serrures et verrous de sécurité

Vous devez, en qualité de locataire, effectuer le graissage des serrures et des verrous de sécurité. En outre, toute clef que vous égarez ou que vous détériorez sera à votre charge. Enfin, les petites pièces à changer des serrures et verrous de sécurité doivent également être payées par vous.

Grilles

Locataire, vous devez nettoyer et graisser les grilles protégeant l'accès à votre logement. Vous devez, en outre, remplacer les boulons, clavettes et targettes. De manière générale, vous devez remplacer les petites pièces d'un faible montant.

› Les parties intérieures

Plafonds, murs intérieurs et cloisons

Vous devez maintenir en état de propreté les cloisons, murs intérieurs et plafonds du logement. Vous devez également effectuer les menus raccords de peinture et tapisserie. Il en va de même des éléments de matériaux de revêtement tels que la faïence, la mosaïque ou la matière plastique. En conséquence, si un carreau est cassé dans votre salle de bains, vous avez l'obligation de le changer.

Parquets, moquettes et autres revêtements de sol

Vous devez assurer l'entretien courant de la vitrification des parquets et les encaustiquer. En outre, vous devez, à la fois, remplacer quelques lames du parquet qui ont été cassées et remettre en état celles-ci.
Si vous avez fait des taches ou des trous dans la moquette, vous devez remplacer les parties abîmées par des raccords. Il en va de même des autres revêtements de sol.

Placards et menuiseries telles que plinthes, baguettes et moulures

Vous devez remplacer les tasseaux et tablettes des placards. En outre, si ceux-ci se ferment mal, vous devez réparer leur dispositif de fermeture. De même, vous devez fixer les raccords et remplacer les pointes de menuiserie.

> **ATTENTION**
> **Avant de déménager, rebouchez les trous !** Au moment de votre déménagement, pensez à reboucher les trous que vous avez faits dans le mur. À défaut, le propriétaire pourra vous facturer le coût nécessaire pour les boucher.

› Les installations de plomberie

Canalisations d'eau

Le dégorgement constitue une réparation à la charge du locataire. Ainsi, vous devez assurer le bon écoulement des WC et des douches (CA Nancy, 2e ch., 28.2.1995, Loyers et copropriété 1995, comm. 355).
Vous devez également remplacer les joints et les colliers.

ATTENTION

Dégorgement et parties communes Le dégorgement des canalisations d'eau n'est pas à la charge du locataire quand l'intervention doit se faire sur les parties communes. Seuls sont récupérables l'entretien et la vidange des fosses d'aisance.

Canalisations de gaz

Vous devez assurer l'entretien courant des robinets, siphons et ouvertures d'aération. En outre, vous devez remplacer périodiquement les tuyaux souples de raccordement.
La responsabilité pénale du locataire peut être engagée si le défaut d'entretien entraîne une explosion de gaz et cause la mort ou des blessures à d'autres occupants.

Cas pratique

Une explosion s'est produite dans un immeuble de Marseille, provoquant la mort de 4 personnes et des blessures à une vingtaine d'autres.
L'explosion avait pour origine une fuite de gaz dans l'appartement du 4e étage occupé par une locataire.
Celle-ci a été condamnée pour homicide et blessures involontaires. En effet, elle s'était abstenue de vérifier la conformité de son installation lors de son entrée dans les lieux, avait fait changer le tuyau de raccordement par une personne non professionnelle et enfin, s'était absentée sans penser à couper l'alimentation. Ces fautes d'imprudence qui exposaient autrui à un danger d'une particulière gravité justifiaient sa condamnation pour homicide et blessures involontaires. (C. cass. crim., 18.11.2008, n° 08-81361).

Fosses septiques, puisards et fosses d'aisance

La vidange des fosses septiques, puisards et fosses d'aisance doit être assurée par le locataire.
Mais les frais de dégorgement des colonnes d'eau usées restent à la charge du propriétaire.

Chauffage, production d'eau chaude et robinetterie

Vous devez remplacer :
- les bilames, pistons, membranes, boîtes à eau, allumage piézoélectrique, clapets et joints des appareils à gaz ;
- les joints, clapets et presse-étoupes des robinets ;
- les joints, flotteurs et joints-cloches des chasses d'eau.

En outre, vous devez assurer le nettoyage et le rinçage des corps de chauffe et tuyauteries.
Le bailleur peut inclure dans le bail une clause obligeant le locataire à souscrire un contrat d'entretien de la chaudière. En revanche, la clause du bail qui obligerait le locataire à souscrire un contrat auprès d'une société choisie par le bailleur est illicite (CA Paris, 6e ch. C, 4.3.1997, Jurisdata n° 020266). Si une telle clause

est incluse dans votre bail, le juge ne considérera comme non écrite que la partie visant le choix du prestataire, les dispositions concernant l'obligation de souscrire un contrat d'entretien restant valables.

Cas pratique

Le locataire doit assurer le rinçage et le nettoyage du corps de chauffe et des tuyauteries. Ces opérations font partie des travaux d'entretien courant et menues réparations.

La question se posait de savoir si le coût d'un détartrage du chauffe-eau électrique entrait dans ces opérations de rinçage et de nettoyage.

Les juges ont considéré que le détartrage avec dépose du bloc de résistance se distinguait d'un simple nettoyage et n'était donc pas à la charge du locataire au titre des réparations locatives (C. cass., 3e civ., 29.10.2008, n° 06-21633).

• Éviers et appareils sanitaires

Vous devez nettoyer les dépôts de calcaire. En outre, si le tuyau flexible de la douche s'est détérioré, vous devez, en qualité de locataire, pourvoir à son remplacement.

› Les équipements et installations électriques

Vous devez remplacer si besoin est :
- les interrupteurs ;
- les prises de courant ;
- les coupe-circuits et fusibles ;
- les ampoules ;
- les tubes lumineux.

De même, vous devez remplacer les baguettes et les gaines de protection.

› Autres équipements mentionnés au contrat

Vous devez effectuer l'entretien courant et les menues réparations d'appareils mis à votre disposition par le bailleur tels que :
- les réfrigérateurs ;
- les machines à laver le linge ou la vaisselle ;
- les sèche-linge ;
- les hottes aspirantes ;
- les adoucisseurs ;
- les capteurs solaires ;
- les pompes à chaleur ;
- les appareils de conditionnement d'air ;
- les antennes individuelles de radiodiffusion et de télévision ;
- les meubles scellés ;
- les cheminées ;
- les glaces et miroirs.

Vous devez graisser et remplacer les joints des vidoirs. De même, vous devez assurer les menues réparations nécessitées par la dépose des bourrelets. Vous devez

ramoner les conduits d'évacuation des fumées et des gaz, ainsi que des conduits de ventilation.
Seuls les équipements mentionnés au contrat de location doivent faire l'objet d'un entretien. En conséquence, si le réfrigérateur n'est pas mentionné au contrat, et qu'il tombe en panne, vous n'avez pas à le réparer si vous ne vous en servez pas.

› Les antennes

Installation individuelle

Si le locataire veut installer à sa charge une antenne individuelle, il doit en avertir, par courrier recommandé, le propriétaire et le syndic quand il s'agit d'un immeuble en copropriété. Les destinataires de ce courrier ont 3 mois pour répondre. À défaut, ils seront réputés avoir accepté.

Cas pratique

La clause du bail qui subordonne l'installation d'une antenne ou d'une parabole à l'autorisation préalable du bailleur n'est pas valable même si cette clause est justifiée par le souci de conserver l'aspect esthétique de l'immeuble. Le locataire a le droit de procéder à cette installation dès lors que le propriétaire ne s'y est pas opposé. Il n'est pas nécessaire d'obtenir une autorisation préalable (C. cass., civ. 3e, 3.11.2005).

Tout propriétaire a le droit de s'opposer à ce projet dans deux hypothèses :
- en cas de motif légitime et sérieux d'ordre technique, par exemple. Le propriétaire doit saisir le tribunal pour demander confirmation de la nature légitime et sérieuse ;
- en cas de raccordement à un réseau câblé, le locataire pourra toutefois installer son antenne individuelle, si le propriétaire ne procède pas au raccordement dans les 3 mois de la proposition.

Si le locataire omet de prévenir le bailleur de son intention d'installer une antenne individuelle parabolique, le bailleur n'a pas pour autant le droit de faire supprimer cette antenne.
Le défaut d'information du bailleur a pour seul effet de lui rendre inopposable la forclusion du délai pendant lequel il peut proposer un raccordement collectif ou saisir la juridiction compétente pour s'y opposer.
L'absence d'information ne caractérise pas en soi un motif légitime et sérieux d'opposition au projet (CA Paris, 28.2.2012, Loyers et copropriété, 5.2012, n° 130, p. 15).

Installation du câble et antennes collectives

L'immeuble peut être raccordé par le câble opérateur sans l'accord des locataires. De même, le propriétaire ne peut s'opposer au raccordement à un réseau câblé de radiodiffusion ou télévision. Comme il est indiqué plus haut, le propriétaire peut s'opposer à l'installation d'une antenne individuelle, s'il procède au raccordement.

Dans le cas d'un raccordement, seuls les locataires utilisant leur branchement auront à verser leur quote-part.
Le propriétaire peut raccorder les récepteurs individuels aux antennes collectives et déposer les antennes extérieures après un préavis de 2 mois.
Dans ce cas, il doit prendre en charge :
- les frais d'installation et de raccordement ;
- les frais de démontage des antennes individuelles.

● Raccordement à un réseau très haut débit (fibres optiques)

Le propriétaire ne peut pas s'opposer à la demande du locataire désirant se raccorder à un réseau de communications électroniques à très haut débit en fibre optique, sauf s'il existe déjà, dans l'immeuble, des lignes de communications électroniques en fibre optique permettant de répondre aux besoins spécifiques du demandeur. Dans ce cas, le propriétaire peut demander que le raccordement demandé soit réalisé au moyen de ces lignes.
Le propriétaire peut également s'opposer au raccordement demandé par le locataire, s'il fait procéder lui-même, dans un délai de 6 mois suivant la demande, à l'installation des lignes de communications électroniques à très haut débit en fibre optique en vue d'assurer la desserte de l'ensemble des occupants de l'immeuble dans des conditions satisfaisant les besoins spécifiques du demandeur. Il doit signer une convention avec l'opérateur de réseau.

› Les travaux à la charge du propriétaire

Lorsque la réparation est à la charge du propriétaire, vous devez, en qualité de locataire, demander au bailleur d'effectuer les travaux. Si celui-ci refuse, vous devez le mettre en demeure de le faire (C. cass., civ. 3ᵉ, 5.3.1997, Jurisdata n° 000894). Dans le cas où vous n'obtenez toujours rien, vous devez alors saisir le tribunal d'instance par la voie de l'injonction de faire (voir *L'injonction de faire*, p. 174). Toutefois, si le litige est plus complexe, il vous faudra utiliser la procédure normale. En outre, en utilisant cette dernière procédure, vous pourrez obtenir la condamnation du bailleur à l'avance des frais (loi n° 91-650 du 9.7.1991 portant réforme des procédures d'exécution).
Il existe une seule exception à ce principe : l'urgence. En effet, lorsque la réparation a un caractère urgent, vous pouvez vous exécuter à la place du bailleur. Par exemple, le chauffage tombe en panne en plein hiver alors que vous avez un bébé en bas âge (CA Paris, 8ᵉ ch. B, 4.5.1990, Jurisdata n° 022174 ; CA Versailles, 1ʳᵉ ch., 24.6.1988, Jurisdata n° 043383).
Mis à part l'urgence, la jurisprudence applique de façon stricte l'article 1144 du Code civil qui veut que le créancier d'une obligation (en l'occurrence, le locataire) doive obtenir une autorisation avant de pouvoir exécuter à la place du débiteur (en l'occurrence, le bailleur) cette obligation (les travaux à la charge du bailleur). À défaut d'être autorisé, le locataire ne pourra pas se faire rembourser.

Cas pratique

Même s'il s'agit de travaux de mise en conformité aux normes réglementaires qui auraient dû être effectués par le bailleur, ce dernier ne peut pas être condamné à les rembourser s'il n'a pas été mis en demeure de les exécuter et que le locataire n'a pas obtenu une autorisation judiciaire préalable.

Dans cet arrêt, la location portait sur un domaine exploité comme chambres d'hôtes et tables d'hôtes. Le locataire avait fait exécuter des travaux de mise aux normes de l'installation électrique et des sanitaires ainsi que la remise en état des revêtements des sols pour respecter la charte des Logis de France.

Si la cour d'appel lui a accordé le remboursement des travaux effectués, la Cour de cassation a cassé la décision d'appel.

Quelles que soient l'importance des travaux et leur nécessité, la règle de l'article 1144 du Code civil doit s'appliquer : le créancier, en cas d'inexécution, doit être autorisé à faire exécuter lui-même l'obligation aux dépens du débiteur (C. cass., civ. 3e, 12.3.2002, JCL, Loyers et copropriété, 7.8.2002, n° 167 p. 7).

Le locataire qui effectue des travaux d'amélioration du logement qu'il occupe ne peut pas demander leur remboursement au bailleur en se fondant sur la notion d'enrichissement sans cause.

L'enrichissement sans cause est une procédure qui permet de demander le remboursement de sommes qui ont enrichi une personne, au détriment d'une autre, sans que cet enrichissement et l'appauvrissement corrélatif du demandeur ne soient fondés ni justifiés par une quelconque obligation.

Cas pratique

Un locataire avait entrepris des travaux qui dépassaient largement ses obligations contractuelles (travaux d'électricité, de peinture et de vitrification). Il pensait en effet que le propriétaire allait lui vendre la maison.

Mais ce dernier n'ayant pas donné suite à sa promesse de vendre, le locataire, au moment de quitter les lieux, lui réclame le remboursement de ses travaux, c'est-à-dire une somme de 6 927,73 €.

Sa demande est rejetée :

– il n'apportait pas la preuve de la promesse du bailleur de vendre la maison. Cette décision n'était de toute façon pas prise au moment de la signature du bail ;

– les travaux qu'il avait entrepris dans la maison lui profitaient directement et personnellement. Son appauvrissement n'était donc pas « sans cause » (CA Pau, 12.6.2001, JCL, Loyers et copropriété, 3.2002, p. 9).

LES RÉPARATIONS PROPRIÉTAIRES-LOCATAIRES		
Nature des réparations	Charge du locataire	Charge du propriétaire
Aérateur		
• Nettoyage de l'hélice	X	
• Remplacement fil de nylon	X	
• Réparation du moteur		X
Aire en plâtre (recouvrant le plancher des greniers)		
• Menues réparations	X	
• Raccords en cas de trous	X	
Allées		
• Entretien courant	X	
Antennes		
• Entretien courant	X	
• Menues réparations	X	
Arbres		
• Tailler, élaguer et écheniller	X	
• Remplacement des arbustes	X	
• Remplacement des arbres ayant péri par défaut d'entretien du locataire		X
Armoires		
• Remplacement des tablettes, tasseaux, papiers intérieurs, dispositifs de fermeture	X	
• Entretien des peintures	X	
Ascenseurs		
• Lampes, boutons d'appel, serrures électromagnétiques	X	
• Visites d'entretien	X	
• Remplacement de petites pièces présentant des signes d'usure excessive	X	
• Interventions pour dégager les personnes bloquées en cabine	X	
• Dépannage et remise en fonctionnement normal des appareils	X	
• Réparation transformateur, régulateur de vitesse, frein…		X
Aspirateurs		
• Remplacement balais-brosses et sacs à poussière	X	
Auvent		
• Nettoyage et dégorgement des descentes	X	
• Enlever la mousse et les autres végétaux	X	
Baguettes		
• Remplacement des baguettes détériorées, cassées et des raccords	X	
Baignoires		
• Remplacement de quelques faïences brisées	X	

LES RÉPARATIONS PROPRIÉTAIRES-LOCATAIRES		
Nature des réparations	Charge du locataire	Charge du propriétaire
• Dégorgement	X	
• Entretien des robinets	X	
• Nettoyage des dépôts de calcaire	X	
• Remplacement des tuyaux flexibles de douches	X	
• Vidange	X	
Balcon		
• Enlèvement de la mousse	X	
Barre d'appui		
• Veiller à l'état des scellements	X	
• Réparation et remplacement de l'appui cassé par le locataire	X	
Bassin		
• Curage et entretien courant	X	
• Maintien de l'empoissonnement	X	
• Réparation des canalisations et des conduits		X
Bec-de-cane		
• Graissage	X	
• Menues réparations des boutons et poignées de porte	X	
• Clefs égarées	X	
Boiseries		
• Menues réparations de la menuiserie	X	
• Fixation de raccords, remplacement des plinthes, baguettes et moulures	X	
• Remplacement des tablettes et des tasseaux	X	
• Réparation du dispositif de fermeture des placards	X	
Cadenas		
• Graissage	X	
• Remplacement des petites pièces	X	
• Clefs égarées	X	
Calorifère		
• Entretien	X	
• Réparation des conduits de chaleur		X
• Réparation des tuyaux rejoignant la cheminée		X
Canalisations privées		
• Remplacement des joints et colliers	X	
• Remplacement des tampons hermétiques		X
• Réfection des canalisations d'eaux résiduaires ou d'eau potable		X
• Détartrage		X

LES RÉPARATIONS PROPRIÉTAIRES-LOCATAIRES		
Nature des réparations	Charge du locataire	Charge du propriétaire
• Maintien en état d'étanchéité		X
• Dégorgement	X	
Canalisations de gaz		
• Entretien courant des robinets, siphons et ouvertures d'aération	X	
• Remplacement périodique des tuyaux souples de raccordement	X	
Carreaux		
• Faire sceller les carreaux qui se détachent sans attendre une dégradation générale	X	
Cave		
• Rebouchage des trous	X	
• Travaux de mise en état d'étanchéité		X
Chambranles		
• Entretien	X	
Charnières		
• Graissage	X	
Chasse d'eau		
• Remplacement des caoutchoucs	X	
• Nettoyage des dépôts calcaires	X	
• Remplacement des flotteurs	X	
• Remplacement des joints	X	
Châssis		
• Nettoyage et entretien des mastics et des peintures	X	
• Bris de vitres	X	
Chaudière		
• Remplacement total		X
• Montage d'un cadre porte-carreau		X
• Remplacement du brûleur		X
Chauffage central individuel		
• Remplacement du joint d'amiante du hublot	X	
• Remise en route, surveillance, contrôle	X	
• Nettoyage et révision du brûleur, des gicleurs, électrodes et filtres	X	
• Resserrage des joints	X	
• Vérification des radiateurs	X	
• Suppression des fuites	X	
• Remplacement des bilames, pistons, membranes, boîtes à eau, allumage piézoélectrique, clapets et joints des appareils à gaz	X	
• Remplacement de la chaudière		X
• Rinçage et nettoyage des corps de chauffe et tuyauteries	X	

LES RÉPARATIONS PROPRIÉTAIRES-LOCATAIRES		
Nature des réparations	Charge du locataire	Charge du propriétaire
Chauffage central collectif		
• Nettoyage de la cuve à mazout, curage et détartrage des canalisations		X
Cheminée		
• Entretien des tabliers, réparation des bris et des fêlures	X	
• Réparation des gaines		X
• Fuites d'oxyde de carbone en raison de la vétusté		X
• Vices des conduits de cheminée		X
• Réparation aux âtres, contrecœurs et tablettes (cassées, fendues et rayées)	X	
Chéneaux		
• Dégorgement des canalisations	X	
Citerne		
• Curage	X	
• Réparation des joints des tuyaux d'adduction	X	
• Réparation des vannes et émissaires d'évacuation d'eau	X	
Clefs		
• Remplacement des clefs égarées ou détériorées	X	
• Restitution des doubles des clefs faits	X	
Couverture		
• Réfection totale en l'absence de défaut d'entretien du locataire		X
• Remaniement de la couverture		X
Crémone (espagnolette)		
• Usure – tassement		X
Croisée (fermeture)		
• Fermeture	X	
• Réparation des tringles	X	
• Réparation des ferrures, gonds et paumelles	X	
Croissant (cheminée)		
• Remise en état quand cassé ou descellé	X	
Cuisine		
• Nettoyage de la grille de ventilation	X	
Cuvettes (WC)		
• Maintien en état de propreté (détartrage)	X	
• Entretien des joints	X	
• Graissage	X	
• Réparation qui résulte de l'oxydation		X
Dallages		
• Remise en place ou remplacement de quelques éléments	X	

LES RÉPARATIONS PROPRIÉTAIRES-LOCATAIRES		
Nature des réparations	Charge du locataire	Charge du propriétaire
Déménagement		
• Dégradations lors d'un déménagement	X	
Démolition		
• Débouchage des trous de scellement	X	
• Enlèvement des gravats	X	
Descente d'eaux pluviales		
• Dégorgement des conduits	X	
Éclairages		
• Ampoules et tubes d'éclairage	X	
• Canalisations électriques		X
• Réfection complète d'une installation électrique		X
• Remplacement des interrupteurs	X	
• Remplacement des prises de courant	X	
• Remplacement des coupe-circuits et fusibles	X	
• Réparation des baguettes protectrices	X	
• Remplacement des gaines de protection	X	
Escaliers		
• Menues réparations des rampes	X	
• Remplacement des tapis et réfection des peintures		X
Évier		
• Entretien du tuyau d'écoulement	X	
• Soudure du tuyau à la pierre	X	
• Vidange	X	
• Nettoyage des dépôts calcaires	X	
Fenêtres		
• Entretien de la section ouvrante	X	
• Fixation de la barre d'appui au mur		X
• Graissage des gonds, paumelles et charnières	X	
• Menues réparations des boutons et poignées de portes, des gonds, crémones et espagnolettes	X	
• Remplacement de boulons, clavettes et targettes	X	
Fosse septique		
• Vidange	X	
Fourneau		
• Entretien et réparation des carrelages, revêtements, parties en fonte et grilles	X	
• Nettoyage	X	

LES RÉPARATIONS PROPRIÉTAIRES-LOCATAIRES		
Nature des réparations	Charge du locataire	Charge du propriétaire
• Entretien des fontes de réchaud, de leurs grilles et des carrelages ou des revêtements	X	
• Conservation du réservoir d'eau chaude	X	
Frigorifique		
• Remplacement de la courroie et de l'ampoule	X	
• Réparation du condensateur à ailettes		X
Garages		
• Réfection des peintures qui matérialisent les emplacements de stationnement		X
Garde-manger		
• Remplacement des toiles métalliques ou canevas	X	
• Réparation du corps de garde-manger		X
Gaz		
• Menu entretien des appareils et robinets	X	
• Remplacement périodique du tuyau de raccordement	X	
• Entretien des appareils, siphons, débouchage des becs et nettoyage de l'ensemble	X	
Gaz butane		
• Remplacement joint du détecteur du gaz butane	X	
• Nettoyage brûleur	X	
• Débouchage	X	
Glaces		
• Détérioration du tain		X
• Rayures	X	
Gouttières		
• Nettoyage	X	
• Dégorgement des gouttières	X	
Grilles		
• Entretien des grilles ouvrantes	X	
• Entretien des fermetures, espagnolettes, serrures, fermetures	X	
• Réparation résultant du tassement des fondations		X
• Nettoyage et graissage	X	
• Remplacement de boulons, clavettes et targettes	X	
Haies		
• Tailler et entretenir	X	
• Remplacement des végétaux	X	
Humidité (responsabilité)		
• Provenant des murs et du sous-sol		X

LES RÉPARATIONS PROPRIÉTAIRES-LOCATAIRES		
Nature des réparations	**Charge du locataire**	**Charge du propriétaire**
• L'occupant néglige d'aérer en faisant bouillir sa lessive portes et fenêtres fermées	X	
Jalousies		
• Propreté et renouvellement des rubans et cordages	X	
• Graisser	X	
• Remplacer les cordes ou quelques lames ainsi que les poulies	X	
Jardins		
• Tailler les haies, arbres, élaguer, écheniller	X	
• Arracher les ronces et orties	X	
• Remplacement des arbustes	X	
• Remplacement des arbres		X
• Entretien courant des allées, pelouses, massifs, bassins et piscines	X	
• Réparation et remplacement des installations mobiles d'arrosage	X	
Jeux		
• Remplacement du petit matériel des équipements de jeu	X	
Joints		
• Remplacement des joints des radiateurs de chauffage central et des appareils sanitaires	X	
Machine à laver le linge		
• Respect des règles d'entretien prescrites par le constructeur	X	
• Nettoyage du filtre de la pompe	X	
• Remplacement du tuyau de raccordement à la canalisation d'eau	X	
• Détartrage	X	
Machine à laver la vaisselle		
• Nettoyage du filtre et de la cuve en émail vitrifié	X	
• Remplacement du tuyau d'alimentation en eau	X	
Marquises		
• Enlèvement mousse et autres végétaux	X	
• Nettoyage vitres, chéneaux et descentes	X	
Mazout		
• Curage de la cuve à mazout		X
• Si installation individuelle, nettoyage de la cuve ou de la citerne	X	
Menuiseries		
• Réparation des jeux qui résultent du tassement	X	
• Remplacement de pointes et tablettes	X	
• Fixation de raccords	X	
Monte-charge		
• Remplacement des câbles		X

LES RÉPARATIONS PROPRIÉTAIRES-LOCATAIRES		
Nature des réparations	Charge du locataire	Charge du propriétaire
• Réparations de la machinerie		X
• Menues réparations de cabine et de paliers : lampes d'éclairage, boutons, dispositifs de sécurité	X	
Moquettes		
• Pose de raccords en cas de nécessité (taches ou trous, par exemple)	X	
• Réfection complète en cas de dégradation de la part du locataire	X	
• Nettoyage	X	
• Remise en état complet si usage normal		X
Moulures		
• Fixation de raccords et remplacement de pointes de menuiserie	X	
Murs		
• Rebouchage des trous rendu assimilable à une réparation par le nombre, la dimension et l'emplacement de ceux-ci	X	
• Maintien en état de propreté	X	
• Menus raccords de peintures ou de tapisseries	X	
• Remplacement ou remise en place de quelques éléments des matériaux de revêtement : par exemple, la faïence, la mosaïque et la matière plastique	X	
Parquets		
• Changer les lames brisées ou enfoncées	X	
• Nettoyer, encaustiquer	X	
• Entretien courant de la vitrification	X	
• Ponçage		X
• Vitrification		X
Paumelles		
• Huilage ou graissage	X	
Peintures		
• Entretenir propres, lessivées, raccordées	X	
• Effets du soleil ou du temps		X
• Peintures extérieures		X
Placards		
• Remplacement des tablettes et tasseaux de placard	X	
• Réparation du dispositif de fermeture	X	
• Graissage des serrures	X	
• Remplacement des petites pièces	X	
• Remplacement des clefs égarées ou détériorées	X	
Plafonds		
• Réparations et crevasses		X

LES RÉPARATIONS PROPRIÉTAIRES-LOCATAIRES		
Nature des réparations	Charge du locataire	Charge du propriétaire
• Maintien en état de propreté	X	
• Menus raccords de peintures ou de tapisseries	X	
• Remplacement ou remise en place de quelques éléments des matériaux de revêtement : par exemple, la faïence, la mosaïque et la matière plastique	X	
Planchers		
• Remplacement d'une pièce manquante permettant d'éviter l'effondrement		X
Pompe		
• Réparation pistons, balanciers, tringle et goupille	X	
• Graissage et amorçage de la pompe si nécessaire	X	
• Remplacement de la pompe		X
Portes		
• Entretien des portes battantes, fermetures, sonnettes, cordons, ainsi que les papiers de tenture	X	
• Graissage des gonds, paumelles et charnières	X	
• Menues réparations des boutons et poignées de portes, des gonds, crémones et espagnolettes	X	
• Remplacement de boulons, clavettes et targettes	X	
Puits		
• Entretien des poulies, cordes et mains de fer	X	
• Curement		X
Ramonage	X	
Ravalement		X
Réfrigérateur		
• Entretien courant et menues réparations	X	
Robinets		
• Graissage, entretien et réparations, préservation du gel	X	
• Remplacement d'une robinetterie usée		X
Serrures		
• Remplacement des clefs cassées ou égarées	X	
• Réparation de petites pièces	X	
• Remplacement de la serrure quand elle n'est plus réparable		X
Stores		
• Graissage	X	
• Remplacement de cordes, poulies ou de quelques lames	X	
Syndic		X
Tapis		
• Entretien	X	

LES RÉPARATIONS PROPRIÉTAIRES-LOCATAIRES		
Nature des réparations	Charge du locataire	Charge du propriétaire
• Remplacement		X
Terrasse • Enlèvement de la mousse et des autres végétaux	 X	
Verrous de sécurité • Graissage • Remplacement de petites pièces • Remplacement des clefs égarées ou détériorées	 X X X	
Vitres • Remplacement des vitres détériorées • Réfection des mastics	 X X	
Volets • Remplacement de quelques lames • Graissage des fermetures des volets	 X X	
WC • Réglage de la soupape • Remplacement des joints, flotteurs et joints cloches des chasses d'eau • Entretien des parties apparentes : abattant, dessus de siège, boîtes à papier, bouton de tirage, intérieur de la cuvette • Nettoyage des dépôts de calcaire	 X X X X	

Les locations libres (locations saisonnières, résidence secondaire, garage ou parking...)

➢ Les locations du secteur libre correspondent aux logements loués sous le régime des dispositions du Code civil. La marge de manœuvre laissée au bailleur dans la rédaction du contrat est grande.

➢ Les locations soumises à ces dispositions sont les suivantes : les résidences secondaires, les logements de fonction, les locations saisonnières, les locations de garage ou d'emplacement de parking – lorsqu'ils sont loués indépendamment d'un logement –, les sous-locations.

Les réparations locatives

Ce sont les articles 1719, 1720 alinéa 2 et 1754 du Code civil qui sont applicables à cette matière.*
Le locataire n'a à prendre en charge que les réparations locatives.
Le propriétaire doit, quant à lui, prendre en charge les grosses réparations.
Il est nécessaire de préciser dès maintenant que ces dispositions ne sont pas d'ordre public, ce qui signifie que les parties (locataire et propriétaire) ont la possibilité de déroger à ces articles par le biais d'un contrat.

Les réparations à la charge du bailleur

En ce qui concerne les réparations à effectuer dans les lieux, le Code civil distingue les réparations locatives (ou de menu entretien) dont le locataire est tenu et les autres réparations.
À défaut de clauses contraires insérées dans le bail, le bailleur doit assumer toutes les réparations autres que les réparations locatives. Il peut même être tenu de prendre à sa charge ces réparations locatives si elles sont dues à la vétusté ou à la force majeure.
Les réparations locatives sont définies à l'article 1754 du Code civil* et dans le décret du 26 août 1987*.

ATTENTION
Des spécificités à connaître Pour les logements soumis au Code civil, il est possible de prévoir dans le contrat que le locataire prendra en charge les réparations qui incombent normalement au propriétaire. En revanche, il n'est pas possible d'inclure cette disposition pour les logements soumis à la loi du 6 juillet 1989.

› L'utilisation du local loué

En qualité de bailleur, vous devez effectuer les réparations nécessaires à l'utilisation du logement loué. Il s'agit de celles qui sont indispensables pour que le local loué puisse être exploité conformément à sa destination (C. cass. Req., 4.7.1905, Gaz. Pal. 1905, 2, p. 187). Par exemple, le propriétaire est tenu d'effectuer les réparations quand le plafond du locataire s'est effondré à la suite de l'oxydation des clous liant les lattes aux solives (C. cass., civ. 1re, 24.3.1965, JCP 1965 éd. G, II, 14189).
Le bailleur a, en outre, à sa charge :
- la réparation des escaliers en mauvais état (C. cass., civ. 3e, 18.6.1975, Sté la soie c/ dame Péraudet) ;
- la réparation des toitures et des fenêtres (CA Paris, 8.6.1974, JCP 1975, éd. G, IV, 104).

S'il est nécessaire d'effectuer la réfection totale de la toiture et, quand bien même le contrat de bail mentionnerait que le locataire prend en charge les réparations qui incombent normalement au propriétaire, le bailleur doit tout de même supporter cette réparation (C. cass., civ. 3e, 14.1.1992, Loyers et copropriété 1992, n° 162). Aucune clause ne peut donc faire échec à cette obligation (C. cass., civ. 3e, 10.5.1991, Bull. civ. III, n° 127).

● Fenêtres et stores

Les dispositions du Code civil obligent le bailleur à assurer au locataire le clos et le couvert. C'est la raison pour laquelle la jurisprudence considère que le bailleur a l'obligation de faire poser des volets aux fenêtres d'un local situé au rez-de-chaussée, dès lors que l'assureur du preneur exige que soient posés des volets et persiennes (CA Versailles, 1re ch., 2.3.1990, Malaudain c/ Regnard, Jurisdata n° 041354).

De même, vous êtes obligé, en qualité de bailleur, de remplacer le store défectueux quand un vice de fabrication est à l'origine de la détérioration (C. cass., civ. 3e, 21.11.1990, Office public d'aménagement et de la construction de la ville de Paris c/ Cardetas de Pinho, Loyers et copropriété 1991, n° 61).

● Verrières

Quand la verrière constitue une façade de l'immeuble et doit entraîner une dépense exceptionnellement élevée pour parvenir au rétablissement d'une partie importante du bâtiment, elle doit être prise en charge financièrement par le bailleur (C. cass., civ. 3e, 13.3.1979, Époux Heidsieck, Gaz. Pal. 1979, 2, somm. p. 306).

De façon générale, quand les verrières sont destinées à assurer le clos et le couvert, elles sont assimilées à une « couverture entière » et les travaux de réfection sont de ce fait à la charge du bailleur. En revanche, lorsque la réfection ne concerne qu'une partie de la verrière qui constitue elle-même une partie de la couverture, les frais sont supportés par le locataire (C. cass., civ. 3e, 28.6.1989, Balbi c/ Rolland-Vinsot).

● Balcons – Terrasses

Le bailleur doit prendre en charge les détériorations touchant aux balcons ou terrasses (CA Dijon, 22.5.1974, D. 1974, somm. p. 105).

● Douche

Le bailleur doit réparer les dégâts causés par les infiltrations d'eau dues à la mauvaise isolation de la douche (CA Paris, 6e ch. B, 12.12.1991, Administrer, février 1992, p. 33).

● Canalisations d'eau

Le bailleur est responsable si les canalisations d'eau n'ont pas été protégées au cours d'un hiver rigoureux. Il en va de même en cas de vétusté ou de force majeure (CA Caen, 26.2.1945, D. 1947, p. 309).

Installations électriques

Le bailleur doit refaire l'installation électrique vétuste quand elle n'assure plus la sécurité des personnes.

Menuiseries

Le bailleur doit faire les travaux de remise en état des menuiseries extérieures et des peintures extérieures dont la réfection est due à la vétusté (CA Versailles, 10e ch., 14.6.1990, Administrer 11.1990, p. 52).

Chauffage

Le bailleur doit supporter le coût résultant du remplacement intégral d'une chaudière (C. cass., civ. 3e, 3.3.1992, Loyers et copropriété 1992, n° 245). Toutefois, le preneur doit en assurer une partie lorsqu'il est établi que le locataire n'a pas correctement entretenu la chaudière.
Le bailleur doit, en outre, effectuer les réparations dues à la vétusté de l'appareil de chauffage central ou celles résultant de son inutilisation prolongée en raison des circonstances (CA Paris, 4.11.1954, Revue des loyers 1955, 42).

Ravalement

Le bailleur doit prendre en charge les travaux de ravalement prescrits par l'autorité administrative (C. cass., civ. 3e, 21.3.1993, Bull. civ. III, n° 40). Quant au locataire, il doit prendre en charge le ravalement lorsque les travaux n'ont pas pour objet la réfection des gros murs, mais le maintien en état de propreté des façades quand cette réparation d'entretien a été mise à sa charge dans le bail (C. cass., civ. 3e, 1.6.1988, Saighi c/ Souques). En effet, lorsque le bail prévoit que le ravalement est à la charge du preneur, seule la réfection totale ou partielle des murs est à la charge du bailleur.
Lorsque le bailleur a l'intention d'effectuer un ravalement, il doit en informer les locataires et tenir compte de la période la plus favorable. Dans le cas contraire, le bailleur commet une véritable voie de fait, en ne tenant pas compte des conséquences immédiates. Le preneur est alors en droit de saisir la juridiction compétente par la voie du référé (procédure d'urgence). Par exemple, un locataire a obtenu qu'un échafaudage soit démonté car celui-ci empêchait les clients de s'approcher et de regarder les vitrines durant les fêtes de fin d'année. Cette décision constituait un préjudice pour le preneur qui a obtenu que la construction soit démontée jusqu'au 15 janvier (TGI Lyon, 27.11.1970, Revue des loyers 1971, p. 537).

Ascenseurs

Lorsque les travaux portent sur les éléments essentiels des ascenseurs, ces grosses réparations sont à la charge du bailleur. Ces travaux doivent dépasser le cadre de l'entretien courant ou des réparations usuelles nécessitées par un usage normal d'un appareil en bon état de fonctionnement.
Constitue donc une grosse réparation, le remplacement des éléments principaux et accessoires d'un ascenseur par des pièces neuves. Ces réparations ne pouvant être assimilées à un simple entretien, elles sont à la charge exclusive du bailleur (C. cass., soc., 14.10.1965, Bull. civ. IV, n° 653 ; JCP 1965, éd. G, IV, 141).

Les dépenses d'entretien et de fonctionnement sont à la charge du locataire (T. civ. Seine, 22.11.1950, D. 1950, p. 746). Il en va de même du remplacement du câble de l'ascenseur (CA Paris, 4.11.1954, Revue des loyers 1955, p. 42). Sur les mesures prises pour assurer la sécurité des ascenseurs, voir *Les ascenseurs et les monte-charges*, p. 80.

● Vidange

En vertu de l'article 1756 du Code civil, le curement des puits et celui des fosses d'aisance sont à la charge du bailleur.
La vidange des fosses septiques n'étant pas prévue dans cet article, son coût reste donc à la charge du locataire.

Cas pratique

Lors de leur départ, les locataires d'une maison d'habitation avaient demandé la restitution du dépôt de garantie qu'ils avaient versé. La propriétaire, reconventionnellement, avait sollicité leur condamnation à lui rembourser les frais de la vidange de la fosse septique.
L'article 1756 du Code civil ne met à la charge du bailleur que le seul curement des puits et des fosses d'aisance. En conséquence, la vidange de la fosse septique incombe au locataire (C. cass. 3e civ., 24.3.2010, n° 09-10218).

À NOTER

Clause contraire Il peut être fait échec à cette répartition par une clause inscrite dans le bail et, notamment, mettre à la charge du locataire le curement des fosses septiques.

● Travaux ordonnés par l'autorité administrative

Sauf si une clause du bail le prévoit expressément, les travaux ordonnés par l'administration sont à la charge du bailleur (C. cass., 14.1.1895, Gaz. Pal. 1896, 1, 182). En principe, les travaux imposés par l'administration sont assimilés aux réparations rendues nécessaires par la force majeure. En conséquence, ils ne peuvent être à la charge du locataire (C. cass., civ. 3e, 7.11.1990, Collard c/ Dubois, Loyers et copropriété 1991, n° 9 ; C. cass., civ. 3e, 17.4.1996, Bull. civ. III, n° 103).
La clause du bail mettant à la charge du locataire les travaux prescrits par l'administration doit être claire et précise. La clause qui stipule « le locataire prend les lieux en l'état » n'a pas pour effet de mettre à sa charge ces travaux.
Mais si les travaux ne sont pas impératifs ou s'ils n'ont pas pour effet de rendre le logement conforme à sa destination contractuelle (par exemple, des travaux imposés en raison des transformations effectuées par le locataire), le bailleur n'est pas obligé de prendre en charge les travaux demandés par l'administration (C. cass., civ. 3e, 20.6.1989, Bull. civ. III, n° 142).

Amiante

Lorsque le diagnostic effectué dans les locaux révèle la présence d'amiante, les travaux de désamiantage sont en principe à la charge du bailleur même si le bail prévoit que le locataire doit assumer les travaux de mise en conformité du local ordonnés par l'administration.
En effet, la présence d'amiante est considérée par la jurisprudence comme un vice caché si elle rend l'immeuble impropre à sa destination et le bailleur est tenu, à ce titre, de garantir le locataire (C. civ., art. 1721).
Toutefois, l'article 1721 du Code civil n'est pas d'ordre public et les parties peuvent donc prévoir, dans le bail, que le bailleur est exonéré de sa responsabilité pour les troubles de jouissance éventuellement occasionnés par la présence d'amiante.

> **Cas pratique**
>
> **Le diagnostic que m'a communiqué le bailleur lors de l'entrée dans les lieux n'avait décelé aucune présence d'amiante. Or, ce constat était faux et il est nécessaire maintenant de faire procéder au désamiantage. Qui doit payer ?**
>
> Lorsqu'un diagnostic indiquant l'absence d'amiante se révèle faux, le bailleur doit prendre à sa charge le coût du désamiantage. Il doit en effet respecter son obligation de délivrance c'est-à-dire permettre au locataire de disposer d'un local en bon état. Cette obligation s'applique même si le bail prévoit que le locataire « *prend les lieux en l'état* ».
>
> Dans un cas similaire au vôtre, le locataire a obtenu la condamnation du bailleur à supporter le coût du désamiantage pour non-respect de son obligation de délivrance. Lorsque le bail avait été signé, le bailleur avait remis au locataire un certificat attestant qu'il n'y avait pas d'amiante dans les locaux. Ce constat étant faux, le locataire avait été obligé de faire désamianter son local avant de pouvoir en prendre possession (C. cass., civ. 3e, 2.7.2003, JCL Contrats concurrence et consommation, 12.2003, n° 173, p. 13).
>
> Il faut donc adresser une mise en demeure à votre bailleur et, à défaut de réponse positive de sa part, l'assigner devant le tribunal d'instance.

Plomb – Saturnisme

Depuis le 12 août 2008, un constat de risque d'exposition au plomb doit être annexé à tout contrat de location d'un logement faisant partie d'un bâtiment construit avant le 1er janvier 1949.
Le constat de risque d'exposition au plomb doit avoir été établi depuis moins de 6 ans à la date de signature du contrat de location (CSP, art. R. 1334-11).
Si le constat établit l'absence de revêtements contenant du plomb ou la présence de revêtements contenant du plomb à des concentrations inférieures aux seuils maximum, il n'y a pas lieu de faire établir un nouveau constat à chaque nouveau contrat de location. Le même constat initial pourra être joint à chaque nouveau contrat de location.
Le constat ne porte que sur les parties privatives du logement lorsqu'il s'agit d'une copropriété.

L'absence dans le contrat de location du constat susmentionné constitue un manquement aux obligations particulières de sécurité et de prudence susceptible d'engager la responsabilité pénale du bailleur.
Le constat est à la charge du bailleur, ainsi que les travaux de remise en état, le cas échéant.
Si le bailleur ne fait pas établir ce constat, sa responsabilité pénale pourra être engagée pour manquement aux obligations de sécurité et de prudence.

› La reconstruction en cas de destruction du local

Le bailleur n'est tenu que d'entretenir le logement en état de servir à l'usage pour lequel il a été loué. Il n'est en aucun cas obligé à la reconstruction du local en cas de perte totale ou partielle (C. cass., com., 11.5.1955, JCP 1955, éd. G. II, 8953). Si la destruction est totale, le bail est résilié de plein droit. En revanche, si elle est partielle, l'article 1722 du Code civil* donne au locataire la possibilité de demander la diminution du loyer ou la résiliation du bail (C. cass., civ. 3e, 29.1.1975, Bull. civ. III, n° 35, JCP 1975, éd. G, IV, 85). La jurisprudence considère qu'il y a reconstruction lorsque les travaux nécessitent une dépense excessive par rapport à la valeur du bien (C. cass., civ. 3e, 19.7.1988, Jurisdata n° 001378).

Les obligations du locataire

Sauf clauses contraires insérées dans le bail, seules les menues réparations et les réparations locatives sont à la charge du locataire. Il s'agit des réparations déterminées par les usages des lieux. En conséquence, il convient de se référer non seulement au Code civil, mais aussi aux usages des lieux. On trouve dans l'accord Delmon de 1975* un aperçu des usages consacrés en matière de réparations locatives.
Dans tous les cas et quelle que soit l'importance des réparations, il est impossible de mettre à la charge du locataire celles occasionnées par la vétusté ou la force majeure. C'est ainsi que la remise à neuf des papiers peints, de la peinture et des revêtements de sol incombe au bailleur après 14 années d'occupation (C. cass., civ. 3e, 17.10.1990, Bull. civ. n° 188).
Le locataire est présumé avoir reçu les lieux en bon état et doit les rendre comme tels sauf preuve contraire. En outre, le bailleur a la possibilité de s'adresser à la caution solidaire qui est, elle aussi, tenue du paiement des réparations locatives (C. cass., civ. 1re, 23.6.1992, Beneau c/ époux Homar, Rép. Defrénois 1992, p. 1143). Le preneur doit, en fin de bail, remettre l'immeuble en état. Toutefois, le bailleur pourra exiger que les travaux soient faits en cours de bail :
- si le contrat le prévoit ;
- si les dégradations sont susceptibles de compromettre la chose (C. cass., civ., 24.4.1893, DP 1893, 1, p. 407).

Lorsque les travaux incombent au bailleur, le locataire doit d'abord mettre en demeure celui-ci d'exécuter les travaux. En cas de non-réponse ou de refus, il peut alors se faire autoriser à faire exécuter les travaux aux frais du bailleur, par le tribunal (C. cass., civ. 3e, 20.3.1991, Bull. civ. III, n° 94).

Toutefois, il est possible de ne pas demander l'accord préalable du bailleur si les réparations ont un caractère urgent et si les dépenses sont indispensables (CA Paris, 8e ch. B, 4.5.1990, Zubovic c/ Couillard, Jurisdata n° 022174).

Les sanctions

› L'inexécution des obligations du bailleur

Si le bailleur ne fait pas exécuter les réparations d'entretien nécessaires, le preneur dispose de plusieurs possibilités : contraindre le bailleur à exécuter les réparations dans un délai déterminé, demander une indemnité pour le dommage qui en résulte ou obtenir la résolution du bail (fin) dans des cas graves.

• L'octroi de dommages-intérêts

Le bailleur peut être condamné au versement de dommages-intérêts pour inexécution de son obligation. Il en va, par exemple, ainsi lorsque le bailleur néglige de faire réparer la toiture du logement. Un propriétaire a alors été condamné au paiement de dommages-intérêts (CA Colmar, 29.5.1973, D. 1973, somm. p. 145).
Le bailleur peut inclure dans le contrat une clause l'exonérant de sa responsabilité. Toutefois, il ne pourra s'en prévaloir s'il a commis des manœuvres dolosives (manœuvres frauduleuses). Il est à noter que seul le locataire ou l'occupant régulier a droit à des dommages-intérêts. En conséquence, l'occupant qui s'est maintenu dans les lieux à l'expiration du bail ne peut réclamer des dommages-intérêts par suite d'une infiltration d'eau (C. cass., com., 18.3.1964, Bull. civ. III, n° 159).

• L'exécution forcée

Si le bailleur ne s'est pas exécuté dans les délais impartis, le locataire va devoir saisir le tribunal pour se faire autoriser à effectuer les réparations aux frais du propriétaire (C. civ., art. 1144). Il pourra alors demander au bailleur le remboursement ou imputer le montant des travaux sur les loyers.
Exceptionnellement, le locataire pourra faire les réparations sans obtenir d'autorisation préalable s'il y a urgence.
L'occupant à titre provisoire et gratuit ne peut demander remboursement au propriétaire des frais de réparations qu'il a effectuées (C. cass., soc., 30.10.1953, Ann. loyers 1954, 1).

• La résolution du bail

Le preneur peut demander la résolution du bail quand le bailleur manque à son obligation d'entretien. Il s'agit d'une instance très rare, car le preneur doit être lui-même exempt de reproches. C'est ainsi qu'il a été jugé que le preneur ne pouvait obtenir la résolution du bail sur le fondement de la vétusté quand lui-même n'avait pas correctement entretenu le local loué (C. cass., civ. 3e, 25.3.1976, Bull. civ. III, n° 223).

La suspension du paiement des loyers

Il est courant de s'interroger sur la question de savoir si le locataire a le droit de suspendre le paiement du loyer tant que le bailleur n'effectue pas les réparations qui lui incombent. La réponse de la Cour de cassation est claire : c'est non. En effet, celle-ci a confirmé à maintes reprises que le locataire ne pouvait suspendre le paiement des loyers car celui-ci est fondé sur la fourniture du logement et non pas sur l'état du local loué (C. cass., civ. 3e, 18.3.1992, Loyers et copropriété 1992, n° 290).

En effet, lorsque le bailleur refuse d'exécuter les travaux qui lui incombent, le locataire doit saisir le tribunal pour déterminer le montant des travaux à effectuer et se faire autoriser par celui-ci à consigner le loyer. Il est donc interdit de se faire justice soi-même (CA Rouen, 1re ch. B, 28.3.1990, Jurisdata n° 041271).

Il y a toutefois une exception : le locataire pourra suspendre le paiement des loyers lorsque l'inexécution de l'obligation d'entretien du bailleur l'empêche d'utiliser les lieux loués (C. cass., civ. 3e, 31.10.1978, Bull. civ. III, n° 329, JCP 1979, éd. G, IV, II).

› L'inexécution des obligations du locataire

Le bailleur peut demander la résiliation du bail et l'octroi de dommages-intérêts si le locataire ne respecte pas ses obligations, y compris s'il a été mis dans le contrat, à la charge du preneur, tout ou partie de l'obligation d'entretien qui incombe normalement au propriétaire.

Le juge peut décider d'un partage de responsabilité. C'est ainsi que la Cour de cassation a jugé que les détériorations du local loué étaient imputables à la vétusté (réparations à la charge du propriétaire), mais que cet état de fait avait été accéléré par la négligence du locataire (C. cass., soc., 7.1.1955, Bull. civ. IV, n° 7).

Bailleur, quelles sont les clauses pouvant être incluses dans un contrat de bail ?

Il convient d'abord de noter que les dispositions du Code civil relatives aux réparations dans le cadre des baux sont de caractère supplétif et ne sont pas d'ordre public. En conséquence, en l'absence de dispositions relatives à cette matière dans le contrat, on appliquera le Code civil, mais il est possible de prévoir des dispositions plus ou moins avantageuses pour le locataire.

Ainsi, en l'absence de dispositions dans le bail, le locataire aura à supporter toutes les réparations locatives et de menu entretien (C. civ., art. 1755*). En revanche, il incombera au bailleur de prendre en charge les frais résultant de la vétusté ou de la force majeure.

Le bail peut être encore plus restrictif en prévoyant que seules les grosses réparations seront à la charge du bailleur (gros murs et voûtes, rétablissement des poutres et couvertures entières, clôtures et murs de soutènement entiers). Enfin, le bail peut prévoir que toutes les réparations seront à la charge du locataire.

› Les clauses du bail

● Prise en charge par le locataire de toutes les réparations à l'exclusion des grosses réparations prévues à l'article 606 du Code civil

Dans cette hypothèse, la réfection de l'installation électrique est à la charge du locataire (CA Paris, 16e ch. B, 8.11.1991, Loyers et copropriété 1992, n° 247). Il en va de même des frais de remplacement de la chaudière du chauffage central et de la réfection de la chaufferie (C. cass., civ. 3e, 10.2.1981, Gaz. Pal. 1981, 2, somm. p. 210), la réfection du plancher, d'une cloison, d'un carrelage et de l'installation sanitaire (C. cass., civ. 3e, 19.6.1979, D. 1979, inf. rap. p. 519). Enfin, il est à noter que la réparation du foyer de la cheminée ainsi que la remise en place de tuiles déplacées incombent au locataire (CA Paris, 6e ch. B, 30.10.1981, Laureau et Poubenec c/ Renevier).

● Prise en charge par le locataire de toutes les réparations y compris les grosses réparations prévues à l'article 606 du Code civil

Lorsqu'une clause du bail se contente de dispenser le bailleur d'effectuer les grosses réparations, cela ne signifie pas que c'est au locataire de les prendre en charge (C. cass., civ. 3e, 4.3.1987, Debroise c/Esnay).

Il n'en va pas de même lorsque le bail stipule que « *le locataire sera tenu de toutes les réparations quelles qu'elles soient qui seront nécessaires à l'immeuble, y compris celles prévues à l'article 606 du Code civil* ». C'est ainsi que les réparations d'étanchéité de la toiture et celles devant permettre le fonctionnement des volets sont à la charge du locataire (C. cass., civ. 3e, 25.6.1986, Époux Requet c/ Demoiselle Domec).

Il en va de même des réparations de ravalement (C. cass., civ. 3e, 9.12.1981, Revue des loyers 1982, p. 67).

De la même façon, les travaux de désamiantage qui sont des grosses réparations peuvent être mis à la charge du locataire.

Les juges ont même considéré qu'une clause qui indiquerait : « *Le locataire devra prendre à sa charge le coût des travaux de mise en conformité avec toute réglementation* » entraîne pour le locataire l'obligation de se charger des travaux de désamiantage, même si la réglementation relative à l'amiante (décret n° 96-97 du 7.2.1996) est postérieure à la signature du bail. Lorsque la clause est suffisamment large, elle englobe tous les travaux rendus obligatoires par une réglementation, quelle que soit la date de cette réglementation (C. cass., civ. 3e, 21.11.2001, JCL Loyers et copropriété, 3.2002, n° 56, p. 9).

EXEMPLES DE RÉPARTITION		
Objet	**Propriétaire**	**Locataire**
Remplacement d'un détendeur (TI St-Nazaire, 3.12.1987, Ann. loyers 1958, 769)		X
Remplacement de la pompe vétuste d'un appareil ménager (T. Valence, 13.10.1954, Ann. loyers 1954, 666)	X	
Entretien annuel des machines à laver mises à disposition par le propriétaire (TGI St-Nazaire, 8.11.1960, Ann. loyers 1961, 298)		X
Réparation du ballon d'eau chaude (T. Lille, 26.11.1956, Ann. loyers 1956, 396)	X	
Réparation due à la rupture de la barre d'appui par vice caché (C. cass., civ., 15.1.1961, Ann. loyers 1961, 704)	X	
Réparation de la barre d'appui due à la double faute du propriétaire et du locataire (TC Avignon, 16.2.1937, DP 1937, 2, 55)	X	X
Dégâts causés par le gel dus au défaut de précaution pris par le locataire (C. cass., civ., 9.11.1966, Revue des loyers 1967, 257)		X
Entretien des tuyaux d'arrivée et de descente d'eau (TGI Marseille, 8.2.1960, Ann. loyers, 1960, 301)	X	
Réfection des canalisations (Aix, 15.10.1964, Ann. loyers 1966, 138)	X	
Réparation des dégâts causés par une inondation due à la négligence du locataire (TGI Marseille, 7.12.1966, Ann. loyers 1967, 514)		X
Dégorgement pour le non-écoulement des douches et des fosses septiques (CA Nancy, 28.2.1995, Loyers et copropriété août et sept. 1995, n° 355)		X
Remplacement intégral de la chaudière (C. cass., civ. 3e, 3.3.1992, Loyers et copropriété juin 1992, n° 245)	X	

EXEMPLES DE RÉPARTITION		
Objet	Propriétaire	Locataire
Entretien des cheminées et des calorifères (C. cass., soc., 23.5.1960, Bull. civ. IV, n° 541, p. 420)		X
Réparation des conduits de fumée fissurés par vétusté (T. Marseille, 2.2.1960, Ann. loyers 1960, 301)	X	
Réparation des gaines de cheminée (C. cass., civ., 17.10.1956, Ann. loyers 1957, 224)	X	
Réparations dues à la mauvaise isolation d'une douche (CA Paris, 6e ch. B, 12.12.1991, Administrer février 1992, p. 33)	X	
Entretien des peintures intérieures (C. cass., civ., 18.7.1955, Bull. civ. I, n° 308)		X
Réfection des peintures extérieures (T. civ. Seine, 10.6.1953, Ann. loyers 1953, 481)	X	
Réparation d'une tache de brûlure sur un parquet (T. St-Nazaire, 29.3.1954, Ann. loyers 1954, 329)		X
Remplacement d'un plancher qui menace de s'effondrer (TI Valence, 6.6.1962, Ann. loyers 1962, 636)	X	
Remplacement de plinthes pourries (C. cass., soc., 4.3.1955, Ann. loyers 1955, 560)	X	
Réparation des murs salpêtrés (C. cass., com., 6.3.1962, Ann. loyers 1963, p. 56)	X	
Ravalement de la façade de l'immeuble (T. civ. Seine, 28.6.1937, Gaz. Trib., 4.1.1938)	X	
Consolidation des balcons (CA Montpellier, 4.1.1957, D. 1957, somm. 69)	X	

Les charges locatives

On entend par charges locatives les sommes dues en plus du loyer en contrepartie de la fourniture de prestations accessoires résultant du bail. Il s'agit, en principe, des contributions, impôts, taxes, remboursement de prestations et fournitures procurées au locataire.

Les impôts

› Les impôts fonciers

Le Code général des impôts prévoit que la taxe foncière est à la charge du propriétaire. Toutefois, rien n'empêche le bailleur de prévoir dans le contrat de bail que cet impôt devra lui être remboursé par le locataire.

Ce même code prévoit que c'est l'occupant du logement, donc le locataire, qui doit acquitter le paiement de la taxe d'habitation lorsqu'il occupe les lieux depuis le 1er janvier de l'année d'imposition. Là encore, le contrat peut prévoir des dispositions contraires. Il peut, par exemple, stipuler que la taxe d'habitation sera payée au prorata de la durée d'occupation des lieux. Ainsi lorsqu'un locataire déménage le 1er juillet de l'année d'imposition, la taxe d'habitation sera divisée par deux entre le nouveau et l'ancien locataire.

› Les taxes communales

Le locataire doit rembourser au bailleur, sauf convention contraire, la taxe d'enlèvement des ordures ménagères, la taxe de balayage et la redevance d'assainissement.

› La contribution sur les revenus locatifs

Les bailleurs personnes morales ou les organismes de droit public ou privé non soumis à l'impôt sur les sociétés et ne relevant pas du régime fiscal des sociétés de personnes doivent payer une contribution sur les revenus locatifs (CRL).

La CRL est applicable aux revenus issus des locations d'immeubles achevés depuis au moins 15 ans au 1er janvier de l'année d'imposition (CGI, art. 234 quaterdecies).

La déclaration est à souscrire sur modèle CERFA n° 11563*12.

Certains locaux en sont exonérés (CGI, art. 234 nonies).

Son taux s'élève à 2,5 % du montant des loyers. Elle ne peut pas être récupérée sur le locataire et est payable en même temps que l'impôt sur le revenu.

Les prestations collectives et les fournitures individuelles

On peut se référer ici, à titre indicatif, à l'ancien article de la loi du 1er septembre 1948 qui définissait les fournitures et prestations devant être remboursées au bailleur.

› Les prestations collectives

Il s'agit de :
- l'abonnement du poste téléphonique de l'immeuble ;
- du chauffage des parties communes ;
- de la consommation d'électricité ou de gaz nécessitée par l'éclairage des parties communes et la location des compteurs ;
- les frais d'entretien et les dépenses de force motrice des ascenseurs et des monte-charges ;
- les frais de pose, dépose et entretien des tapis, ainsi que l'entretien des parties communes et des espaces verts.

› Les fournitures individuelles

Il s'agit de :
- la consommation d'eau chaude et froide ;
- les frais d'abonnement des postes téléphoniques et les taxes de communications téléphoniques ;
- les frais de chauffage ;
- les frais de conditionnement d'air ;
- les frais de ramonage des cheminées ;
- la location des compteurs.

Le paiement des charges

Vous ne trouverez pas, dans le Code civil, d'articles réglementant les charges. Il est donc fortement conseillé de prévoir la répartition de ce poste de dépenses dans le bail.

› Le bail prévoit un loyer toutes charges comprises

Contrairement aux baux réglementés par la loi du 6 juillet 1989, vous pouvez tout à fait concevoir que le loyer est convenu « toutes charges comprises », ce qui revient à dire que le locataire n'aura rien à payer en sus du loyer, les charges étant comprises dans le montant du loyer.

Il convient toutefois de prendre en compte certains usages :
- même lorsque le loyer contient un forfait de charges, la Cour de cassation a estimé que, dans certains cas, l'usage imposait au locataire le paiement des taxes municipales (redevance d'assainissement, taxe de balayage, taxe d'ordures ména-

gères...), ces services étant rendus par la commune au locataire (C. cass., civ., 31.3.1965, D. 1965, p. 472) ;
- d'autres usages peuvent imposer au locataire de rembourser au bailleur le coût correspondant à sa consommation personnelle d'électricité, de gaz ou de téléphone.

› Le forfait de charges

Vous pouvez prévoir, en plus du loyer, une estimation fixe des charges. Il s'agit d'un forfait qui vous évitera, en qualité de bailleur, un calcul complexe des charges. Vous pouvez prévoir, par exemple, une somme déterminée ou un pourcentage de loyer.

Par ailleurs, vous pouvez prévoir, entre autres, un forfait de charges ne comprenant que les fournitures, laissant ainsi à la charge du locataire les impôts et les prestations récupérables (redevance d'assainissement, par exemple). La clause pourra être rédigée de la façon suivante : « charges forfaitaires, taxes et prestations en plus ».

Encore une fois, les baux régis par le Code civil laissent une marge de manœuvre non négligeable. Vous pouvez prévoir le mode de répartition des charges qui vous convient ou même prévoir le remboursement de toutes les charges par le locataire.

› Les charges de copropriété

Vous pouvez mettre à la charge du locataire la totalité des charges de copropriété. Dans cette hypothèse, le preneur sera responsable de la totalité des charges que doit supporter le copropriétaire.

› La répartition entre les divers preneurs

Il est habituel de répartir les charges entre les divers locataires au prorata du montant du loyer. Toutefois, vous ne pouvez, en qualité de propriétaire, augmenter les charges d'un ou de plusieurs propriétaires en arguant de la carence de l'un d'eux (CA Aix, 26.11.1963, Ann. loyers 1964, 43).

En cas de doute sur la récupération des charges, vous pouvez vous référer à l'accord du 19 septembre 1974* relatif aux charges récupérables dans le secteur non réglementé conclu entre les représentants des propriétaires et gestionnaires et les représentants des locataires. Il ne s'agit pas d'un texte obligatoire. Toutefois, cet accord étant suivi par de nombreux bailleurs et preneurs, il est amené à acquérir avec le temps la force d'un usage.

› Le paiement des charges

Les charges doivent en principe être acquittées à chaque terme. Toutefois, le bailleur peut prévoir dans le bail le versement d'acomptes. Une régularisation aura alors lieu en fin d'exercice.

› La prescription

Les règles applicables aux locations libres diffèrent de celles définies pour les locations soumises à la loi du 6 juillet 1989 :

- l'action en paiement des charges locatives, accessoires au loyer, se prescrit par 5 ans (C. civ., art. 2224) ;
- l'action en répétition (remboursement) des sommes indûment versées au titre des charges locatives se prescrit par 5 ans (loi du 18.1.2005) (Pour les locations soumises à la loi du 6.7.1989, voir *Le délai de réclamation des charges,* p. 72).

› L'inexécution des prestations prévues au bail

Même en cas de force majeure, l'inexécution des prestations prévues au bail entraîne la réduction des sommes exigibles (C. cass., soc., 10.10.1941, Gaz. Pal. 1941, 2, 271). La jurisprudence évalue la réduction à pratiquer sur le loyer en fonction d'une estimation par jour et en pourcentage.

› Le non-paiement des charges

En cas de non-paiement des charges par le locataire, le bailleur peut saisir le tribunal afin de mettre fin au bail. Il s'agit alors d'une demande en résiliation judiciaire du bail. De même, si le bail contient une clause résolutoire en cas de non-paiement des charges, le bail pourra être résilié automatiquement par le juge par simple constatation de l'inexécution de l'obligation. La clause ne peut jouer si elle est prévue seulement en cas de non-paiement des loyers (C. cass., civ. 3e, 3.4.1975, Bull. civ. III, n° 249, p. 180). Elle doit donc stipuler expressément qu'elle joue également en cas de non-paiement des charges.

Les obligations du bailleur

On peut compter au nombre de trois les obligations fondamentales du bailleur :
– l'obligation de délivrer au locataire le local loué ;
– l'obligation d'entretenir le local loué en état de servir à l'usage pour lequel il a été loué ;
– l'obligation d'en faire jouir paisiblement le locataire durant le bail.

Délivrer le local loué

Cette obligation impose au bailleur de laisser à disposition le local loué au moment convenu entre les parties. Elle comporte la remise des clefs et impose également au bailleur d'assurer que les canalisations qui apportent le gaz, l'électricité et l'eau au local sont en état de marche.

› Le dossier de diagnostic technique

Comme pour les locations vides soumises à la loi du 6 juillet 1989, les bailleurs des locations saisonnières, locations meublées ou locations de logements de fonction doivent annexer au bail le dossier de diagnostic technique.
Ce dossier comprend :
- le diagnostic de performance énergétique (voir p. 46) ;
- le constat de risque d'exposition au plomb (voir p. 45) ;
- l'état des risques naturels et technologiques (voir p. 44).

› Le logement doit être décent et en bon état

La loi n° 2000-1208 du 13 décembre 2000 a complété l'article 1719 du Code civil (applicable aux locations libres) et précisé que, si le logement est loué pour l'habitation principale du locataire, ce logement doit être décent.
S'agissant d'habitations principales, ces obligations s'appliquent donc aux sous-locations d'habitation principale, aux logements de fonction, aux locations consenties aux travailleurs saisonniers et aux logements foyers. Elles ne s'appliquent pas, en revanche, aux locations saisonnières ni aux locations de résidences secondaires.
Le décret n° 2002-120 du 30 janvier 2002 a défini les caractéristiques d'un logement qualifié de « décent » voir *La délivrance d'un logement décent*, p. 35 et voir le *texte de loi*, p. 251.
Le bailleur ne peut donc en principe louer un logement que s'il correspond aux normes définies par le décret du 30 janvier 2002.
Mais à la différence des logements soumis à la loi du 6 juillet 1989, le bail d'une location libre peut contenir une clause expresse prévoyant que le locataire renonce à exiger l'application de ces normes.

L'article 1719 du Code civil n'est en effet pas d'ordre public (la loi ne le dit pas) ce qui implique la possibilité d'y renoncer.
Le bailleur doit, en outre, délivrer la chose en bon état de réparations (C. civ., art. 1720*). Contrairement aux baux soumis à la loi de 1989, le bailleur peut s'affranchir de l'obligation de délivrer le local loué en bon état par une clause expresse. Toutefois, bailleur, attention à la manière dont vous rédigez la clause qui vous dispense d'effectuer les réparations afin que le local soit délivré en bon état, car la clause stipulant que le preneur a visité les lieux et les connaît ne laisse pas entendre qu'il a renoncé à exiger que les lieux soient délivrés en bon état.

› L'état des lieux

La rédaction d'un état des lieux permet de constater l'état du local au moment où il a été délivré. L'état des lieux reste facultatif pour les locations meublées. Il est pourtant toujours recommandé d'en établir un. En l'absence d'établissement d'un tel acte, le locataire est présumé l'avoir reçu en bon état. Il devra donc le rendre comme tel à la fin du bail.
La présomption peut cependant être écartée si le locataire prouve que le local ne lui a pas été délivré en bon état de réparations (par des photos ou des témoignages, par exemple).
Si le bailleur s'oppose à l'établissement d'un état des lieux, le locataire a intérêt à lui adresser une mise en demeure par lettre recommandée avec AR. Si le bailleur ne donne pas suite à cette mise en demeure, il devra, en cas de contestation à la fin du bail, prouver que le logement était en bon état.

› La sanction en cas de délivrance en mauvais état

Si le local loué n'a pas été délivré en bon état, le locataire peut exiger que les réparations qui s'imposent soient effectuées (C. cass., civ., 20.5.1873, S. 73, 1, 453). Avant toute réparation, vous devez demander l'autorisation du propriétaire. En cas de refus, il vous faudra saisir le tribunal. À défaut, les travaux que vous effectuerez à la place du bailleur resteront à votre charge.

› La sanction en cas de non-délivrance à la date prévue

Si le bailleur ne délivre pas le logement à la date prévue, le locataire a la possibilité de saisir le tribunal pour obtenir, soit l'exécution forcée, soit la résiliation judiciaire. Ces actions peuvent être exercées même si l'absence de délivrance est due à un cas fortuit ou de force majeure. En revanche, le locataire ne pourra demander des dommages-intérêts pour défaut de délivrance ou retard que si le bailleur est responsable de ces faits et seulement si le défaut de délivrance n'est pas dû à un cas de force majeure.

MON CONSEIL

La mise en demeure Avant de mettre en œuvre une action en dommages-intérêts pour défaut de délivrance ou retard, le bailleur doit obligatoirement avoir été mis en demeure, par lettre recommandée avec AR, de le faire.

L'obligation d'entretien

Le bailleur a l'obligation d'entretenir le local en état de servir à l'usage pour lequel il a été loué (C. civ., art. 1719*). Sauf clause contraire, le bailleur doit effectuer pendant toute la durée du bail les réparations qui peuvent devenir nécessaires autres que locatives (C. civ., art. 1720*). Le bailleur doit effectuer les réparations qui lui incombent quelle qu'en soit la raison et cela, même si les dégâts sont dus à un cas fortuit : un tremblement de terre ou une inondation, par exemple.

› La sanction du défaut d'entretien

Si le bailleur refuse d'exécuter son obligation d'entretien, vous disposez, en qualité de locataire, de trois possibilités :
- vous pouvez saisir le tribunal afin qu'il soit ordonné que le bailleur effectue les réparations ;
- vous pouvez obtenir la résiliation du bail ;
- vous pouvez réclamer des dommages-intérêts.

› L'exécution des travaux

Le locataire doit mettre en demeure le bailleur d'effectuer les travaux qui lui incombent. Si celui-ci refuse, il devra saisir le tribunal pour obtenir une autorisation judiciaire à effectuer lui-même les travaux aux frais du bailleur. Exceptionnellement toutefois, vous pouvez, en qualité de locataire, vous passer d'une autorisation judiciaire.
Cette dérogation n'est possible que si vous remplissez trois conditions :
- il y a urgence à effectuer les travaux ;
- les travaux sont indispensables ;
- les travaux ont été exécutés aux moindres frais (C. cass., soc., 7.12.1951, D. 1952, p. 144).

L'obligation de garantie

Le bailleur doit assurer au locataire la jouissance paisible des lieux pendant la durée du bail (C. civ., art. 1719-3*). Le bailleur doit garantir les vices cachés, les troubles résultant de son fait personnel et ceux occasionnés par les tiers. Il est toutefois possible de limiter cette garantie. Sans pouvoir la supprimer totalement, elle peut donc être restreinte. C'est ainsi que le bailleur peut transférer au preneur la charge de la responsabilité civile du bailleur à l'occasion d'accident (CA Paris, 7e ch., 27.6.1985, Gaz. Pal. 1986, 2, somm. 356), ou encore une clause peut prévoir que le propriétaire sera exonéré de toute responsabilité pour les dégâts des eaux ou le gel.

› La garantie des vices cachés

Le bailleur doit garantir les vices ou défauts affectant le local loué qui en empêchent l'usage. Toutefois, le bailleur peut s'exonérer de cette garantie par une clause du bail. Cette clause exonératoire de responsabilité n'est valable qu'à la condition qu'il n'y ait pas fraude de sa part lors de la conclusion du contrat (C. cass., civ. 3e, 11.7.1972, Bull. civ. III, n° 454, p. 330).
Peu importe que le bailleur ait ignoré les vices existant avant la conclusion du contrat.
Le preneur qui a à souffrir de tels vices dispose de plusieurs possibilités : exiger que les réparations soient faites pour faire disparaître le vice, demander des dommages-intérêts pour compenser le préjudice ou demander une diminution du loyer en cas de privation de jouissance (CA Paris, 13.6.1949, DP 1949, 2, 212). Enfin, il peut demander la résiliation du bail dans des cas extrêmes.

› La garantie du fait personnel

Le bailleur doit assurer une jouissance paisible du local loué. En conséquence, il ne doit pas causer à son locataire de troubles qui puissent résulter des travaux.

• Les troubles de jouissance résultant de travaux

Le locataire ne peut s'opposer à des réparations urgentes qui ne peuvent être différées jusqu'à la fin du bail. Toutefois, si les réparations durent plus de 21 jours, le loyer devra être diminué à proportion du temps et de la partie de la chose louée dont il aura été privé (C. civ., art. 1724*). En revanche, si les réparations durent moins de 21 jours, le locataire ne pourra réclamer que l'indemnisation des dégradations ou des dommages qu'il aurait subis.
La clause du bail prévoyant que le locataire s'engage à souffrir l'exécution de tous travaux ne dégage pas le bailleur de sa responsabilité relative aux accidents se produisant à l'occasion des travaux (C. cass., civ. 3e, 17.6.1970, Bull. civ. III, n° 407, p. 295). C'est ainsi qu'il demeure responsable à la suite de l'effondrement d'une terrasse en cours de réfection ayant blessé le locataire.

À NOTER

Si le local est inhabitable Vous pouvez, en qualité de locataire, demander la résiliation du bail si le local est devenu inhabitable (C. civ., art. 1724, al. 3*).

• Ne pas gêner l'usage du local loué

Vous ne pouvez pas, en qualité de bailleur, gêner l'usage du local loué ou de ses accessoires. C'est ainsi que la responsabilité du bailleur a été retenue en cas d'arrêt de la fourniture du chauffage prévue par le bail (C. cass., soc., 5.11.1953, Revue des loyers 1954, 15) ou de l'absence d'éclairage permettant l'accès aux lieux loués (C. cass., civ. 3e, 11.7.1972, Bull. civ. III, n° 454, JCP 1972, IV, 225).

Les autres troubles

Le bailleur ne peut modifier pendant la durée du bail la forme de la chose louée. Ce principe a pour conséquence d'interdire au bailleur de modifier les divers aménagements de l'immeuble et la disposition des lieux. De même, la destination des lieux ne doit pas changer. C'est ainsi que le bailleur ne peut transformer la destination bourgeoise d'un immeuble en affectant celui-ci à un usage commercial ou industriel, par exemple (CA Paris, 22.7.1926, DP 1928, 2, 79).

› La garantie du fait des tiers

Les troubles de fait causés par les agissements de tiers ne peuvent donner lieu à garantie du bailleur. En revanche, la garantie joue pour les troubles de droit, c'est-à-dire lorsqu'un tiers affirme avoir un droit sur le local loué (droit de propriété, servitude, droit de jouissance, par exemple). Si, à la suite de l'exercice de ce droit, le locataire se trouve privé totalement du local, le bail sera alors résilié de plein droit. En cas d'éviction partielle, le locataire pourra demander la réduction des loyers ou la résiliation du bail.

Les obligations du locataire

Au même titre que le propriétaire, le locataire a des obligations quant au logement qu'il loue.

Les principales obligations

Le locataire doit user des lieux en fonction de leur destination et en user en bon père de famille.

Aux termes de l'article 1754 du Code civil*, le locataire est tenu des réparations locatives ou de menu entretien. Toutefois, il est possible de prévoir une clause mettant toutes les réparations à la charge du propriétaire ou du locataire. Il est à noter que c'est ce dernier cas qui est le plus courant.

Le paiement des loyers

Le bailleur peut fixer librement le montant des loyers, en fonction des dispositions particulières mentionnées dans le bail.

Il est souvent prévu une indexation dans le contrat. Est interdite l'indexation fondée sur l'indice « loyers et charges », cet indice servant à la détermination des indices généraux des prix de détail. Est également interdite l'indexation fondée sur le taux des majorations légales fixées pour les loyers de la loi n° 48-1360 du 1er septembre 1948.

L'indice choisi doit être en relation avec l'objet de la convention, c'est-à-dire le bail d'un immeuble. Il est donc interdit d'indexer le loyer sur le salaire minimum de croissance, sur le niveau général des prix ou des salaires ou sur les prix des biens, produits ou services.

Est réputée en relation directe avec l'objet d'une convention relative à un immeuble bâti toute clause prévoyant une indexation sur la variation de l'indice national du coût de la construction (ou maintenant l'indice de référence des loyers) publié par l'INSEE.

Le dépôt de garantie

Un dépôt de garantie peut être prévu dans le bail pour faire face aux obligations du locataire qui n'auraient pas été remplies (les réparations locatives, par exemple).

Le dépôt de garantie n'est pas réglementé. En conséquence, à l'inverse des baux soumis à la loi du 6 juillet 1989, le bailleur peut exiger au titre du dépôt de garantie plus de 1 ou 2 mois de loyer.

Les autres logements

➤ Deux types de logements entrent dans ce groupe : les logements soumis à la loi de 1948 et également les logements HLM.

➤ Ces logements empruntent de nombreuses règles à la loi de 1989 et aux dispositions du Code civil.

Les charges récupérables

On entend par charges récupérables les réparations à effectuer sur les parties communes. C'est la loi du 6 juillet 1989 qui s'applique.

Les locations soumises à la loi de 1948

L'article 38 de la loi de 1948 qui s'appliquait jadis aux logements soumis à ce régime est désormais remplacé par l'article 23 de la loi du 6 juillet 1989*. Selon les dispositions de cette législation, les charges récupérables sont définies comme les sommes accessoires au loyer principal, exigibles en contrepartie :
- des services rendus liés à l'usage des différents éléments de la chose louée ;
- des dépenses d'entretien courant et des menues réparations sur les éléments d'usage commun de la chose louée, et notamment, concernant les ascenseurs, les opérations et les vérifications périodiques minimales, la réparation et le remplacement de petites pièces présentant des signes d'usure excessive ainsi que les interventions pour dégager les personnes bloquées en cabine et le dépannage et la remise en fonctionnement normal des appareils ;
- des impositions qui correspondent à des services dont le locataire profite directement.

Il faut donc vous référer au décret n° 87-713 du 26 août 1987* (voir *À quelles règles obéissent-elles ?*, p. 6, *Les différentes charges récupérables*, p. 75).

Les logements HLM

En matière de charges récupérables, il faut se référer à la loi du 6 juillet 1989 (voir *Les différentes charges récupérables*, p. 75). Il convient toutefois de noter que l'Union nationale des fédérations d'organisme HLM est signataire d'un accord, pris dans le cadre de la Commission Delmon, relatif aux charges récupérables et intervenu en novembre 1973. Des documents types ont été joints à cet accord. Ainsi, les gestionnaires d'immeuble se sont engagés à utiliser notamment deux modèles :
- montant des dépenses à la charge des locataires et des acomptes correspondants pour la période du … au … ;
- mode de répartition des dépenses et décompte individuel de régularisation des dépenses à la charge du locataire.

Le régime des charges récupérables est semblable à celui des logements soumis à la loi du 6 juillet 1989. En conséquence, l'organisme HLM peut vous demander des provisions. Les charges récupérables feront alors l'objet d'une régularisation annuelle.

Le décompte par catégorie de charges et le mode de répartition entre tous les locataires doivent être adressés 1 mois avant l'échéance. Pendant 6 mois à compter de l'envoi de ce décompte, l'organisme doit tenir à votre disposition les pièces justificatives, la quantité consommée et le prix unitaire de chacune des catégories de charge.
La liste des charges récupérables pour le secteur social est identique à celle prévue pour les locations soumises à la loi n° 89-462 du 6 juillet 1989 (voir le *texte de loi*, p. 219).

À NOTER

Charges récupérables : des dérogations possibles La loi portant engagement pour le logement n° 2006-872 du 13 juillet 2006 a autorisé la signature d'accords collectifs locaux (entre propriétaires et locataires) prévoyant de déroger à la liste réglementaire des charges récupérables, et d'y ajouter les frais relatifs à la sécurité de l'immeuble (par exemple pour l'installation d'un digicode) ou relatifs au développement durable.

La prescription des charges

Concernant l'action en paiement des charges relatives à un logement soumis à la loi de 1948 ou un logement HLM, la prescription est de 5 ans.
Mais s'il s'agit d'une action en remboursement des charges perçues à tort par le bailleur, la prescription est de 3 ans (art. 63 et 68, L. n° 48-1360 du 1.9.1948, et art. L. 442-6 et L. 442-10 CCH).
Cette prescription abrégée s'applique à toutes les sommes indûment perçues par le bailleur au titre d'une habitation à loyer modéré ou d'une location loi de 1948 (C. cass. civ. 3e, 16.6.2010, n° 09-70354).

Le dépôt de garantie et les réparations locatives

Le dépôt de garantie a pour but de pallier la carence du locataire quand celui-ci n'a pas respecté ses obligations, par exemple le fait de ne pas effectuer les réparations qui lui incombent. Le régime des réparations locatives est différent selon que le logement est HLM ou soumis à la loi du 1er septembre 1948.

Le dépôt de garantie

› Le montant

Pour les logements soumis à la loi de 1948, comme pour ceux gérés par les organismes HLM, c'est l'article 75 de la loi du 1er septembre 1948* qui s'applique en ce qui concerne le montant du dépôt de garantie. Selon les termes de ces dispositions, le dépôt de garantie ne peut excéder une somme correspondant à 2 mois de loyer pour les locations faites au mois, et au quart du loyer annuel dans les autres cas. Il n'est pas possible de déroger à cette règle par contrat. Il est à noter que pour les logements conventionnés, le dépôt de garantie ne peut excéder 1 mois de loyer en principal.

Le bailleur n'a pas le droit de réviser le montant du dépôt de garantie durant l'exécution du bail. En contrepartie, le dépôt de garantie ne porte pas intérêt au profit du locataire.

› La restitution

C'est la loi du 6 juillet 1989 qui s'applique. Le dépôt de garantie doit donc être restitué dans un délai de 2 mois à compter du départ du locataire après déduction des sommes dues par celui-ci. À défaut de restitution du dépôt de garantie dans les délais, il produira intérêt au taux légal au profit du preneur après arrêté des comptes.

Les réparations locatives

› Les logements HLM

Les réparations locatives sont soumises au Code civil. Toutefois, un accord a été signé afin de clarifier les rapports entre les représentants organismes gestionnaires et propriétaires, les représentants des locataires et la commission technique nationale.

Cet accord stipule que le locataire ne peut être tenu pour responsable des défectuosités qui sont imputables exclusivement à :
- un vice de conception ;
- un vice de construction ;
- une malfaçon ;
- la mauvaise qualité des équipements et des appareils faisant partie de la location.

En outre, le locataire ne peut être tenu des réparations locatives occasionnées par la seule vétusté ou un événement constitutif de la force majeure.

Le preneur est responsable des dégradations de la chose louée qui proviennent de sa faute, que celle-ci consiste :
- en un usage anormal parce que non conforme à la destination de la chose louée sans autorisation expresse du bailleur ;
- au défaut d'entretien ;
- en des actes de vandalisme avec intention maligne.

L'accord Delmon oblige le locataire, en sus de son obligation générale de maintenir les lieux en état de propreté, à remplir une obligation d'entretien et d'autres obligations dans les conditions prévues au préambule de l'accord.

› Les locations soumises à la loi de 1948

Ces logements sont soumis, pour les réparations locatives, aux dispositions du Code civil*.

OBLIGATIONS DU LOCATAIRE		
	Entretien	**Autres obligations**
Parties extérieures dont le locataire a l'usage exclusif		
Auvents, terrasses et marquises	Enlèvement de la mousse et des autres végétaux	
Descentes d'eaux pluviales (chéneaux et gouttières)	Dégorgement des conduits	
Ouvertures		
Portes, fenêtres, etc.	Graissage des gonds, paumelles et charnières	Menues réparations Remplacement de boulons, clavettes, targettes, gonds, espagnolettes, etc.
Vitrages		
– Vitres	Réfection	Remplacement des vitres détériorées
– Mastic	Graissage	
Stores et jalousies		Remplacement de cordes, poulies, de quelques lames, etc.
Boutons et poignées de portes	Graissage	Menues réparations

OBLIGATIONS DU LOCATAIRE		
	Entretien	Autres obligations
Serrures et verrous de sûreté		Remplacement de petites pièces et des clefs égarées ou détériorées
Grilles	Nettoyage et graissage	Remplacement de boulons, clavettes, targettes, gonds, charnières, etc.
Parties intérieures		
Plafonds, murs intérieurs et cloisons		
– Peintures et tapisseries		Réfection, à l'exclusion de la réparation des dommages causés par les installations de chauffage central et par l'humidité (sauf si cette dernière résulte d'une insuffisance d'aération imputable au locataire) ainsi que par la vétusté
– Matériaux de revêtement (faïence, mosaïque, matière plastique, etc.)		Remise en place ou remplacement de quelques éléments du revêtement
– Trous		Rebouchage avant le départ des lieux, sauf si, eu égard à leur nombre, à leurs dimensions et à leur emplacement, les trous peuvent être considérés comme consécutifs à un usage normal des lieux et s'ils sont peu apparents
Sols		
– Parquets	Encaustiquage, entretien courant de la vitrification	Remplacement limité à quelques lames (en cas de taches, de trous, etc.)
– Moquettes et autres revêtements de sol	Entretien courant	Remise en état, pose de raccords en cas de taches, de trous, etc. Remplacement si l'importance des détériorations imputables au locataire l'exige

OBLIGATIONS DU LOCATAIRE		
	Entretien	**Autres obligations**
Menuiseries		
– Plinthes, baguettes et moulures		Menues réparations (fixation de raccords, remplacement de pointes)
– Placards		Remplacement des tablettes et des tasseaux Réparation du dispositif de fermeture
Divers		
– Meubles scellés		Réfection du scellement
– Cheminées	Entretien des tabliers	Réparation des bris et des fêlures
– Glaces et miroirs		Remplacement des glaces et miroirs détériorés
– Bourrelets		Réparation des dommages causés par la dépose des bourrelets
Vidoirs	Graissage des joints	Remplacement des joints
Conduits d'évacuation des fumées et des gaz et conduits de ventilation	Ramonage	
Installations de plomberie		
Canalisations d'eau	Dégorgement	Menues réparations (remplacement de joints, de colliers, etc.) Remise en état des canalisations détériorées par le gel, en cas de négligence du locataire ou à la suite de l'utilisation de produits corrosifs
Robinetterie	Entretien courant	Remplacement de petites pièces (joints, écrous, clapets, brise-jets, etc.)

OBLIGATIONS DU LOCATAIRE		
	Entretien	**Autres obligations**
Éviers et appareils sanitaires	Entretien courant, nettoyage des dépôts de calcaire	Menues réparations (système de vidange, bondes, poignées, chaînes et joints de chasse d'eau, etc.) Remplacement des tuyaux flexibles de douches
Canalisations de gaz	Entretien des robinets, siphons et ouvertures d'aération	Remplacement périodique des tuyaux souples de raccordement
Chauffage		
– Installation individuelle		Menues réparations et remplacements assimilables
– Radiateurs	Vidange	Remplacement des joints, robinets et purgeurs
Fosses septiques, puisards et fosses d'aisances	Vidange	
Installations d'électricité		
Interrupteurs, prises de courant, coupe-circuit, fusibles, etc.		Remplacement
Baguettes protectrices		Réparation
Ampoules, tubes lumineux, etc.		Remplacement
Appareils électroménagers (réfrigérateurs, machines à laver le linge et la vaisselle, sèche-linge, aérateurs, hottes aspirantes, etc.)	Entretien courant	Menues réparations et remplacements assimilables
Antennes individuelles de radiodiffusion et de télévision	Entretien courant	
Jardins privatifs		
Allées, pelouses et massifs	Entretien courant	

OBLIGATIONS DU LOCATAIRE		
	Entretien	**Autres obligations**
Arbres et arbustes	Taille, élagage, échenillage, etc.	Remplacement des arbustes Remplacement des arbres ayant péri par défaut d'entretien du locataire
Installations mobiles d'arrosage		Réparation et remplacement
Bassins et piscines	Entretien courant	

Le règlement des litiges

Les principaux litiges

Nous traiterons ici des principaux litiges qui naissent souvent dans les rapports propriétaires locataires et en particulier des augmentations de loyer, de la résiliation du bail, de l'expulsion, de la restitution du dépôt de garantie et des réparations et charges.

Les impayés

En cas d'impayés de loyer ou de charges, le bailleur peut adresser à son locataire un congé pour motifs légitimes et sérieux à la fin du bail ou demander la résiliation du bail en s'appuyant, si elle existe, sur la clause résolutoire insérée dans le contrat.

Un congé pour non-paiement des loyers (motifs légitimes et sérieux) peut être régularisé si le loyer est systématiquement payé en retard, et ce même si le locataire régularise à chaque fois sa situation.

Mais le retard dans le paiement n'est pas toujours retenu en cas de bonne foi du locataire.

Cas pratique

Dans ce dossier, les juges ont pris en compte la durée de la location (16 ans), l'augmentation importante du loyer depuis la signature du bail, la crise économique et la bonne volonté des locataires pour régulariser leur situation.

Le congé qui leur a été délivré n'a pas été validé (CA Versailles, 1re ch., 1.10.2013, n° 2013-021739).

Pour limiter les risques d'impayés, le bailleur peut souscrire une assurance « garantie des risques locatifs ». L'assurance peut prendre en charge les versements dès le premier loyer impayé.

À défaut d'assurance, le bailleur peut s'adresser à la caution du locataire, si cette garantie a été prévue lors de la signature du bail.

A NOTER

Caution locative étudiante En ce qui concerne plus spécifiquement les étudiants, la caution locative étudiante, qui n'était qu'expérimentale, a été généralisée et est devenue effective depuis août 2014. Elle peut bénéficier aux étudiants âgés de moins de 28 ans, boursiers ou non, qui ne peuvent bénéficier d'un garant, et quels que soient leurs revenus, leur situation familiale, leur nationalité.

Le bailleur peut aussi obtenir de la caisse d'allocations familiales le versement des aides au logement que perçoit son locataire.

Le locataire qui se trouve en difficultés pour payer son loyer peut saisir le fonds de solidarité pour le logement (FSL). Il peut aussi saisir une commission de surendettement, afin d'obtenir un plan d'apurement de son passif. Il peut également s'adresser à l'Agence nationale d'information sur le logement (ANIL).

À NOTER

SOS loyers impayés Afin de mieux prévenir les expulsions liées aux situations d'impayés, l'Agence nationale pour l'information sur le logement (ANIL) a mis en place le numéro vert « SOS loyers impayés » accessible au 0805 160 075. Ce numéro unique est gratuit pour les propriétaires et pour les locataires qui peuvent ainsi bénéficier de conseils et d'un accompagnement adapté à leur situation grâce à une mise en relation rapide avec un agent de l'ANIL de leur lieu de résidence.

En secteur locatif, l'impayé est constitué soit lorsque 3 termes nets consécutifs sont totalement impayés, soit lorsque le locataire est débiteur à l'égard du bailleur d'une somme au moins égale à 2 fois le montant mensuel brut du loyer et des charges.

À NOTER

Réforme : la loi ALUR La loi du 24 mars 2014 avait institué la « garantie universelle des loyers » destinée à couvrir les bailleurs contre les risques d'impayés de loyer, à favoriser l'accès au logement et à prévenir les risques d'expulsion. Cette garantie a été abandonnée avant même d'être mise en place. En remplacement, le gouvernement travaille avec les partenaires sociaux d'Action Logement sur la création d'un dispositif destiné aux salariés précaires entrant dans un emploi, aux salariés de moins de 30 ans et aux ménages aux revenus modestes.

L'augmentation du loyer

Les litiges concernant les loyers s'élèvent presque toujours au moment du renouvellement du bail, lorsque le bailleur veut augmenter le loyer.

Tout d'abord, rappelons que le loyer ne peut en aucune façon être augmenté en cours de bail (sauf clause spécifique d'augmentation justifiée par des travaux).

Le bailleur ne peut que le réviser annuellement en fonction de l'indice de référence des loyers.

Lors du renouvellement, la possibilité d'augmenter le loyer est réglementée.

ATTENTION

Réforme : la loi ALUR Les règles de fixation des loyers au début du bail ou lors du renouvellement, mises en place par la loi n° 2014-366 du 24 mars 2014, doivent être applicables en 2015, après parution des décrets d'application (voir *L'encadrement des loyers prévu par la loi n° 2014-366 du 24 mars 2014 (loi ALUR)*, p. 17).

Ces règles concerneront les nouveaux contrats de location. Les contrats en cours lors de la parution de la loi de mars 2014 restent gérés par les lois qui leur étaient applicables.

› L'indexation du loyer en cours de bail

À condition d'être prévue au bail, l'indexation du loyer peut être calculée tous les ans.
Jusqu'au 1er juillet 2006, l'indice autorisé était l'indice du coût de la construction (moyenne des quatre derniers trimestres). Cet indice a été remplacé par un nouvel indice, l'indice de référence des loyers, créé par la loi n° 2005-841 du 26 juillet 2005 et établi en fonction de l'évolution des prix à la consommation, du coût des travaux d'entretien et d'amélioration du logement à la charge des bailleurs et de l'indice du coût de la construction (décret n° 2005-1615 du 22.12.2005).
Les contrats de location en cours sont concernés par ce nouvel indice qui remplace celui prévu au contrat, à la même date de référence. Ce remplacement est automatique.
L'indice est publié trimestriellement par l'INSEE (les chiffres sont disponibles sur le site Internet www.insee.fr ou au 0 892 680 7604).
Pour calculer le nouveau loyer indexé, il faut multiplier le montant du bail par le nouvel indice et le diviser par l'ancien (même trimestre). Par exemple, si au moment de la signature du bail, l'indice publié en cours était celui du 3e trimestre, il faut chaque année toujours prendre le nouvel indice du 3e trimestre.

› L'augmentation du loyer lors du renouvellement du bail

Lors du renouvellement, le bailleur ne peut en principe pas augmenter le loyer. Il ne peut y avoir de réévaluation du loyer autre que celle résultant de l'application d'une clause de révision insérée au contrat.
La hausse doit donc, en principe, se limiter à la variation de l'indice.
Des exceptions sont cependant prévues :
- en cas de réalisation de travaux d'améliorations ;
- lorsque le loyer est manifestement sous-évalué.

(Voir *La fixation du loyer lors du renouvellement du bail*, p. 16)

Lorsque le loyer peut être réévalué, il faut effectuer la proposition d'un nouveau loyer au locataire au moins 6 mois avant la fin du bail.
La proposition (voir le modèle *Proposition de renouvellement avec augmentation de loyer*, p. 266) devra obligatoirement :
- reproduire l'article 17 c de la loi du 6 juillet 1989* dans son intégralité ;
- mentionner le nouveau loyer ;
- comprendre la liste des références ayant servi à déterminer le loyer.

Les loyers servant de références doivent être représentatifs de l'ensemble des loyers habituellement constatés dans le voisinage pour des logements comparables situés, soit dans le même groupe d'immeubles, soit dans tout autre groupe d'immeubles comportant des caractéristiques similaires et situés dans la même zone géographique.
Vous devez fournir six références si le logement est situé dans l'agglomération de Paris, Lyon ou Marseille, et trois références dans les autres cas.
Les deux tiers de ces références doivent concerner des logements pour lesquels il n'y a pas eu de changement de locataire depuis 3 ans.

Cas pratique

Les références fournies par le bailleur ne sont pas pertinentes si elles portent sur des logements non comparables. Dans ce contentieux, le bailleur faisait état du rapport d'un expert indiquant que les loyers avaient augmenté de 23 % depuis la dernière évaluation mais aucun élément de comparaison ne venait étayer cette affirmation.
Par ailleurs, les éléments fournis par le bailleur portaient sur des logements différents (en standing et en superficie) dont le loyer venait d'être réévalué alors que les références doivent porter sur des logements n'ayant pas connu de changement de locataire depuis au moins 3 ans. La demande du bailleur a été rejetée (C. cass. civ. 3e, 12.10.2011, n° 10-21214).

S'il y a désaccord ou défaut de réponse du preneur 4 mois avant le terme du contrat, vous, ou votre locataire, devrez saisir la commission départementale de conciliation. Il est toutefois dans votre intérêt de prendre cette initiative, car si la commission n'intervient pas, c'est l'ancien loyer qui s'appliquera.
La commission départementale de conciliation tentera de parvenir à un accord entre vous et votre locataire. À défaut, il vous faudra saisir le tribunal d'instance avant le terme du contrat pour éviter que le bail soit reconduit au loyer antérieur.
Il n'est nul besoin d'avocat devant la commission départementale de conciliation ou le tribunal d'instance.
Le juge statuera alors sur le montant du loyer.

ATTENTION

Le respect des délais Vous ne pouvez pas saisir le tribunal avant que la commission ait rendu son avis, ou avant l'expiration d'un délai de 2 mois en cas de silence de sa part.
Si la commission rend son avis avant l'expiration de ces 2 mois, vous pouvez saisir le tribunal (sans attendre la fin du délai de 2 mois). Mais si la commission envoie un courrier indiquant que la demande est irrecevable, il ne s'agit pas d'un « avis » au sens de la loi (C. cass. civ. 3e, 7.3.2012, n° 10-27820).

› Les loyers à Paris et en région parisienne

Depuis le 1er août 2012, la procédure et les modalités de réévaluation des loyers en région parisienne ont été étendues à l'ensemble des grandes agglomérations françaises. Le décret n° 2011-1017 du 26 août 2011 relatif à l'évolution de certains loyers dans l'agglomération de Paris est abrogé en conséquence.

■ Le non-respect des normes de décence du logement

Sans remettre en cause le bail, le locataire peut demander au bailleur la mise en conformité du logement. À défaut d'accord entre les parties ou de réponse du propriétaire dans un délai de 2 mois, la commission départementale de conciliation peut être saisie (voir *Les commissions de conciliation*, p. 167).

Le tribunal d'instance peut être saisi soit en cas d'échec de la conciliation devant la commission, soit directement par l'une ou l'autre des parties (sans la saisine préalable de la commission qui n'est plus obligatoire).
Le juge détermine, le cas échéant, la nature des travaux à réaliser et le délai de leur exécution. Il peut réduire le montant du loyer ou suspendre, avec ou sans consignation, son paiement et la durée du bail jusqu'à l'exécution de ces travaux.

La superficie erronée des lieux loués

La loi n° 2014-366 du 24 mars 2014 (loi ALUR) a modifié l'article 3-1 de la loi de 1989 et a prévu des sanctions envers le bailleur quand la surface habitable du logement est inférieure de plus d'1/20e à celle indiquée dans le contrat de location. Le locataire a droit à une diminution du loyer proportionnelle à l'écart constaté.
La procédure est la suivante :
- Le locataire peut envoyer au bailleur une demande de diminution du loyer. Si le bailleur refuse ou ne répond pas dans les 2 mois, le locataire peut saisir le juge dans les 4 mois qui suivent sa demande initiale. Le nouveau loyer s'applique à compter du début du bail.
- Si la demande en diminution du loyer par le locataire intervient plus de 6 mois à compter de la prise d'effet du bail, la diminution de loyer acceptée par le bailleur ou prononcée par le juge prend effet à la date de la demande.

Ces règles ne s'appliquent pas aux contrats en cours lors de la parution de la loi du 24 mars 2014. Elles concernent les contrats signés à compter du 27 mars 2014. Pour les contrats antérieurs à cette date, il n'y a pas de sanction en cas de superficie erronée, sauf si le locataire parvient à prouver que le loyer était fixé en fonction de la superficie.

Cas pratique

Un appartement était loué 340 € par mois pour une surface de 35 m². Or il est apparu que sa superficie réelle était de 27 m².
Le locataire demande une indemnisation qui lui est refusée par la cour d'appel, les juges estimant que ce locataire ne démontrait pas que le loyer était fixé en fonction de la surface annoncée.
L'arrêt est cassé. Il est vrai que la loi de 1989 ne prévoit pas de sanction en cas d'erreur de superficie. Mais en l'espèce le locataire avait remarqué qu'après son départ, le loyer avait été ramené à 280 € par mois.
Cela tendait à prouver que le loyer était bien fixé, pour la 2e location, en fonction de la superficie (C. cass., civ. 3e, 28.11.2012, n° 11-25874).

Les autres litiges (charges et réparations, état des lieux, dépôt de garantie...)

› Saisine de la commission de conciliation

Les commissions de conciliation sont compétentes pour les litiges portant sur :
- la fixation ou la révision du loyer ;
- les caractéristiques d'un logement décent ;
- l'état des lieux ;
- le dépôt de garantie ;
- les charges locatives et les réparations ;
- les congés ;
- les difficultés résultant de l'application des accords collectifs nationaux ou locaux.

(Voir *Les commissions de conciliation*, p. 167).

> **À NOTER**
> **Les ADIL** Pour plus de précisions sur les commissions départementales de conciliation, vous pouvez vous adresser à l'ADIL, 46 bis boulevard Edgar-Quinet, 75014 Paris, tél. : 01 42 79 50 50 ou, pour les coordonnées des ADIL des autres départements, au 01 42 02 65 95 ou consulter le site Internet : www.anil.org.

› Compétence du tribunal d'instance

Pour régler l'ensemble des litiges opposant un propriétaire et un locataire ou concernant l'application d'un contrat de location, seul le tribunal d'instance est compétent (voir *Le tribunal d'instance*, p. 169).

La résiliation du bail par le bailleur

› Le bail ne contient pas de clause résolutoire

La résiliation judiciaire du bail sanctionne un manquement aux obligations nées du bail. Pour obtenir qu'il soit mis fin au bail, en cas d'inexécution des obligations de l'une ou l'autre des parties, il vous faudra saisir le tribunal d'instance (voir *Le tribunal d'instance*, p. 169).

› Le bail comprend une clause résolutoire

La résiliation de plein droit du contrat de bail est possible dans quatre cas :
- le défaut de paiement du loyer et des charges aux termes convenus (art. 24 de la loi du 6.7.1989*) ;
- le non-versement du dépôt de garantie (art. 24*) ;

- le défaut d'assurance du locataire (art. 7 g*) ;
- le non-respect de l'obligation d'user paisiblement des locaux loués, résultant de troubles de voisinage constatés par une décision de justice (art. 4 g).

Les cas de résiliation de plein droit doivent être expressément prévus dans le contrat. Pour faire jouer cette clause, il faut respecter une procédure complexe.

Commandement de payer

En qualité de propriétaire, vous devez faire délivrer un commandement de payer par l'intermédiaire d'un huissier. Cet acte de procédure doit respecter certaines conditions :

- reproduire les dispositions de l'article 24 de la loi du 6 juillet 1989* ;
- reproduire les trois premiers alinéas de l'article 6 de la loi du 31 mai 1990 qui mentionne le fait que le locataire peut saisir le Fonds de solidarité pour le logement ;
- fournir les coordonnées du Fonds de solidarité pour le logement.

À NOTER

Caution du locataire S'il y a une caution donnée par un tiers, le commandement de payer doit lui être également signifié dans un délai de 15 jours à compter de la signification du commandement au locataire. À défaut, la caution ne peut être tenue de payer des pénalités ou intérêts de retard.

Assignation en résiliation de bail

Si le locataire ne régularise pas dans le délai imparti et s'il n'a pas pu obtenir de délai de paiement, vous pourrez l'assigner en résiliation du bail. Au moment où l'huissier délivre l'assignation, il doit en informer le préfet. Cette modalité de la procédure, instituée par la loi relative à la lutte contre les exclusions du 29 juillet 1998, a pour but de permettre au préfet de saisir les services sociaux et d'établir un document spécifique qui sera remis au juge afin qu'il apprécie la capacité du locataire à reprendre le paiement régulier de son loyer. Par ailleurs, un nouveau délai de 2 mois est institué entre l'assignation et la date prévue pour l'audience. Ce délai devant permettre aux services sociaux d'intervenir.

Si le bailleur est une personne physique ou une société civile familiale et si le montant et l'ancienneté de la dette le justifient (seuils fixés par décret), la commission de coordination des actions de prévention des expulsions locatives doit également être saisie par l'huissier qui délivre le commandement.

Si le bailleur est une personne morale (autre qu'une société civile familiale), l'assignation aux fins de constat de résiliation du bail ne peut pas être délivrée avant la fin d'un délai de 2 mois suivant la saisine de la commission de coordination des actions de prévention des expulsions locatives.

Audience devant le juge

Le juge peut, même d'office, accorder des délais de paiement dans la limite de 3 années au locataire en situation de régler sa dette locative.

Pendant le cours des délais ainsi accordés, les effets de la clause résolutoire sont suspendus. Mais le locataire doit continuer à payer le loyer et les charges et respecter les obligations du bail.
Si le locataire se libère dans le délai et selon les modalités fixés par le juge, la clause de résiliation de plein droit est réputée ne pas avoir joué ; dans le cas contraire, elle reprend son plein effet.

• Résiliation du bail

Si le juge constate la résiliation du bail, le propriétaire doit alors adresser par huissier un commandement d'avoir à quitter les lieux. L'expulsion ne peut avoir lieu moins de 2 mois après ce commandement (délai pouvant être porté à 3 mois), sauf si les personnes concernées sont entrées dans les lieux par voie de fait ou encore si la procédure de relogement n'a pas été suivie d'effet du fait du locataire. Dans ces cas, le juge peut supprimer ou réduire ce délai.
La notification de la décision de justice prononçant l'expulsion indique les modalités de saisine et l'adresse de la commission de médiation prévue à l'article L. 441-2-3 du Code de la construction et de l'habitation.
Le locataire peut, à la réception de ce commandement, s'adresser au juge de l'exécution (par lettre recommandée avec AR ou par déclaration au secrétariat greffe du tribunal de grande instance) pour demander un nouveau délai. Le délai accordé peut être compris entre 3 mois minimum et 3 ans maximum.
Pour la fixation de ces délais, il doit être tenu compte de la bonne ou mauvaise volonté manifestée par l'occupant dans l'exécution de ses obligations, des situations respectives du propriétaire et de l'occupant, notamment en ce qui concerne l'âge, l'état de santé, la situation de famille ou de fortune de chacun d'eux, les circonstances atmosphériques, ainsi que des démarches que l'occupant justifie avoir faites en vue de son relogement (CPCE, art. L. 412-1 s. et art. R. 411-1 s.).

› La procédure contre un locataire marié ou pacsé

Les époux mariés ainsi que les partenaires pacsés bénéficient de la cotitularité du bail lorsque les locaux constituent l'habitation principale de la famille. Cela signifie que chacun des membres du couple est réputé titulaire du bail même s'il ne l'a pas signé et même si le bail était signé avant l'union.
Vis-à-vis du bailleur, la cotitularité n'est effective que si le locataire en place l'a averti de son mariage ou de son PACS. Dans cette hypothèse, toutes les notifications doivent être faites aux deux membres du couple sous peine d'inopposabilité à celui qui n'a pas été averti de la procédure.
Mais si le locataire a omis de prévenir son bailleur de son mariage ou de la signature de son PACS, la procédure dirigée contre le seul locataire en titre est valable et opposable à son conjoint (loi n° 89-462 du 6.7.1989, art. 9-1).

Cas pratique

Une procédure d'expulsion était diligentée contre un locataire. L'épouse du locataire contestait la procédure puisque la notification ne lui avait pas été faite. Elle estimait que le bailleur était parfaitement au courant du mariage de son locataire puisqu'elle payait le loyer au moyen de chèques à son nom.

> Sa demande a été rejetée. Le bailleur n'est pas censé être au courant du mariage de son locataire si celui-ci ne l'a pas informé de façon positive (même si, dans les faits, il connaissait son existence).
> À défaut de prouver cette démarche positive, le bailleur n'a pas à procéder à une double notification.
> La procédure d'expulsion a été déclarée opposable à l'épouse du locataire (C. cass., civ. 3e, 29.10.2013, n° 12-23138).

L'expulsion

Après la résiliation du bail, il vous faudra obtenir une ordonnance d'expulsion si le locataire refuse de quitter les lieux. En cas de refus du locataire de quitter le local loué, vous devez faire appel à un huissier qui délivrera à l'occupant un commandement d'avoir à libérer les lieux à une date donnée. À défaut de quoi, il sera procédé à son expulsion forcée.

Lorsque l'expulsion porte sur un local affecté à l'habitation principale de la personne expulsée ou de tout occupant de son chef, le commandement d'avoir à libérer les locaux d'habitation (habitation principale) contient, à peine de nullité, les mentions prévues à l'article R. 411-1 du Code des procédures civiles d'exécution et la reproduction des articles L. 412-1 à L. 412-6 du même code (CPCE, art. L. 412-1 s. et R. 411-1 s.). En outre, le commandement doit être transmis au préfet afin que celui-ci en informe la commission de coordination des actions de prévention des expulsions locatives et qu'il informe le locataire de la possibilité de saisir la commission de médiation en vue d'une demande de relogement au titre du droit au logement opposable.

À défaut de saisine du préfet par l'huissier, le délai avant l'expiration duquel l'expulsion ne peut avoir lieu est suspendu.

L'enquête dite « de préfecture » permet de savoir si le locataire est en situation ou non de régler sa dette locative dans un délai de 2 ans. L'enquêteur propose un plan de paiement soumis pour accord au bailleur. En cas d'acceptation, ce plan est alors soumis au juge qui constate la suspension de la clause résolutoire et donc de l'expulsion et accorde un sursis au locataire. Ce dernier doit respecter le plan adopté sous peine de voir son expulsion prononcée.

Sauf si le relogement des intéressés est assuré dans des conditions suffisantes respectant l'unité et les besoins de la famille, il est interdit d'expulser en période hivernale (du 1er novembre au 31 mars). Toutefois, si le logement est occupé par des squatters, vous pouvez faire échec à cette disposition en sollicitant dès le début de la procédure une autorisation expresse.

L'expulsion par ailleurs ne peut avoir lieu entre 21 heures et 6 heures, ni les jours fériés ou chômés, sauf si le juge l'autorise.

> **À NOTER**
> **Codification** La loi n° 91-650 du 9 juillet 1991 a été codifiée dans le Code des procédures civiles d'exécution, à droit constant. Le Code des procédures civiles d'exécution est applicable depuis le 1er juin 2012.

En cas de résistance des personnes occupant le logement, l'huissier peut requérir l'assistance de la force publique, c'est-à-dire la présence d'un officier de police judiciaire avec la force armée. Cependant, la préfecture de police refuse très souvent d'envoyer la force armée, ce qui rend souvent vaines les tentatives d'expulsion.

Après deux demandes de l'huissier à la préfecture restées infructueuses, vous pouvez demander un dédommagement à l'État devant le tribunal administratif. Il est à noter que cette procédure requiert l'assistance d'un avocat.

L'État, en effet, doit apporter le concours de la force publique pour assurer l'exécution d'une décision juridictionnelle (décision ordonnant l'expulsion). Son refus peut être sanctionné par les juridictions administratives comme entaché d'illégalité manifeste.

Mais la décision de refus peut être justifiée par les exigences d'ordre public.

Les exigences comprennent les conséquences de l'exécution matérielle de la décision mais aussi les menaces immédiates que le retard mis à l'expulsion des occupants fait peser sur la sécurité de ceux-ci.

Cas pratique

Dans cet arrêt, le refus d'apporter le concours de la force publique a été considéré comme justifié car :

– il s'agissait d'expulser 84 personnes adultes et 41 enfants et aucune mesure de relogement n'avait été trouvée ;

– le péril et l'insalubrité de l'immeuble étaient reconnus mais sans que soit prouvée une menace immédiate (CE, 29.10.2003, JCL Droit administratif 1.2004, n° 12, p. 31).

Pour les biens de la personne expulsée se trouvant dans les locaux vidés, l'huissier doit désigner un lieu où seront entreposés ces meubles et indiquer un délai pendant lequel le locataire pourra venir les récupérer.

Si ce délai n'est pas respecté, les meubles pourront être vendus aux enchères et les sommes recueillies seront attribuées par priorité au propriétaire créancier et, pour le solde, au locataire.

A NOTER

Pour s'informer avant une expulsion Pour mieux prévenir les expulsions liées aux impayés, l'Agence nationale pour l'information sur le logement (ANIL) a mis en place un numéro unique gratuit à destination des propriétaires et des locataires intitulé « SOS impayés de loyers », accessible au 0805 160 075.

Site de l'ANIL : www.anil.org.

La résiliation du bail par le locataire

Le locataire peut résilier le bail à tout moment, sans avoir à justifier d'un motif (art. 12 de la loi du 6.7.1989), mais il doit respecter les règles de préavis. Ce préavis est en principe, pour le locataire, de 3 mois. Il est ramené à 1 mois si le locataire résilie le bail en raison de l'obtention d'un premier emploi, de la muta-

tion ou de la perte de son emploi ou en cas de nouvel emploi consécutif à une perte d'emploi. Il est également d'1 mois en faveur des locataires âgés de plus de 60 ans, dont l'état de santé justifie un changement de domicile, et des bénéficiaires du revenu minimum d'insertion (devenu le RSA depuis le 1er juin 2009) ou bénéficiaires d'un contrat d'insertion.
Le préavis doit être respecté dès lors que le contrat de bail a été signé. Même si le locataire renonce à la location et même s'il n'a pas encore emménagé dans les lieux, il doit payer le loyer pendant le préavis.

Cas pratique

Le bail avait été signé et la locataire avait demandé l'autorisation de pénétrer dans les lieux un mois avant la date prévue. Le premier mois de loyer est payé ainsi que le dépôt de garantie.
Mais quelques jours après, la locataire déclare se rétracter et renoncer à cette location. Elle explique que cette décision est fondée sur la non-réalisation d'une promesse d'embauche qui lui avait été faite.
Cet argument ne peut être retenu pour libérer la locataire de ses obligations. Dès lors que le contrat est signé et même si le locataire n'a pas encore emménagé dans les lieux, il doit respecter ses obligations et notamment le préavis pour donner congé de 3 mois (CA Nîmes 1.7.2008, Juris-classeur Loyers et copropriété, 12.2008, n° 270, p. 15).

À l'issue du préavis, et à condition que le congé ait été régulièrement délivré, le locataire est libéré du paiement des loyers et des charges.

Cas pratique

Le bailleur contestait la validité du congé donné par le locataire et lui réclamait la totalité des loyers dus jusqu'à la restitution effective des lieux, matérialisée par la remise des clefs au bailleur.
En l'espèce, le locataire avait envoyé son congé par lettre recommandée avec AR, respecté le préavis et remis les clefs à l'huissier qui était venu faire l'état des lieux de sortie. Il était donc libéré du paiement des loyers postérieurs à la date d'effet du congé (C. cass., 3e civ. 4.2.2009, n° 07-20980).

À NOTER

Réforme : la loi ALUR n° 2014-366 du 24 mars 2014 Pour les nouveaux contrats signés à compter du 27 mars 2014 et après parution des décrets d'application, le bénéfice d'un préavis réduit à 1 mois est étendu à de nouveaux locataires.

Il est accordé :

- aux locataires habitant dans les communes des zones d'urbanisation réglementées ;
- en cas d'obtention d'un premier emploi, de mutation, de perte d'emploi ou de nouvel emploi consécutif à une perte d'emploi ;
- au locataire dont l'état de santé, constaté par un certificat médical, justifie un changement de domicile ;
- aux bénéficiaires du revenu de solidarité active ou de l'allocation adulte handicapé ;
- au locataire qui s'est vu attribuer un logement ouvrant droit à l'aide personnalisée au logement.

Le locataire souhaitant bénéficier des délais réduits de préavis doit préciser le motif invoqué et le justifier au moment de l'envoi de la lettre de congé. À défaut, le délai de préavis applicable à ce congé est de 3 mois.

La restitution du dépôt de garantie

Votre bailleur ne vous a pas restitué votre dépôt de garantie (il a 1 ou 2 mois pour le faire à compter de la restitution des clés). En dépit de nombreuses réclamations, téléphoniques et par écrit, vous n'avez pu obtenir gain de cause. Vous pouvez saisir la commission de conciliation (voir *Les commissions de conciliation*, p. 167) ou directement le juge.

Le tribunal chiffrera le montant des réparations et vous restituera le solde du dépôt de garantie s'il y a lieu. En revanche, si le montant des réparations est supérieur au montant du dépôt de garantie, vous devrez verser la somme restante au propriétaire.

Si le délai pour restituer le dépôt de garantie n'est pas respecté, vous êtes en droit d'obtenir des intérêts au taux légal calculés sur la somme qui vous est due (loi du 6.7.1989, art. 22).

À NOTER

Réforme : la loi ALUR n° 2014-366 du 24 mars 2014 La loi précise que le bailleur dispose non plus de 2 mois mais d'1 mois pour restituer le dépôt de garantie à son locataire lorsque l'état des lieux de sortie est conforme à l'état des lieux d'entrée, déduction faite des sommes dues par le locataire.

Par ailleurs, à défaut de restitution dans les délais prévus, le dépôt de garantie restant dû au locataire est majoré d'une somme égale à 10 % du loyer mensuel en principal, pour chaque période mensuelle commencée en retard. Cette majoration n'est pas due si le locataire a omis d'indiquer sa nouvelle adresse au bailleur.

L'exécution des réparations

Vous avez mis en demeure votre bailleur d'effectuer les réparations qui sont à sa charge. Celui-ci fait la sourde oreille. Pour qu'il soit fait droit à votre demande, vous avez plusieurs possibilités :
- saisir la commission de conciliation (voir *Les commissions de conciliation*, p. 167) ;
- saisir le tribunal d'instance selon la procédure normale (voir *Le tribunal d'instance*, p. 169), surtout si vous n'êtes pas certain que les travaux sont à la charge du bailleur ;
- faire une déclaration au greffe, en retirant un formulaire au tribunal d'instance, si le montant des réparations est inférieur à 4 000 € ;
- en cas d'urgence, saisir le tribunal par la voie du référé (voir *La procédure de référé*, p. 171).

Le rappel de charges et la restitution de l'indu

Vous êtes bailleur. Lors de la régularisation des charges, vous demandez à votre locataire de vous verser un complément de charges. Celui-ci refuse. Il vous faut alors saisir le tribunal d'instance. La procédure est différente en fonction du montant des charges à récupérer :
- si les sommes à récupérer sont inférieures ou égales à 4 000 €, saisissez le tribunal d'instance par la voie de la déclaration au greffe ;
- dans le cas contraire, saisissez ce même tribunal par le biais de la procédure normale.

Vous êtes locataire. Si vous estimez que le bailleur doit vous rembourser des charges payées indûment, la procédure est la même (tribunal d'instance).

Sur l'action en paiement ou l'action en répétition (ou remboursement) des sommes indûment versées au titre des charges locatives, voir *Le délai de réclamation des charges*, p. 72.

À NOTER

Interruption de la prescription L'action judiciaire en demande de décomptes de charges rectifiés et en paiement de dommages-intérêts poursuit le même but que l'action en remboursement des charges indûment perçues, même si leurs causes sont différentes. La demande de décomptes de charges faite par le locataire a donc interrompu la prescription de l'action en répétition de charges indues (C. cass. civ. 3e, 19.5.2010, n° 09-12689).

À NOTER

Réforme : la loi ALUR n° 2014-366 du 24 mars 2014 La loi a modifié le délai de prescription des actions dérivant d'un contrat de bail. Ce délai est ramené à 3 ans (avec une exception pour l'action en révision du loyer qui s'éteint à l'issue du délai d'1 an) (loi n° 89-462 du 6.7.89, art. 7-1).

Ce nouveau délai court à compter du jour de l'entrée en vigueur de la loi nouvelle (27 mars 2014), sans que la durée totale puisse excéder la durée prévue par la loi antérieure (5 ans) (C. civ., art. 2222).

Le paiement des indemnités d'occupation

Les indemnités d'occupation sont dues lorsque le bail est résilié et que le locataire reste dans les lieux.

Ces indemnités d'occupation peuvent être prévues dans le bail. À défaut, le bailleur doit demander au tribunal la fixation de ces indemnités (souvent équivalentes au montant du loyer) et la condamnation du locataire.

L'action en paiement des indemnités d'occupation se prescrit par 5 ans.

Cas pratique

Un bailleur avait donné congé à son locataire. Le bail prévoyait le versement d'indemnités d'occupation dans l'hypothèse où le locataire se maintenait dans les lieux après l'expiration du bail.

Le locataire ne paie pas ces indemnités d'occupation et le bailleur décide de l'assigner en paiement.

Le litige qui se posait concernait la prescription de cette action en paiement.

Le bailleur estimait que son action était soumise à la prescription de droit commun car la clause prévoyant le paiement des indemnités d'occupation devait être assimilée à une clause pénale.

En revanche le locataire voulait faire appliquer la prescription quinquennale applicable aux loyers ou aux sommes payables à termes périodiques.

La thèse du locataire a été retenue par les juges et l'action du bailleur a été déclarée prescrite car non intentée dans ce délai de 5 ans.

La clause du bail prévoyant le paiement de ces indemnités d'occupation et la fixation de la créance du bailleur le jour de la libération des locaux n'était pas une clause pénale (C. cass., civ. 3e, 5.2.2003, JCP 2003, IV, 1577).

Le règlement amiable des litiges

Lorsque le dialogue n'est plus possible entre locataire et propriétaire, il est possible de faire appel à un conciliateur ou à un médiateur.
Ces personnes interviennent avant un éventuel procès et permettent à chacun de s'expliquer, d'exposer son point de vue, de comprendre la position de son adversaire… et dans la mesure du possible de parvenir à un accord que chacun devra respecter.

La conciliation

Si vous estimez qu'un procès peut être évité et qu'un accord peut intervenir avec votre propriétaire (ou votre locataire) vous pouvez faire appel à un conciliateur de justice.
C'est un moyen simple, rapide et souvent efficace de venir à bout d'un litige et d'obtenir un accord amiable. Le succès de la démarche dépend de la possibilité de s'entendre puisque le conciliateur n'est pas habilité à trancher le litige, ni à rendre un jugement.
Le conciliateur a une compétence très étendue puisqu'il peut intervenir dans l'ensemble des conflits opposant des particuliers en matière de voisinage, de copropriété, de logement, de consommation…
Sa compétence est cependant exclue dans les litiges vous opposant à l'Administration (État ou collectivité territoriale) ou concernant l'état civil et la famille (divorce, reconnaissance d'enfant, pensions alimentaires, garde des enfants, autorité parentale).

› Comment saisir le conciliateur ?

Il faut se renseigner à sa mairie, au tribunal ou aux services de police ou de gendarmerie de votre domicile. Vous pouvez faire la démarche seul ou accompagné de votre adversaire.
Un rendez-vous peut être pris par courrier ou par téléphone. On peut aussi se rendre à sa permanence (en général hebdomadaire).
Le conciliateur de justice reçoit le plus souvent à la mairie ou au tribunal d'instance, parfois dans un autre lieu communal (local dans une école, foyer rural…).

ATTENTION
Le conciliateur de justice Si le tribunal d'instance est saisi d'un litige, le juge peut, avec l'accord des parties, désigner un conciliateur de justice.

› Comment se déroule la conciliation ?

Le conciliateur de justice contacte les intéressés, écoute les arguments respectifs de chacun et recherche une solution de compromis. Il peut recueillir toutes les informations qui lui semblent utiles en se rendant, le cas échéant, sur les lieux de l'affaire ou en procédant à l'audition de certaines personnes avec leur accord ; il peut aussi suggérer le recours à un expert (dont les frais en cas d'accord sont répartis entre les intéressés).
Lorsque le conciliateur de justice est saisi à l'initiative des parties, chacune d'elles peut se faire accompagner par une personne de son choix.
Lorsqu'il a été désigné par le juge d'instance, chacune des parties peut se présenter devant lui avec une personne habilitée à l'assister ou à la représenter devant le tribunal d'instance.

› Que se passe-t-il en cas d'accord ?

Si un compromis est trouvé, le conciliateur de justice dresse un constat qu'il déposera auprès du tribunal d'instance, même en cas de conciliation partielle.
La rédaction d'un constat est obligatoire lorsque la conciliation a pour effet la renonciation à un droit (par exemple, si le propriétaire renonce à réclamer une partie des sommes qui lui sont dues). Le constat doit être signé par les parties.
Si une partie refuse d'exécuter l'accord intervenu, le conciliateur n'a aucun pouvoir de l'y contraindre. L'autre partie doit alors s'adresser au tribunal d'instance où a été déposé l'accord et demander au juge de donner force exécutoire à cet acte, c'est-à-dire obliger son adversaire à le respecter, éventuellement avec le concours d'huissier.
Si le conciliateur a été désigné par le juge, l'accord sera soumis à l'homologation du juge.

› Que se passe-t-il si un accord est impossible ?

Dans l'hypothèse où aucun accord n'est trouvé, il faut alors s'adresser au tribunal (tribunal d'instance pour les litiges entre propriétaires et locataires).

ATTENTION

Recours au conciliateur et délai pour engager une procédure Le recours au conciliateur de justice est sans effet sur la date limite pour engager un procès ou pour maintenir un droit. Il ne suspend en aucun cas les délais de prescription ou de recours (par exemple, le délai de prescription de 5 ans pour réclamer les loyers impayés).

› Quels sont les frais ?

Le recours à un conciliateur de justice est entièrement gratuit.

La médiation judiciaire

La médiation judiciaire permet aussi de trouver une solution amiable à un conflit, sous le contrôle du juge.
Une médiation judiciaire civile peut être proposée dans le cadre d'un litige civil, quelle qu'en soit la nature et quel que soit le juge ou le tribunal saisi (juge d'instance, tribunal de grande instance, juge des référés, conseil de prud'hommes…).

› Comment saisir le médiateur ?

Lorsqu'une procédure est engagée devant le tribunal entre un propriétaire et un locataire (pour le paiement des loyers et des charges, la restitution du dépôt de garantie…), le juge peut proposer aux parties de résoudre à l'amiable leurs difficultés en faisant intervenir un médiateur. La médiation peut aussi être demandée par l'un ou l'autre des intéressés.
Après avoir recueilli l'accord des parties, le juge désigne un médiateur. Il fixe l'étendue de sa mission, la durée de la médiation et le montant de la provision à valoir sur sa rémunération.

› Comment se déroule la médiation ?

La médiation a une durée de 3 mois, durée qui peut être renouvelée une fois. Pendant le déroulement de la médiation, le juge reste saisi et la procédure est simplement suspendue. La médiation se déroule sous son autorité et sa responsabilité.
Une fois désigné, le médiateur convoque les parties en présence. D'autres rendez-vous sont fixés au cours desquels un accord est recherché.
Les parties peuvent être conseillées et assistées d'un avocat.

› Que se passe-t-il en cas d'accord ?

En cas d'accord, chacun s'engage à en respecter les termes. L'écrit est homologué par le juge qui peut lui donner, au besoin, force exécutoire : cela vous permettra de contraindre l'autre partie à l'exécuter, si elle ne le fait pas spontanément.
Les constatations ou vos déclarations recueillies par le médiateur lors des entretiens ne peuvent pas être évoquées devant le juge dans la suite de la procédure, sauf accord des parties. En tout état de cause, ces constatations ou déclarations ne peuvent pas être utilisées au cours d'une autre procédure judiciaire.

› Que se passe-t-il si un accord est impossible ?

Si, au terme de la mission du médiateur, il est impossible de trouver un accord, la procédure devant le juge reprend son cours.
La médiation peut également être arrêtée avant son terme, si le juge estime que la médiation est inutile, faute de possibilité d'entente entre les parties. Dans ce cas également, la procédure devant le tribunal est reprise.
Le juge reconvoque les parties par lettre recommandée avec demande d'avis de réception.

› Quels sont les frais ?

La rémunération du médiateur est fixée par le juge ; elle est à la charge des parties.

Le juge détermine la provision sur cette rémunération que les parties devront verser dès la nomination du médiateur et le délai de versement.

En principe, la rémunération est partagée à parts égales, sauf si le juge estime que cette répartition n'est pas équitable en fonction de la situation économique de chacun ou encore si les parties acceptent une répartition inégale. Si vous bénéficiez de l'aide juridictionnelle totale ou partielle, les frais qui vous reviennent sont pris en charge par l'État en totalité ou en partie.

Les commissions de conciliation

Depuis leur création, les commissions de conciliation (composées d'un nombre égal de représentants de bailleurs et de locataires) sont compétentes pour régler les litiges entre bailleurs et locataires concernant le loyer (décret n° 87-449 du 26.6.1987).
Par la suite, leur compétence a été étendue aux litiges relatifs à l'état des lieux, au dépôt de garantie, aux charges locatives, aux réparations, et aux normes de décence du logement loué (décret n° 2001-653 du 19 juillet 2001). En dernier lieu, la loi ALUR n° 2014-366 du 24 mars 2014 (applicable à compter du 27 mars 2014) a étendu la compétence des commissions de conciliation aux litiges concernant les congés et l'application des accords collectifs nationaux ou locaux.
La commission doit être saisie avant le juge pour les litiges concernant les loyers. Pour les autres litiges, cette saisine est facultative.

› Comment saisir la commission ?

La commission départementale de conciliation peut être saisie par le bailleur ou le locataire.
Pour le règlement des difficultés relatives à l'application des accords collectifs, elle peut être saisie par le bailleur, plusieurs locataires ou une association représentative de locataires.
Vous devez adresser votre demande (voir le modèle *Saisine de la commission de conciliation*, p. 270) par lettre recommandée avec demande d'avis de réception adressée au secrétariat de cette institution.
Ce courrier doit indiquer les noms, qualités et adresses des parties ainsi que l'objet du litige.
Si la demande émane de plusieurs locataires d'un même bailleur ou d'une association de locataires, il est nécessaire d'indiquer dans le courrier le nom d'un ou de deux représentants de ce groupement.
Le secrétariat vous convoquera ensuite à une séance au cours de laquelle votre affaire sera examinée. La convocation doit être reçue au moins 15 jours avant la date retenue. Vous devrez vous y présenter en personne. Cependant, en cas de motif légitime, vous pourrez vous faire représenter par une personne dûment mandatée de votre choix, à l'exclusion des membres de la commission.
Pour connaître les coordonnées de la commission dont on dépend, il est possible de s'adresser à l'association d'information sur le logement (ADIL) de son département.
À Paris : ADIL 75, 46 bis boulevard Edgar Quinet, 75014 Paris
Tél. : 01 42 79 50 50 - Site Internet : www.anil.org ;
Pour les autres départements : 01 42 02 65 95

› Saisine obligatoire de la commission de conciliation

La commission doit obligatoirement être saisie avant le juge quand survient un litige concernant les loyers (fixation du montant du loyer ou impayés).
Après avoir entendu les parties en présence, la commission rend un avis dans un délai maximum de 2 mois à compter de la réception par le secrétariat de la lettre de saisine.
En cas d'accord total ou partiel, la commission établit un document de conciliation qui sera signé par le locataire et le propriétaire.
En l'absence de conciliation, l'avis de la commission indique le litige et les points de désaccord subsistant. Cet avis est transmis au juge, par l'une ou l'autre des parties.

› Saisine facultative de la commission de conciliation

Depuis la loi de solidarité et de renouvellement urbain du 13 décembre 2000 (dite loi SRU) les commissions de conciliation sont également compétentes pour statuer sur les litiges concernant les charges et les réparations locatives, l'état des lieux ou le dépôt de garantie.
Pour ces litiges, la saisine de la commission est facultative (alors qu'elle est obligatoire pour les litiges portant sur les loyers) et le tribunal d'instance peut être saisi directement.
Si les intéressés saisissent la commission, son avis ne s'impose pas et le recours au tribunal est toujours possible.
À l'inverse de la procédure prévue pour les augmentations de loyers, il n'y a pas de délai pour saisir la commission de conciliation.

À NOTER

Allô Service public Renseignements administratifs au 3939 (métropole) ou 33 (0)1 73 60 39 39 (hors métropole et étranger)

La procédure

Cette partie doit pouvoir vous aider à choisir la procédure adaptée à votre cas. Le référé doit vous permettre de traiter de façon urgente le litige ; les procédures simplifiées limitent les formalités à effectuer, et enfin la procédure normale doit être utilisée quand le contentieux est plus sérieux.

Le tribunal d'instance

Le tribunal d'instance est la juridiction compétente pour connaître des litiges relatifs aux baux d'habitation et professionnels. Les parties peuvent faire appel de la décision rendue par le tribunal d'instance. Toutefois, il n'est pas possible de faire appel si le litige porte sur des sommes inférieures ou égales à 4 000 €. Dans cette hypothèse, le seul recours reste la saisine de la Cour de cassation. Vous pouvez obtenir les coordonnées du tribunal d'instance auprès de la mairie.

À NOTER

Quel tribunal saisir ? Le tribunal d'instance est toujours compétent pour les affaires relatives aux litiges entre un propriétaire et son locataire.
C'est le tribunal dans le ressort duquel se trouve le logement loué qu'il faudra saisir.

› La procédure normale

Les différents modes de saisine

L'assignation

Vous devez saisir le tribunal d'instance par la voie d'une assignation. L'assistance d'un avocat n'est pas obligatoire ; toutefois, si vous faites appel au service d'un avocat, c'est lui qui se chargera de rédiger l'assignation et de la faire délivrer par huissier. Dans le cas contraire, il vous revient de rédiger l'assignation (voir le modèle *Assignation*, p. 278) ou de demander à l'huissier de la rédiger.
L'assignation devra contenir les mentions suivantes (CPC, art. 56) :
- l'indication de la juridiction devant laquelle la demande est portée ;
- l'objet de la demande avec un exposé des moyens ;
- l'indication que, faute pour le défendeur de comparaître, il s'expose à ce qu'un jugement soit rendu contre lui sur les seuls éléments fournis par son adversaire.

Cette assignation doit comprendre, en outre, l'indication des pièces sur lesquelles la demande est fondée. De même, vous devez indiquer, dans l'assignation, les lieu, jour et heure de l'audience qui vous seront indiqués par le greffe du tribunal. Si vous êtes demandeur et si vous demeurez à l'étranger, vous devez, en outre, indiquer les nom, prénoms et adresse de la personne chez qui vous élisez domicile en France. Vous devez également stipuler dans l'acte que le défendeur peut se faire représenter ou assister, et indiquer le nom de votre représentant s'il y a lieu.

ATTENTION

Délai à connaître L'assignation doit être délivrée 15 jours au moins avant la date de l'audience.

Votre assignation doit comprendre trois parties. Vous devez exposer les faits dans la première partie. La seconde partie sera réservée à l'exposé des moyens de droit qui appuient la demande (une loi, un décret…). Dans la troisième partie, vous devez indiquer vos prétentions, c'est-à-dire ce que vous demandez. Les prétentions peuvent consister en une demande de dommages et intérêts, le versement d'intérêts de retard, l'exécution d'un contrat, etc. Il vous faudra, à cette occasion, chiffrer votre demande. Vous pouvez également demander la condamnation de l'adversaire en vertu de l'article 700 du Code de procédure civile, afin de pouvoir obtenir le remboursement d'une partie des frais de justice engagés (les frais d'avocat, par exemple).

MON CONSEIL

La tentative préalable de conciliation Vous pouvez solliciter du tribunal une tentative préalable de conciliation. Il suffit d'adresser une lettre simple au tribunal compétent.

La requête conjointe et la présentation volontaire des parties

Si les parties souhaitent saisir ensemble le tribunal d'instance, elles peuvent le faire par la voie d'une requête conjointe ou de la présentation volontaire.

Le tribunal sera alors saisi, soit par la signature d'un procès-verbal constatant que les parties se présentent volontairement, soit par la remise d'une requête conjointe.

Les parties doivent indiquer dans la requête conjointe, les informations suivantes : les nom, prénoms, profession, domicile, nationalité, date et lieu de naissance de chacune des parties. Si une personne morale (une société, par exemple) est partie au litige, il faut indiquer la forme, la dénomination, le siège social et l'organe qui la représentent. De plus, il faut stipuler la juridiction devant laquelle l'affaire est portée. Enfin, la demande doit contenir l'indication des pièces sur lesquelles la demande est fondée. Elle doit être datée et signée par les parties. Si les parties se présentent volontairement devant le tribunal, elles doivent signer un procès-verbal constatant leur présence volontaire.

À NOTER

Réforme : la loi ALUR n° 2014-366 du 24 mars 2014 Lorsqu'un ou plusieurs locataires ont un litige ayant une origine commune, avec un même bailleur, ils peuvent donner mandat d'agir en justice, en leur nom et pour leur compte, aux associations déjà habilitées et, désormais, aux collectivités territoriales compétentes en matière d'habitat ou aux caisses d'allocations familiales (CAF) territorialement compétentes.

L'audience

Avant l'audience, préparez votre dossier en rassemblant et en classant les pièces sur lesquelles vous vous appuyez. N'oubliez donc pas d'inclure dans votre dossier les pièces (contrats, écrits, témoignages, attestations…) qui prouveront vos allégations. Le jour de l'audience, le greffier appelle les parties dans chaque affaire. Le juge tente, dans un premier temps, de concilier les parties. À défaut d'accord entre vous et votre adversaire, il juge l'affaire. Bien que les débats soient oraux, il est toutefois préférable de rédiger des conclusions (voir le modèle *Conclusions en défense*, p. 280). Présentez votre dossier de manière claire et concise si vous n'êtes pas représenté par un avocat.
Si l'affaire est mise en délibéré, le juge vous indiquera le jour où le jugement sera rendu.

> **ATTENTION**
> **Formalités de communication** Seules les pièces qui auront été communiquées à votre adversaire par courrier recommandé ou à son avocat pourront être incluses dans votre dossier.

› La procédure de référé

Les conditions

En cas d'urgence, vous pouvez assigner votre adversaire en référé. Cette procédure vous permettra d'obtenir rapidement une décision. Il est possible de mettre en œuvre la procédure de référé dans l'une des trois situations suivantes :
- dans tous les cas d'urgence, vous pouvez demander au tribunal que soient ordonnées toutes les mesures qui ne se heurtent à aucune contestation sérieuse ou que justifient l'existence d'un différend ;
- vous pouvez demander que soient prescrites les mesures conservatoires ou de remise en état qui s'imposent, soit pour prévenir un dommage imminent, soit pour faire cesser un trouble manifestement illicite ;
- vous pouvez demander une provision à votre créancier si l'existence de l'obligation que vous souhaitez faire exécuter n'est pas sérieusement contestable. De même, vous pouvez demander que soit ordonnée l'exécution d'une obligation de faire. Dans ce cas, il n'y a pas de condition d'urgence.

> **ATTENTION**
> **Le rôle des juges du fond** Dans le cas d'un référé-provision, si la décision n'est pas confirmée par le juge du fond, vous serez contraint de restituer les sommes perçues.

La procédure

Vous devez vous adresser à un huissier pour faire délivrer une assignation auprès du tribunal d'instance. Votre adversaire sera assigné à une audience tenue aux jour et heure habituels des référés.

Le juge des référés rendra une ordonnance qui est une décision provisoire. Cette ordonnance vous permettra d'obtenir l'exécution provisoire. En cas de nécessité, la décision devra être exécutée au vu de la seule minute (original du jugement rendu, signé par le président et le secrétaire-greffier) sans qu'il soit besoin de signifier l'ordonnance.
L'ordonnance de référé peut donner lieu à un recours.

Le juge de proximité

Le juge de proximité est compétent, en dernier ressort, jusqu'à la valeur de 4 000 €, pour les actions relatives à la restitution du dépôt de garantie prévue à l'article 22 de la loi n° 89-462 du 6 juillet 1989 (COJ, art. R. 231-4).
La juridiction de proximité a été supprimée par la loi n° 2011-1862 du 13 décembre 2011 relative à la répartition des contentieux et à l'allègement de certaines procédures juridictionnelles.
Cette suppression, à l'origine prévue pour le 1er janvier 2013, a été reportée au 1er janvier 2015, puis de nouveau au 1er janvier 2017 (L. n° 2014-1654 du 29.12.2014).
Jusqu'à cette date, les demandes de restitution du dépôt de garantie peuvent être portées devant le juge dont dépend le local loué.

Les procédures simplifiées

› La déclaration au greffe

Vous pouvez procéder à une déclaration au greffe du tribunal d'instance chaque fois que le litige ne dépasse pas 4 000 €.
La déclaration doit indiquer les nom, prénoms, profession et adresse des parties ou, pour les personnes morales, leur dénomination et leur siège. Elle contient l'objet de la demande et un exposé sommaire de ses motifs (CPC, art. 843 et s.).

À NOTER

Quelle forme prend la déclaration ? Pour former une déclaration au greffe du tribunal d'instance, il suffit en pratique de retirer un formulaire auprès de cette juridiction (voir le modèle *Déclaration au greffe*, p. 282).

La déclaration doit être déposée ou adressée au greffe. Elle est ensuite enregistrée. Le greffier doit convoquer le défendeur à l'audience par lettre recommandée avec demande d'avis de réception. En revanche, le demandeur peut être avisé par tous moyens des lieu, jour et heure de l'audience. Le procès se déroule selon la procédure ordinaire. Le juge rend une décision exécutoire. Toutefois, pour pouvoir procéder à l'exécution de la décision, il est nécessaire de la signifier par huissier.

Les décisions rendues par la voie d'une déclaration au greffe ne sont pas susceptibles d'appel, en raison des sommes modiques sur lesquelles elles portent. Toutefois, il est possible de former un pourvoi en cassation.
Le défendeur ayant reçu la convocation au greffe, et ne s'étant pas présenté, s'expose à ce qu'un jugement soit rendu au vu des seules indications fournies par le demandeur.

› L'injonction de payer

Les conditions

Vous pouvez mettre en œuvre cette procédure simplifiée, devant le tribunal d'instance, pour récupérer une somme d'argent (un arriéré de loyer, par exemple). Le litige doit avoir une cause née d'un contrat ou résulter d'une obligation statutaire. La procédure d'injonction de payer ne peut être mise en œuvre en cas de demande de dommages et intérêts.

À NOTER

Pour le dépôt de garantie Si la demande concerne la restitution du dépôt de garantie, le locataire peut adresser l'injonction de payer au juge de proximité, dès lors que la somme réclamée ne dépasse pas 4 000 €.
Dans le cas contraire, la demande est à adresser au juge d'instance.

La saisine du juge

Vous devez adresser votre requête au greffe du tribunal d'instance. Le juge compétent est celui du lieu où se situe le logement objet du litige. Cet acte de procédure doit être accompagné des documents justificatifs. Vous pouvez retirer le formulaire Cerfa n° 12948*02 au greffe du tribunal.
Vous pouvez aussi adresser une lettre de requête en injonction de payer au président du tribunal d'instance.
La lettre contiendra les informations suivantes : vos nom, prénoms, profession et domicile et ceux de votre adversaire ou, pour les personnes morales, leur forme, leur dénomination et leur siège social. De plus, vous devez indiquer de façon précise le montant de la somme déclarée avec le décompte des différents éléments de la créance, ainsi que le fondement de celle-ci. Vous pouvez, si vous le souhaitez, vous adresser à un avocat ou à un huissier pour présenter votre demande.

La procédure

Le juge ne fera qu'examiner le dossier, c'est-à-dire la requête et les documents justificatifs. Trois situations peuvent se présenter :
- le juge accepte totalement votre requête : vous devez alors, dans les 6 mois, faire signifier à votre adversaire l'ordonnance rendue par le juge ;
- le juge rejette votre demande : si vous persistez, vous devrez suivre la procédure normale ;

- le juge accepte partiellement votre requête : si vous donnez votre accord, vous devrez faire signifier votre ordonnance, c'est-à-dire faire appel à un huissier pour faire connaître à votre adversaire la décision.
À compter de la signification de l'ordonnance à votre adversaire, celui-ci dispose d'un délai d'1 mois pour faire opposition. S'il ne se manifeste pas, vous disposez alors d'1 mois pour demander au greffe qu'il appose la formule exécutoire sur l'ordonnance. Cette formalité vous permettra de faire exécuter l'ordonnance en faisant appel à un huissier.
Si votre adversaire fait opposition, il devra envoyer une lettre recommandée avec avis de réception au greffe du tribunal d'instance. Il pourra également remettre sa demande à ce même greffe contre récépissé. Vous et votre adversaire serez alors convoqués par le juge qui écoutera vos explications. À l'issue de l'audience, il rendra un jugement.

› L'injonction de faire

● Les conditions

C'est une procédure simplifiée permettant d'obtenir l'exécution en nature d'une obligation née d'un contrat.

● La saisine du tribunal

Si vous souhaitez procéder à une injonction de faire, vous pouvez vous rendre au tribunal d'instance où vous retirerez un formulaire qui constituera votre requête. En tout état de cause, la requête doit contenir les informations suivantes : les nom, prénoms, profession et adresse des parties ou, pour les personnes morales, leur dénomination et leur siège social. De même, vous devez indiquer la nature précise de l'obligation ainsi que son fondement. Vous devez joindre à votre demande les documents justificatifs. La requête doit parvenir au greffe du tribunal par lettre recommandée avec avis de réception ou être remise à ce même greffe contre récépissé.

● La procédure

Le juge va rendre une ordonnance d'injonction de faire s'il estime que la demande est fondée. L'ordonnance parviendra aux parties par lettre recommandée avec avis de réception. L'ordonnance doit fixer les délais et les conditions de l'exécution ainsi que l'objet de l'obligation. Si l'obligation n'est pas exécutée, ou n'est que partiellement exécutée, le juge va statuer sur cette demande.

ATTENTION

Pas de recours possible L'ordonnance d'injonction de faire n'est pas susceptible de recours. Si votre requête en injonction de faire est rejetée, vous pouvez saisir le tribunal compétent par la voie de la procédure ordinaire.

Textes de loi

CODE CIVIL

Livre III

Titre VIII
DU CONTRAT DE LOUAGE

Chapitre Ier
Dispositions générales

Art. 1708. Il y a deux sortes de contrats de louage :

Celui des choses,

Et celui d'ouvrage.

Art. 1709. Le louage des choses est un contrat par lequel l'une des parties s'oblige à faire jouir l'autre d'une chose pendant un certain temps, et moyennant un certain prix que celle-ci s'oblige de lui payer.

Art. 1710. Le louage d'ouvrage est un contrat par lequel l'une des parties s'engage à faire quelque chose pour l'autre, moyennant un prix convenu entre elles.

Art. 1711. Ces deux genres de louage se subdivisent encore en plusieurs espèces particulières :

On appelle bail à loyer, le louage des maisons et celui des meubles ;

Bail à ferme, celui des héritages ruraux ;

Loyer, le louage du travail ou du service ;

Bail à cheptel, celui des animaux dont le profit se partage entre le propriétaire et celui à qui il les confie.

Les devis, marché ou prix fait, pour l'entreprise d'un ouvrage moyennant un prix déterminé, sont aussi un louage, lorsque la matière est fournie par celui pour qui l'ouvrage se fait.

Ces trois dernières espèces ont des règles particulières.

Art. 1712. Les baux des biens nationaux, des biens des communes et des établissements publics, sont soumis à des règlements particuliers.

Chapitre II
Du louage des choses

Art. 1713. On peut louer toutes sortes de biens meubles ou immeubles.

Section I
Des règles communes aux baux des maisons et des biens ruraux

Art. 1714. *(L. n° 2009-526 du 12.5.2009)*. On peut louer ou par écrit, ou verbalement, sauf, en ce qui concerne les biens ruraux, application des règles particulières aux baux à ferme et à métayage.

Art. 1715. Si le bail fait sans écrit n'a encore reçu aucune exécution, et que l'une des parties le nie, la preuve ne peut être reçue par témoins, quelque modique qu'en soit le prix, et quoiqu'on allègue qu'il y a eu des arrhes données.
Le serment peut seulement être déféré à celui qui nie le bail.

Art. 1716. Lorsqu'il y aura contestation sur le prix du bail verbal dont l'exécution a commencé, et qu'il n'existera point de quittance, le propriétaire en sera cru sur son serment, si mieux n'aime le locataire demander l'estimation par experts ; auquel cas les frais de l'expertise restent à sa charge, si l'estimation excède le prix qu'il a déclaré.

Art. 1717. Le preneur a le droit de sous-louer, et même de céder son bail à un autre, si cette faculté ne lui a pas été interdite.
Elle peut être interdite pour le tout ou partie. Cette clause est toujours de rigueur.

Art. 1718. *(L. du 13.7.65)*. Les dispositions des 2e et 3e alinéas de l'article 595 relatif aux baux passés par les usufruitiers sont applicables aux baux passés par le tuteur sans autorisation du conseil de famille.

Art. 1719. Le bailleur est obligé, par la nature du contrat, et sans qu'il soit besoin d'aucune stipulation particulière :

1° *(L. n° 2009-323 du 25.3.2009)* De délivrer au preneur la chose louée et, s'il s'agit de son habitation principale, un logement décent ;

Lorsque des locaux loués à usage d'habitation sont impropres à cet usage, le bailleur ne peut se prévaloir de la nullité du bail ou de sa résiliation pour demander l'expulsion de l'occupant.

2° D'entretenir cette chose en état de servir à l'usage pour lequel elle a été louée ;

3° D'en faire jouir paisiblement le preneur pendant la durée du bail ;

4° D'assurer également la permanence et la qualité des plantations.

Art. 1720. Le bailleur est tenu de délivrer la chose en bon état de réparations de toute espèce.

Il doit y faire, pendant la durée du bail, toutes les réparations qui peuvent devenir nécessaires, autres que les locatives.

Art. 1721. Il est dû garantie au preneur pour tous les vices ou défauts de la chose louée qui en empêchent l'usage, quand même le bailleur ne les aurait pas connus lors du bail.

S'il résulte de ces vices ou défauts quelque perte pour le preneur, le bailleur est tenu de l'indemniser.

Art. 1722. Si, pendant la durée du bail, la chose louée est détruite en totalité par cas fortuit, le bail est résilié de plein droit ; si elle n'est détruite qu'en partie, le preneur peut, suivant les circonstances, demander ou une diminution du prix, ou la résiliation même du bail. Dans l'un et l'autre cas, il n'y a lieu à aucun dédommagement.

Art. 1723. Le bailleur ne peut, pendant la durée du bail, changer la forme de la chose louée.

Art. 1724. Si, durant le bail, la chose louée a besoin de réparations urgentes et qui ne puissent être différées jusqu'à sa fin, le preneur doit les souffrir, quelque incommodité qu'elles lui causent, et quoiqu'il soit privé, pendant qu'elles se font, d'une partie de la chose louée.

(L. n° 2014-366 du 24.3.2014). Mais si ces réparations durent plus de vingt et un jours, le prix du bail sera diminué à proportion du temps et de la partie de la chose louée dont il aura été privé.

Si les réparations sont de telle nature, qu'elles rendent inhabitable ce qui est nécessaire au logement du preneur et de sa famille, celui-ci pourra faire résilier le bail.

Art. 1725. Le bailleur n'est pas tenu de garantir le preneur du trouble que des tiers apportent par voies de fait à sa jouissance, sans prétendre d'ailleurs aucun droit sur la chose louée ; sauf au preneur à les poursuivre en son nom personnel.

Art. 1726. Si, au contraire, le locataire ou le fermier ont été troublés dans leur jouissance par suite d'une action concernant la propriété du fonds, ils ont droit à une diminution proportionnée sur le prix du bail à loyer ou à ferme, pourvu que le trouble et l'empêchement aient été dénoncés au propriétaire.

Art. 1727. Si ceux qui ont commis les voies de fait, prétendent avoir quelque droit sur la chose louée, ou si le preneur est lui-même cité en justice pour se voir condamner au délaissement de la totalité ou de partie de cette chose, ou à souffrir l'exercice de quelque servitude, il doit appeler le bailleur en garantie, et doit être mis hors d'instance, s'il l'exige, en nommant le bailleur pour lequel il possède.

Art. 1728. Le preneur est tenu de deux obligations principales :

1° (L. n° 2014-873 du 4.8.2014). D'user de la chose louée raisonnablement, et suivant la destination qui lui a été donnée par le bail, ou suivant celle présumée d'après les circonstances, à défaut de convention ;

2° De payer le prix du bail aux termes convenus.

Art. 1729. (L. n° 2014-873 du 4.8.2014). Si le preneur n'use pas de la chose louée raisonnablement ou emploie la chose louée à un autre usage que celui auquel elle a été destinée, ou dont il puisse résulter un dommage pour le bailleur, celui-ci peut, suivant les circonstances, faire résilier le bail.

Art. 1730. S'il a été fait un état des lieux entre le bailleur et le preneur, celui-ci doit rendre la chose telle qu'il l'a reçue, suivant cet état, excepté ce qui a péri ou a été dégradé par vétusté ou force majeure.

Art. 1731. S'il n'a pas été fait état des lieux, le preneur est présumé les avoir reçus en bon état de réparations locatives, et doit les rendre tels, sauf la preuve contraire.

Art. 1732. Il répond des dégradations ou des pertes qui arrivent pendant sa jouissance, à moins qu'il ne prouve qu'elles ont eu lieu sans sa faute.

Art. 1733. Il répond de l'incendie, à moins qu'il ne prouve :

Que l'incendie est arrivé par cas fortuit ou force majeure, ou par vice de construction.

Ou que le feu a été communiqué par une maison voisine.

Art. 1734. *(L. du 5.1.1883).* S'il y a plusieurs locataires, tous sont responsables de l'incendie, proportionnellement à la valeur locative de la partie de l'immeuble qu'ils occupent.

À moins qu'ils ne prouvent que l'incendie a commencé dans l'habitation de l'un d'eux, auquel cas celui-là seul en est tenu.

Ou que quelques-uns ne prouvent que l'incendie n'a pu commencer chez eux, auquel cas ceux-là n'en sont pas tenus.

Art. 1735. Le preneur est tenu des dégradations et des pertes qui arrivent par le fait des personnes de sa maison ou de ses sous-locataires.

Art. 1736. Si le bail a été fait sans écrit, l'une des parties ne pourra donner congé à l'autre qu'en observant les délais fixés par l'usage des lieux.

Art. 1737. Le bail cesse de plein droit à l'expiration du terme fixé, lorsqu'il a été fait par écrit, sans qu'il soit nécessaire de donner congé.

Art. 1738. Si, à l'expiration des baux écrits, le preneur reste et est laissé en possession, il s'opère un nouveau bail dont l'effet est réglé par l'article relatif aux locations faites sans écrit.

Art. 1739. Lorsqu'il y a un congé signifié, le preneur, quoiqu'il ait continué sa jouissance, ne peut invoquer la tacite reconduction.

Art. 1740. Dans le cas des deux articles précédents, la caution donnée pour le bail ne s'étend pas aux obligations résultant de la prolongation.

Art. 1741. Le contrat de louage se résout par la perte de la chose louée, et par le défaut respectif du bailleur et du preneur, de remplir leurs engagements.

Art. 1742. Le contrat de louage n'est point résolu par la mort du bailleur, ni par celle du preneur.

Art. 1743. *(L. n° 2009-526 du 12.5.2009).* Si le bailleur vend la chose louée, l'acquéreur ne peut expulser le fermier, le métayer ou le locataire qui a un bail authentique ou dont la date est certaine.

Il peut, toutefois, expulser le locataire de biens non ruraux s'il s'est réservé ce droit par le contrat de bail.

Art. 1744. *(Ord. du 17.10.45).* S'il a été convenu, lors du bail, qu'en cas de vente l'acquéreur pourrait expulser le locataire, et qu'il n'ait été fait aucune stipulation sur les dommages et intérêts, le bailleur est tenu d'indemniser le locataire de la manière suivante.

Art. 1745. S'il s'agit d'une maison, appartement ou boutique, le bailleur paye, à titre de dommages et intérêts, au locataire évincé, une somme égale au prix du loyer, pendant le temps qui, suivant l'usage des lieux, est accordé entre le congé et la sortie.

Art. 1746. S'il s'agit de biens ruraux, l'indemnité que le bailleur doit payer au fermier est du tiers du prix du bail pour tout le temps qui reste à courir.

Art. 1747. L'indemnité se réglera par experts, s'il s'agit de manufactures, usines, ou autres établissements qui exigent de grandes avances.

Art. 1748. *(Ord. du 17.10.45).* L'acquéreur qui veut user de la faculté réservée par le bail d'expulser le locataire en cas de vente, est, en outre, tenu de l'avertir au temps d'avance usité dans le lieu pour les congés.

Art. 1749. *(Ord. du 17.10.45)*. Les locataires ne peuvent être expulsés qu'ils ne soient payés par le bailleur ou, à son défaut, par le nouvel acquéreur, des dommages et intérêts ci-dessus expliqués.

Art. 1750. Si le bail n'est pas fait par acte authentique, ou n'a point de date certaine, l'acquéreur n'est tenu d'aucuns dommages et intérêts.

Art. 1751. *(L. n° 2014-366 du 24.3.2014)*. Le droit au bail du local, sans caractère professionnel ou commercial, qui sert effectivement à l'habitation de deux époux, quel que soit leur régime matrimonial et nonobstant toute convention contraire et même si le bail a été conclu avant le mariage, ou de deux partenaires liés par un pacte civil de solidarité, dès lors que les partenaires en font la demande conjointement, est réputé appartenir à l'un et à l'autre des époux ou partenaires liés par un pacte civil de solidarité.

En cas de divorce ou de séparation de corps, ce droit pourra être attribué, en considération des intérêts sociaux et familiaux en cause, par la juridiction saisie de la demande en divorce ou en séparation de corps, à l'un des époux, sous réserve des droits à récompense ou à indemnité au profit de l'autre époux.

(L. n° 2001-1135 du 3.12.2001). En cas de décès d'un des époux ou d'un des partenaires liés par un pacte civil de solidarité, le conjoint ou le partenaire lié par un pacte civil de solidarité survivant cotitulaire du bail dispose d'un droit exclusif sur celui-ci sauf s'il y renonce expressément.

Art. 1751-1. *(L. n° 2014-366 du 24.3.2014)*. En cas de dissolution du pacte civil de solidarité, l'un des partenaires peut saisir le juge compétent en matière de bail aux fins de se voir attribuer le droit au bail du local, sans caractère professionnel ou commercial, qui sert effectivement à l'habitation des deux partenaires, sous réserve des créances ou droits à indemnité au profit de l'autre partenaire. Le bailleur est appelé à l'instance. Le juge apprécie la demande en considération des intérêts sociaux et familiaux des parties.

Section II
Des règles particulières aux baux à loyer

Art. 1752. Le locataire qui ne garnit pas la maison de meubles suffisants, peut être expulsé, à moins qu'il ne donne des sûretés capables de répondre du loyer.

Art 1753. Le sous-locataire n'est tenu envers le propriétaire que jusqu'à concurrence du prix de sa sous-location dont il peut être débiteur au moment de la saisie, et sans qu'il puisse opposer des paiements faits par anticipation.
Les paiements faits par le sous-locataire, soit en vertu d'une stipulation portée en son bail, soit en conséquence de l'usage des lieux, ne sont pas réputés faits par anticipation.

Art 1754. Les réparations locatives ou de menu entretien dont le locataire est tenu, s'il n'y a clause contraire, sont celles désignées comme telles par l'usage des lieux, et, entre autres, les réparations à faire :
Aux âtres, contre-cœurs, chambranles et tablettes de cheminées ;
Au recrépiment du bas des murailles des appartements et autres lieux d'habitation à la hauteur d'un mètre ;
Aux pavés et carreaux des chambres, lorsqu'il y en a seulement quelques-uns de cassés ;
Aux vitres, à moins qu'elles ne soient cassées par la grêle ou autres accidents extraordinaires et de force majeure, dont le locataire ne peut être tenu ;
Aux portes, croisées, planches de cloison ou de fermeture de boutiques, gonds, targettes et serrures.

Art. 1755. Aucune des réparations réputées locatives n'est à la charge des locataires, quand elles ne sont occasionnées que par vétusté ou force majeure.

Art. 1756. Le curement des puits et celui des fosses d'aisances sont à la charge du bailleur s'il n'y a clause contraire.

Art. 1757. Le bail des meubles fournis pour garnir une maison entière, un corps de logis entier, une boutique, ou tous autres appartements, est censé fait pour la durée ordinaire des baux de maison, corps de logis, boutiques ou autres appartements, selon l'usage des lieux.

Art. 1758. Le bail d'un appartement meublé est censé fait à l'année, quand il a été fait à tant par an ;
Au mois, quand il a été fait à tant par mois ;
Au jour, quand il a été fait à tant par jour.
Si rien ne constate que le bail soit fait à tant par an, par mois ou par jour, la location est censée faite suivant l'usage des lieux.

Art. 1759. Si le locataire d'une maison ou d'un appartement continue sa jouissance après l'expiration du bail par écrit, sans opposition de la part du bailleur, il sera censé les occuper aux mêmes conditions, pour le terme fixé par l'usage des lieux, et ne pourra plus en sortir ni en être expulsé qu'après un congé donné suivant le délai fixé par l'usage des lieux.

Art. 1760. En cas de résiliation par la faute du locataire, celui-ci est tenu de payer le prix du bail pendant le temps nécessaire à la relocation, sans préjudice des dommages et intérêts qui ont pu résulter de l'abus.

Art. 1761. Le bailleur ne peut résoudre la location, encore qu'il déclare vouloir occuper par lui-même la maison louée, s'il n'y a eu convention contraire.

Art. 1762. S'il a été convenu, dans le contrat de louage, que le bailleur pourrait venir occuper la maison, il est tenu de signifier d'avance un congé aux époques déterminées par l'usage des lieux.

CODE DE LA CONSTRUCTION ET DE L'HABITATION

PARTIE RÉGLEMENTAIRE

Livre III

Titre III
CHAUFFAGE ET RAVALEMENT DES IMMEUBLES LUTTE CONTRE LES TERMITES

Chapitre Ier
Chauffage et refroidissement des immeubles et performance énergétique (décret n° 2007-363 du 19.3.2007)

Section I
Équipement et répartition des frais dans les immeubles collectifs

Art. R.131-1. Au sens de la présente section,
Un immeuble collectif pourvu d'un chauffage commun est un immeuble qui comprend au moins deux locaux destinés à être occupés à titre privatif et chauffés par une même installation ;
Un local occupé à titre privatif est constitué par la pièce ou l'ensemble des pièces réservées à la jouissance exclusive de personnes physiques ou morales.

Équipements et répartition des frais de chauffage dans les immeubles collectifs à usage principal d'habitation (D. n° 2012-545 du 23.4.2012)

Art. * 131-2. *(D. n° 2012-545 du 23.4.2012).* Tout immeuble collectif à usage principal d'habitation équipé d'un chauffage commun à tout ou partie des locaux occupés à titre privatif et fournissant à chacun de ces locaux une quantité de chaleur réglable par l'occupant doit être muni d'appareils permettant d'individualiser les frais de chauffage collectif.

Ces appareils doivent permettre de mesurer la quantité de chaleur fournie ou une grandeur représentative de celle-ci.

Art. * 131-3. *(D. n° 2012-545 du 23.4.2012).* Les dispositions de l'article R. * 131-2 ne sont pas applicables :

a) Aux établissements d'hôtellerie et aux logements-foyers ;

b) Aux immeubles collectifs ayant fait l'objet d'une demande de permis de construire déposée après le 1er juin 2001 ;

c) Aux immeubles dans lesquels il est techniquement impossible de mesurer la chaleur consommée par chaque local pris séparément ;

d) Aux immeubles dans lesquels il est techniquement impossible de poser un appareil permettant aux occupants de chaque local de moduler significativement la chaleur fournie ;

e) Aux immeubles pourvus d'une installation de chauffage mixte comprenant un équipement collectif complété par des équipements fixes de chauffage dont les frais d'utilisation sont pris en charge directement par les occupants ;

f) Aux immeubles collectifs ayant fait l'objet d'une demande de permis de construire déposée avant le 1er juin 2001 dont la consommation de chauffage est inférieure à un seuil fixé par arrêté. Si cette condition n'est pas respectée lors de la première détermination de la consommation, seuls d'importants travaux d'amélioration de la performance énergétique peuvent justifier un nouvel examen du respect de cette condition.

Un arrêté conjoint des ministres chargés de l'énergie et de la construction définit les cas d'impossibilité visés aux c et d, définit le seuil visé au f, et précise les modalités de répartition des frais de chauffage en application du II de l'article R. * 131-7 et d'information des occupants.

Art. * 131-4. *(D. n° 2012-545 du 23.4.2012).* Si le seuil défini à l'article R. * 131-3 est dépassé, et avant toute installation des appareils prévus à l'article R. * 131-2, les émetteurs de chaleur, quand cela est techniquement possible, doivent être munis, à la charge du propriétaire, d'organes de régulation en fonction de la température intérieure de la pièce, notamment des robinets thermostatiques en état de fonctionnement.

Art. R. * 131-5. *(D. n° 2012-545 du 23.4.2012).* La mise en service des appareils prévus à l'article R. * 131-2 doit avoir lieu au plus tard le 31 mars 2017.

Les relevés de ces appareils doivent pouvoir être faits sans qu'il soit besoin de pénétrer dans les locaux privatifs.

Art. R. * 131-6. *(D. n° 2012-545 du 23.4.2012).* Les appareils prévus à l'article R. * 131-2 doivent être conformes à la réglementation prise en application du décret n° 2001-387 du 3.5.2001 relatif au contrôle des instruments de mesure.

Art. R. * 131-7. *(D. n° 2012-545 du 23.4.2012).* I - Dans les immeubles collectifs équipés des appareils prévus à l'article R. * 131-2, les frais de chauffage afférents à l'installation commune sont divisés, d'une part, en frais de combustible ou d'énergie et, d'autre part, en autres frais de chauffage tels que les frais relatifs à la conduite et à l'entretien des installations de chauffage et les frais relatifs à l'utilisation d'énergie électrique (ou éventuellement d'autres formes d'énergie) pour le fonctionnement des appareillages, notamment les instruments de régulation, les pompes, les brûleurs et les ventilateurs.

II - Les frais de combustible ou d'énergie sont répartis entre les locaux desservis en distinguant des frais communs et des frais individuels. Les frais communs de combustible ou d'énergie sont obtenus en multipliant le total des dépenses de combustible ou d'énergie par un coefficient égal à 0,30. Dans le cas des immeubles pour lesquels des appareils de mesure tels que ceux visés à l'article R. * 131-2 ont déjà été installés, le coefficient choisi entre 0 et 0,50 au moment de l'installation de ces appareils est conservé. Toutefois, l'assemblée générale des copropriétaires ou le gestionnaire d'un immeuble entièrement locatif peut remplacer le coefficient initial par le coefficient de 0,30.

Les frais communs sont répartis dans les conditions fixées par le règlement de copropriété ou les documents en tenant lieu. Le total des frais individuels s'obtient par différence entre le total des frais de combustible ou d'énergie et les frais communs calculés comme il est dit ci-dessus. Ce total est réparti en fonction des indications fournies par les appareils prévus à l'article R. * 131-2, les situations ou configurations thermiquement défavorables des locaux pouvant être prises en compte.

III - Les autres frais de chauffage énumérés au I sont répartis dans les conditions fixées par le règlement de copropriété ou les documents en tenant lieu.

Équipements et répartition des frais de chauffage dans les immeubles collectifs à usage principal autre que d'habitation (D. n° 2012-545 du 23.4.2012)

Art. R.131-8. Les dispositions de la présente section ne sont pas applicables à la Guadeloupe, à la Guyane, à la Martinique, à La Réunion et à Mayotte.

Section II

Frais d'eau chaude dans les immeubles collectifs

Art. R.131-9. Au sens de la présente section :

– un immeuble collectif pourvu d'une distribution d'eau chaude commune est un immeuble qui comprend au moins deux locaux occupés à titre privatif et alimentés en eau chaude par une même installation ;

– un local occupé à titre privatif est constitué par la pièce ou l'ensemble des pièces réservées à la jouissance exclusive de personnes physiques ou morales ;

– les immeubles de classe A sont les immeubles ayant fait l'objet d'une demande de permis de construire, d'une demande de prorogation de permis de construire ou d'une déclaration préalable de travaux au sens de l'ancien article L. 430-3 du Code l'urbanisme postérieure au 30 juin 1975 ;
– tous les autres immeubles relèvent de la classe B.

Art. R.131-10. Sauf dans les cas de dérogation prévus aux articles R. 131-12 et R. 131-13, dans les immeubles collectifs où la production d'eau chaude est commune à tout ou partie des locaux occupés à titre privatif, les frais de combustible ou d'énergie afférents à la fourniture d'eau chaude sont répartis entre ces locaux proportionnellement à la mesure directe ou indirecte, soit de la quantité d'eau chaude fournie à chacun des locaux, soit de la quantité de chaleur nécessaire au chauffage de l'eau ainsi fournie.
Lorsque les conditions de fourniture de l'eau chaude ne permettent pas de connaître la part des frais de combustible ou d'énergie entrant dans le prix de ladite fourniture, cette part fait l'objet, pour l'application du présent article, d'une estimation forfaitaire égale au deux tiers au moins du prix total de l'eau chaude fournie par l'installation commune de l'immeuble.
Il n'est pas dérogé par le présent article aux dispositions, conventions ou usages en vigueur pour la répartition des frais, fixes ou non, et des charges afférents à la fourniture d'eau chaude autres que les frais de combustible ou d'énergie mentionnés ci-dessus.

Art. R.131-11. Les dispositions prévues à l'article R. 131-10 sont applicables à tous les immeubles collectifs de la classe A ; ceux-ci, de construction, doivent être équipés des appareils nécessaires de mesure directe ou indirecte.

Art. R.131-12. Les dispositions prévues à l'article R. 131-10 sont applicables aux immeubles collectifs de la classe B qui doivent être équipés des appareils nécessaires à dater du 15 septembre 1977 au plus tard.
Il peut y être dérogé, pour l'ensemble d'un immeuble ou l'ensemble des immeubles desservis par une même installation de production d'eau chaude :
1° Si le nombre des points de mesure nécessaires à l'application de l'article R. 131-10 est supérieur à deux fois le nombre des locaux occupés à titre privatif desservis par cette installation ;
2° Ou si, pour plus de 15 % des points de mesure, les canalisations ne satisfont pas aux conditions d'accessibilité fixées par arrêté du ministre chargé de la construction et de l'habitation.

Art. R.131-13. Il peut être dérogé, par arrêté du ministre chargé de la construction et de l'habitation et du ministre chargé de l'industrie, aux dispositions de l'article R. 131-10 en ce qui concerne :
– les immeubles collectifs de la classe B comportant seulement deux locaux occupés à titre privatif ;
– les locaux dépendant d'un établissement d'hôtellerie.

Art. R.131-14. Un arrêté du ministre chargé de l'industrie fixe les règles de construction et d'utilisation des appareils nécessaires à l'application de la présente section, ainsi que les modalités de leur contrôle, dans la mesure où ces appareils ne relèvent pas de la réglementation édictée par le décret précité du 30 novembre 1944.
(...)

Chapitre III
Lutte contre les termites

Art. R. 133-1. *(D. n° 2006-1114 du 5.9.2006).* L'injonction de procéder à la recherche de termites ainsi qu'aux travaux prévus à l'article L. 133-1 est prise par arrêté du maire et notifiée au propriétaire de l'immeuble.

Le propriétaire justifie du respect de l'obligation de recherche de termites en adressant au maire un état du bâtiment relatif à la présence de termites mentionné à l'article R. 133-7, établi par une personne exerçant l'activité d'expertise ou de diagnostic de la présence de termites, indiquant les parties de l'immeuble visitées et celles n'ayant pu être visitées, les éléments infestés ou ayant été infestés par la présence de termites et ceux qui ne le sont pas, ainsi que la date de son établissement.

Le propriétaire justifie du respect de l'obligation de réalisation des travaux préventifs ou d'éradication en adressant au maire une attestation, établie par une personne exerçant l'activité de traitement et de lutte contre les termites distincte de la personne ayant établi un état du bâtiment relatif à la présence de termites mentionné à l'article R. 133-7 prévu à l'alinéa précédent, certifiant qu'il a été procédé aux travaux correspondants.

Art. R.133-2. Le fait pour le propriétaire de ne pas justifier du respect de l'obligation de recherche des termites ainsi que de l'obligation de réalisation des travaux préventifs ou d'éradication selon les modalités prévues à l'article R. 133-1 est puni des peines prévues pour les contraventions de 5e classe *(L. n° 2010-671 du 18.6.2010)*.

La récidive des contraventions prévues au présent article est punie conformément aux dispositions des articles 132-11 et 132-15 du Code pénal.

Art. R. 133-3. La déclaration de la présence de termites dans un immeuble bâti ou non bâti, prévue à l'article L. 133-4, est adressée, dans le mois suivant les constatations, au maire de la commune du lieu de situation de l'immeuble par lettre recommandée avec demande d'avis de réception ou déposée contre récépissé en mairie.

La déclaration précise l'identité du déclarant et les éléments d'identification de l'immeuble. Elle mentionne les indices révélateurs de la présence de termites et peut à cette fin être accompagnée de l'état relatif à la présence de termites mentionné à l'article R. 133-7. Elle est datée et signée par le déclarant.

Art. R. 133-4. L'arrêté préfectoral, prévu à l'article L. 133-5, pris sur proposition ou après consultation des conseils municipaux intéressés et délimitant les zones contaminées par les termites ou susceptibles de l'être à court terme, est affiché pendant trois mois en mairie dans les communes où sont situées les zones délimitées.

Les effets juridiques attachés à la délimitation des zones ont pour point de départ l'exécution de l'ensemble des formalités de publicité mentionnées à l'alinéa précédent, la date à prendre en compte pour l'affichage en mairie étant celle du premier jour où il est effectué.

L'arrêté est en outre publié au recueil des actes administratifs de la préfecture.

L'arrêté et ses annexes peuvent être consultés dans les mairies des communes intéressées ainsi qu'à la préfecture.

L'arrêté préfectoral portant modification ou suppression des zones fait l'objet des mêmes formalités et mesures de publicité.

Art. R. 133-5. La personne qui a procédé à des opérations d'incinération sur place ou de traitement avant transport des bois et matériaux contaminés par les termites, en cas de démolition d'un bâtiment situé dans les zones délimitées par arrêté préfectoral, souscrit dans le mois suivant l'achèvement des opérations la déclaration prévue au deuxième alinéa de l'article L. 133-5.

La déclaration est adressée au maire de la commune du lieu de situation de l'immeuble par lettre recommandée avec demande d'avis de réception ou déposée à la mairie contre récépissé.

Elle précise l'identité de la personne qui a procédé aux opérations et mentionne les éléments d'identification de l'immeuble d'où proviennent les bois et matériaux de démolition contaminés par les termites ainsi que la nature des opérations d'incinération ou de traitement et le lieu de stockage des matériaux. Elle est datée et signée par le déclarant.

Art. R. 133-6. Est puni de l'amende prévue pour les contraventions de la troisième classe le fait de ne pas souscrire la déclaration de la présence de termites prévue à l'article L. 133-4.

Est puni de l'amende prévue pour les contraventions de la quatrième classe le fait de ne pas souscrire dans les conditions prévues à l'article R. 133-5 la déclaration en mairie relative aux opérations d'incinération ou de traitement avant transport des bois ou matériaux contaminés par les termites.

Est puni de l'amende prévue pour les contraventions de la cinquième classe le fait de ne pas avoir procédé, en cas de démolition de bâtiment situé dans une zone délimitée par arrêté préfectoral, aux opérations d'incinération ou de traitement avant transport des bois ou matériaux contaminés par les termites, exigées au deuxième alinéa de l'article L. 133-5.

La récidive de la contravention prévue à l'alinéa précédent est punie conformément à l'article 132-11 du code pénal.

Art. R. 133-7. L'état du bâtiment relatif à la présence de termites prévu à l'article L. 133-6 est établi par une personne répondant aux conditions de l'article L. 271-6 et de ses textes d'application.

Il identifie l'immeuble en cause, indique les parties visitées et celles qui n'ont pu l'être, les éléments infestés par la présence de termites et ceux qui ne le sont pas. L'état est daté et signé.

Art. R. 133-8. La durée de validité de l'état du bâtiment relatif à la présence de termites prévu à l'article R. 133-7 est définie au troisième alinéa de l'article R. 271-5.

Chapitre IV
Diagnostics techniques

Section 1
Diagnostic de performance énergétique

Sous-section 1
Dispositions générales
(D. n° 2010-1662 du 28.12.2010)

Art. R. 134-1 *(D. n° 2006-1147 du 14.9.2006)*. La présente section s'applique à tout bâtiment ou partie de bâtiment clos et couvert, à l'exception des catégories suivantes :

a) Les constructions provisoires prévues pour une durée d'utilisation égale ou inférieure à deux ans ;

b) Les bâtiments indépendants dont la surface de plancher au sens de l'article R. 112-2 du code de l'urbanisme est inférieure à 50 mètres carrés ;

c) *(D. n° 2008-461 du 15.5.2008)*. Les bâtiments ou parties de bâtiments à usage agricole, artisanal ou industriel, autres que les locaux servant à l'habitation, dans lesquels le système de chauffage ou de refroidissement ou de production d'eau chaude pour l'occupation humaine produit une faible quantité d'énergie au regard de celle nécessaire aux activités économiques.

d) Les bâtiments servant de lieux de culte ;

e) Les monuments historiques classés ou inscrits à l'inventaire en application du code du patrimoine.

f) *(D. n° 2008-461 du 15.5.2008)*. Les bâtiments ou parties de bâtiments non chauffés ou pour lesquels les seuls équipements fixes de chauffage sont des cheminées à foyer ouvert, et ne disposant pas de dispositif de refroidissement des locaux.

g) *(D. n° 2008-461 du 15.5.2008)*. Les bâtiments ou parties de bâtiments résidentiels qui sont destinés à être utilisés moins de quatre mois par an.

Art. R. 134-2 *(D. n° 2006-1147 du 14.9.2006)*. Le diagnostic de performance énergétique comprend :

a) Les caractéristiques pertinentes du bâtiment ou de la partie de bâtiment et un descriptif de ses équipements de chauffage, de production d'eau chaude sanitaire, de refroidissement, de ventilation et, dans certains types de bâtiments, de l'éclairage intégré des locaux en indiquant, pour chaque catégorie d'équipements, les conditions de leur utilisation et de leur gestion ayant des incidences sur les consommations énergétiques ;

b) L'indication, pour chaque catégorie d'équipements, de la quantité annuelle d'énergie consommée ou estimée selon une méthode de calcul conventionnel ainsi qu'une évaluation des dépenses annuelles résultant de ces consommations ;

c) L'évaluation de la quantité d'émissions de gaz à effet de serre liée à la quantité annuelle d'énergie consommée ou estimée ;

d) L'évaluation de la quantité d'énergie d'origine renouvelable produite par les équipements installés à demeure et utilisée dans le bâtiment ou partie de bâtiment en cause ;

e) Le classement du bâtiment ou de la partie de bâtiment en application d'une échelle de référence établie en fonction de la quantité annuelle d'énergie consommée ou estimée, pour le chauffage, la production d'eau chaude sanitaire et le refroidissement, rapportée à la surface du bâtiment ou de la partie du bâtiment ;

f) Le classement du bâtiment ou de la partie de bâtiment en application d'une échelle de référence établie en fonction de la quantité d'émissions de gaz à effet de serre, pour le chauffage, la production d'eau chaude sanitaire et le refroidissement, rapportée à la surface du bâtiment ou de la partie du bâtiment ;

g) Des recommandations visant à améliorer la performance énergétique du bâtiment ou

de la partie de bâtiment, accompagnées d'une évaluation de leur coût et de leur efficacité ;
h) *(D. n° 2013-695 du 30.7.2013)*. Le cas échéant, le dernier document en date mentionné à l'article R. 224-33 ou R. 224-41-8 du Code de l'environnement.

Art. R. 134-3 *(D. n° 2006-1147 du 14.9.2006)*. Lorsque le diagnostic de performance énergétique porte sur un bâtiment ou une partie d'un bâtiment qui bénéficie d'un dispositif collectif de chauffage, de refroidissement ou de production d'eau chaude, le propriétaire du dispositif collectif, son mandataire ou le syndic de copropriété fournit à la personne qui demande le diagnostic et aux frais de cette dernière :
a) La quantité annuelle d'énergie consommée pour ce bâtiment ou cette partie de bâtiment par le dispositif collectif ;
b) Le calcul ou les modalités ayant conduit à la détermination de cette quantité à partir de la quantité totale d'énergie consommée par le dispositif collectif ;
c) Une description des installations collectives de chauffage, de refroidissement ou de production d'eau chaude et de leur mode de gestion.

Art. R. 134-4 *(D. n° 2006-1147 du 14.9.2006)*. Pour réaliser le diagnostic de performance énergétique, il est fait appel à une personne répondant aux conditions de l'article R. 271-6 et de ses textes d'application.

Art. R. 134-4-1. *(D. n° 2013-695 du 30.7.2013)*. Tout bâtiment d'une surface supérieure à 500 m^2, soumis aux dispositions de la présente section et occupé par les services d'une collectivité publique ou d'un établissement public, qui accueille un établissement recevant du public de la 1re à la 4e catégorie au sens de l'article R. 123-19, doit faire l'objet d'un diagnostic de performance énergétique avant le 1er janvier 2015, sauf si celui-ci a déjà été réalisé et est encore en cours de validité. Le propriétaire ou, s'il y a lieu, le gestionnaire ou l'exploitant du bâtiment affiche ce diagnostic pendant toute sa durée de validité de manière visible pour le public à proximité de l'entrée principale ou du point d'accueil.

Lorsqu'un bâtiment d'une surface supérieure à 500 m^2 soumis aux dispositions de la présente section accueille un établissement recevant du public de la 1re à la 4e catégorie au sens de l'article R. 123-19 et fait l'objet d'un diagnostic de performance énergétique dans le cadre de sa construction, de sa vente ou de sa location, conformément aux articles L. 134-2, L. 134-3 ou L. 134-3-1, son propriétaire ou, s'il y a lieu, son gestionnaire ou son exploitant affiche ce diagnostic pendant toute sa durée de validité de manière visible pour le public à proximité de l'entrée principale ou du point d'accueil.
À noter : à compter du 1er juillet 2015, au premier alinéa de l'article R. 134-4-1 du Code de la construction et de l'habitation, les mots : « 500 m^2 » sont remplacés par les mots : « 250 m^2 », et les mots : « 1er janvier 2015 » sont remplacés par les mots : « 1er juillet 2017 ».

Art. R. 134-4-2. *(D. n° 2011-413 du 13.4.2011)*. La durée de validité du diagnostic de performance énergétique est fixée à dix ans.

Art. R. 134-4-3. *(D. n° 2012-1342 du 3.12.2012)*. I. — Le diagnostic de performance énergétique prévu au premier alinéa de l'article L. 134-4-1 est réalisé pour l'ensemble du bâtiment selon les modalités prévues pour ce diagnostic à l'article L. 271-4.

II. — Lorsqu'il s'agit d'un immeuble en copropriété :

Le syndic de copropriété inscrit à l'ordre du jour de l'assemblée générale des copropriétaires la décision de réaliser le diagnostic de performance énergétique.

Il inscrit à l'ordre du jour de l'assemblée générale des copropriétaires qui suit cette réalisation la présentation du diagnostic par la personne en charge de sa réalisation. Ce document, qui comporte des explications détaillées, mentionne également les hypothèses de travail et les éventuelles approximations auxquelles il a donné lieu.

Ce diagnostic vaut diagnostic de performance énergétique au sens des articles L. 134-1 à L. 134-4 pour chacun des lots.

III. — Les syndicats de copropriétaires ayant déjà fait réaliser un diagnostic de performance énergétique toujours en cours de validité et conforme aux exigences du I ne sont pas soumis à l'obligation de réaliser un nouveau diagnostic.

Dans le cas où un syndicat de copropriétaires a fait réaliser un diagnostic de performance énergétique toujours en cours de validité mais non conforme aux exigences du I, celui-ci est complété en vue de le rendre conforme à celles-ci.

Art. R. 134-5 *(D. n° 2006-1147 du 14.9.2006).* Un arrêté conjoint des ministres chargés de la construction et de l'industrie détermine les modalités d'application de la présente sous-section. Il précise notamment, par catégorie de bâtiments, la définition des surfaces, le contenu du diagnostic de performance énergétique, les éléments des méthodes de calcul conventionnel, les échelles de référence, le prix moyen de l'énergie servant à l'évaluation des dépenses annuelles mentionnée à l'article R. 134-2, les facteurs de conversion des quantités d'énergie finale en quantités d'émissions de gaz à effet de serre et les modalités selon lesquelles est prise en compte dans les calculs l'incidence positive de l'utilisation de sources d'énergie renouvelable ou d'éléments équivalents.

Sous-section 2
Mention de l'« étiquette énergie »
(D. n° 2010-1662 du 28.12.2010)

Art. * R. 134-5-1. Toute annonce relative à la mise en vente ou en location d'un bien immobilier devant faire l'objet d'un diagnostic de performance énergétique insérée dans la presse écrite à compter du 1er janvier 2011 mentionne la lettre correspondant à l'échelle de référence du classement énergétique prévu par le e de l'article R. 134-2.

Cette mention précédée des mots « classe énergie » doit être en majuscules et d'une taille au moins égale à celle des caractères du texte de l'annonce.

Art. * R. 134-5-2. Toute annonce relative à la mise en vente ou en location d'un bien immobilier devant faire l'objet d'un diagnostic de performance énergétique, affichée à compter du 1er janvier 2011 dans les locaux des personnes physiques ou morales exerçant une activité liée à l'achat, la vente ou la location d'immeubles bâtis, à la gestion immobilière ou à la vente de listes ou de fichiers relatifs à l'achat, la vente ou la location d'immeubles bâtis, fait apparaître le classement énergétique du bien sur l'échelle de référence prévue par le e de l'article R. 134-2.
Cette mention, lisible et en couleur, doit représenter au moins 5 % de la surface du support.

Art. * R. 134-5-3. Toute annonce relative à la mise en vente ou en location d'un bien immobilier devant faire l'objet d'un diagnostic de performance énergétique, présentée au public par un réseau de communications électroniques à compter du 1er janvier 2011, fait apparaître le classement énergétique du bien sur l'échelle de référence prévue par le e de l'article R. 134-2.
Cette mention, lisible et en couleur, doit respecter au moins les proportions suivantes : 180 pixels × 180 pixels.

Art. * R. 134-5-4. En cas de vente d'un immeuble à construire visée à l'article L. 261-1, les dispositions de la présente sous-section ne sont pas applicables.

LOI n° 48-1360 DU 1ER SEPTEMBRE 1948

PORTANT MODIFICATION ET CODIFICATION DE LA LÉGISLATION RELATIVE AUX RAPPORTS DES BAILLEURS ET LOCATAIRES OU OCCUPANTS DE LOCAUX D'HABITATION OU À USAGE PROFESSIONNEL ET INSTITUANT DES ALLOCATIONS DE LOGEMENT

Titre Ier

DES RAPPORTS DES BAILLEURS ET LOCATAIRES OU OCCUPANTS DE LOCAUX D'HABITATION OU À USAGE PROFESSIONNEL

Art. 1er. À Paris, dans un rayon de cinquante kilomètres de l'emplacement des anciennes fortifications de Paris,

Dans les communes dont la population municipale totale est supérieure à 4 000 habitants ou qui sont limitrophes de communes dont la population municipale totale est au moins égale à 10 000 habitants, ces populations s'évaluant d'après le recensement général de 1968.

Dans les communes de 4 000 habitants au plus dont la population municipale totale s'est accrue de plus de 5 p. 100 à chacun des recensements généraux de 1954, 1962 et 1968 par rapport au recensement précédent,

Sous réserve des décrets pris en application du dernier alinéa du présent article, l'occupation des locaux d'habitation ou à usage professionnel sans caractère commercial ou industriel ou ne relevant pas du statut du fermage, ainsi que des locaux affectés à l'exercice d'une fonction publique dans lesquels l'habitation est indivisiblement liée au local utilisé pour ladite fonction, est régie, après l'expiration du bail écrit ou verbal, par les dispositions suivantes.

Des décrets pris sur le rapport du ministre de la Construction détermineront les communes dans lesquelles la présente législation cessera d'être appliquée soit totalement, soit partiellement, ou pourra, dans les mêmes conditions, être rendue applicable.

Art. 1er bis. Les décrets pris en vertu du dernier alinéa de l'article 1er ci-dessus qui font cesser l'application de la présente législation peuvent en maintenir le bénéfice au profit de certaines catégories de locataires ou occupants en considération de leur âge ou de leur état physique et compte tenu de leurs ressources, appréciés au jour de la publication du décret.

Art. 1er ter. En cas de fusion de communes ou de modifications apportées aux limites d'une commune, les locaux conservent le régime locatif qui leur était applicable antérieurement, sous réserve des décrets prévus au dernier alinéa de l'article 1er ci-dessus.

Art. 2. Les dispositions de la présente loi ne sont toutefois pas applicables aux garages ou remises à usage de garage loués accessoirement à des locaux visés à l'article 1er et situés dans des immeubles collectifs.

Les garages ou remises peuvent, nonobstant le caractère indivisible de la location, être repris par le propriétaire à partir de l'expiration du bail ou restitués aux termes d'usage à celui-ci par le locataire en cours de bail ou par l'occupant, sans que l'autre partie puisse s'y opposer.

Art. 3. Les dispositions du présent titre ne sont pas applicables aux logements construits ou achevés postérieurement au 1er septembre 1948. Toutefois, elles sont applicables aux logements réparés ou reconstruits dans les conditions prévues aux articles 70 et 71 et occupés par les personnes visées à l'article 70 ou par des locataires ou occupants qui se trouvaient dans les lieux à la date de promulgation de la loi n° 62-902 du 4 août 1962.

Sont assimilés aux logements construits ou achevés postérieurement au 1er septembre 1948 :

Les locaux utilisés avant le 1er juin 1948 à d'autres fins que l'habitation et postérieurement affectés à cet usage sous réserve que ces locaux, lorsqu'ils reçoivent cette nouvelle affectation, répondent aux conditions fixées par un décret pris sur le rapport du ministre de la Construction ;

Les locaux obtenus par reconstruction ainsi qu'il est prévu à l'article 11 par surélévation ou addition de construction ainsi qu'il est prévu à l'article 12, sous réserve des dispositions des articles 13 et 42 ;

Les locaux dans lesquels ont été effectués des travaux compris dans un secteur prévu à l'article L. 313-3 du Code de l'urbanisme (secteur sauvegardé) ou dans un périmètre prévu à l'article L. 313-4 du même code (périmètre de restauration immobilière) et autorisés ou prescrits dans les conditions prévues auxdits articles, sauf lorsqu'ils sont occupés par le locataire ou l'occupant maintenu dans les lieux pendant la durée des travaux ou bénéficiaire des dispositions de l'article 13 de la présente loi, de l'article L. 313-7 du Code de l'urbanisme, ou du droit à réintégration prévu à l'article L. 314-3 du même code.

Un constat de l'état du local et de l'immeuble est établi par huissier au moment de la signature du contrat conclu en application du deuxième alinéa de l'art. 3, du 2° du deuxième alinéa de l'art. 3 bis et des art. 3 quater et 3 octies de la loi du 1er septembre 1948 susvisée, ou du contrat de location faisant suite au contrat conclu en application de l'art. 3 ter de ladite loi.

Art. 3 bis. Dans les communes dont la population municipale totale est inférieure à 10000 habitants (à l'exclusion de celles situées dans un rayon de 50 kilomètres de l'emplacement des anciennes fortifications de Paris), les dispositions du présent titre ne seront pas applicables aux locataires qui entreront dans les lieux postérieurement au 1er janvier 1959, à l'exception toutefois de ceux visés à l'article 79.

Des décrets pris sur le rapport du ministre de la Construction pourront :

1° apporter des dérogations aux dispositions de l'alinéa qui précède ;

2° étendre lesdites dispositions à d'autres communes.

Art. 3 ter. Le bail des locaux autres que ceux désignés à l'article 10-4° ci-dessous, s'il est conclu après l'entrée du preneur dans les lieux et pour une durée d'au moins six années, peut déroger pendant son cours aux dispositions des chapitres Ier à IV du présent titre. Toutefois, la faculté de résiliation annuelle est réservée de droit au preneur et ne peut être stipulée qu'à son profit.

Ce contrat est soumis aux dispositions des chapitres Ier à III de la loi n° 86-1290 du 23 décembre 1986 tendant à favoriser l'investissement locatif, l'accession à la propriété de logements sociaux et le développement de l'offre foncière, en ce qu'elles ne sont pas contraires à celles prévues à l'alinéa ci-dessus.

Si, à l'expiration du bail, le local satisfait aux normes prévues à l'article 25 de la loi n° 86-1290 du 23 décembre 1986 précitée, il est alors soumis aux dispositions de ses chapitres Ier à III. Les dispositions de la présente loi ne lui sont plus applicables.

Si ce bail a été conclu avant la publication de la loi n° 86-1290 du 23 décembre 1986 précitée, les dispositions de son article 20 lui sont alors applicables.

Art. 3 quater. Les dispositions du présent titre ne sont pas applicables aux locaux utilisés en tout ou partie à usage professionnel lors que le local et le contrat répondront aux conditions qui seront fixées par décret pris sur le rapport du ministre de la Construction et que l'entrée dans les lieux sera postérieure à la date de publication de ce décret.

Art. 3 quinquies et 3 sexies. Abrogés *(L. n° 86-1290 du 23.12.86)*.

Art. 3 septies. Abrogé *(L. n° 82-526 du 22.6.82)*.

Art. 3 octies. Dans les communes qui ne sont pas visées par le premier alinéa de l'article 3 bis et qui n'ont pas fait l'objet d'un décret pris en vertu du 2° du même article, la location des locaux classés en catégorie IV et effectivement vacants, autres que ceux, libérés depuis moins de cinq ans par l'exercice d'un des droits de reprise prévus aux articles 18, 19 et 20 bis, 24 et 25 ci-après, n'est pas soumise aux dispositions du présent titre.

Les dispositions du présent titre demeureront applicables aux personnes qui entreront dans les lieux en vertu d'un relogement effectué en application des articles 18 et 19 ci-après.

Ces locaux devront satisfaire aux normes prévues à l'article 25 de la loi n° 86-1290 du 23 décembre 1986 précitée.

À l'expiration du bail valablement conclu en application du présent article, le local ne sera plus soumis aux dispositions de la présente loi.

Art. 3 nonies. Les baux conclus en application du 2° de l'article 3 bis et des articles 3 quater et 3 octies ont une durée minimale de six ans ; la faculté de résiliation appartient au seul preneur à la fin de chaque année ; sous réserve d'un préavis de trois mois, et pour un motif tiré de raisons familiales ou professionnelles, le preneur peut résilier à tout moment le bail. Lorsque les locaux n'ont pas un usage exclusivement professionnel, ces baux sont soumis aux dispositions des chapitres Ier à III de la loi n° 86-1290 du 23 décembre 1986 précitée, en ce qu'elles ne sont pas contraires à celles prévues au présent article.

Les formalités de conclusion des baux conclus en application du 2° de l'article 3 bis et des articles 3 ter, 3 quater et 3 octies sont définies par décret.

Chapitre Ier

Du maintien dans les lieux

Art. 4. Les occupants de bonne foi des locaux définis à l'article 1er bénéficient, de plein droit et sans l'accomplissement d'aucune formalité, du maintien dans les lieux loués, aux clauses et conditions du contrat primitif non contraires aux dispositions de la présente loi, quelle que soit la date de leur entrée dans les lieux.

Sont réputés de bonne foi les locataires, sous-locataires, cessionnaires de baux, à l'expiration de leur contrat, ainsi que les occupants qui, habitant dans les lieux en vertu ou en suite d'un bail écrit ou verbal, d'une sous-location régulière, d'une cession régulière d'un bail antérieur, d'un échange opéré dans les conditions légales, exécutent leurs obligations.

L'acte par lequel le bailleur notifie au locataire qu'il met fin au contrat de louage et qui entraîne l'application des dispositions précédentes doit, à peine de nullité, reproduire les dispositions des deux alinéas précédents et préciser qu'il ne comporte pas en lui-même obligation d'avoir à quitter les lieux.

Le fait pour le locataire ou l'occupant d'un local à usage professionnel d'exercer son activité, soit en collaboration avec d'autres personnes exerçant une profession libérale dans les conditions prévues par les règles régissant leurs professions, soit au sein d'une société constituée conformément à la loi n° 66-879 du 29 novembre 1966 ne peut être considéré en lui-même comme une infraction aux clauses du bail. En cas de location partielle ou de sous-location partielle, le droit au maintien dans les lieux n'est opposable ni au propriétaire, ni au locataire ou occupant principal, lorsque les locaux occupés forment, avec l'ensemble des lieux, un tout indivisible, ou lorsqu'il s'agit de pièces constituant l'accessoire du local habité par le propriétaire, le locataire ou l'occupant principal.

Art. 5. I. - Le bénéfice du maintien dans les lieux pour les locaux visés à l'article premier appartient, en cas d'abandon de domicile ou de décès de l'occupant de bonne foi, au conjoint [(L. n° 2006-842 du 13.7.2006) ou au partenaire lié à lui par un pacte civil de solidarité] et, lorsqu'ils vivaient effectivement avec lui depuis plus d'un an, aux ascendants, aux personnes handicapées visées au 2° de l'article 27 ainsi que, jusqu'à leur majorité, aux enfants mineurs.

(L. n° 2014-873 du 4.8.2014). Le maintien reste acquis au conjoint, au partenaire lié par un pacte civil de solidarité ou au concubin de l'occupant, lorsque cet occupant a fait l'objet d'une condamnation devenue définitive, assortie d'une obligation de résider hors du domicile ou de la résidence du couple, pour des faits de violences commis sur son conjoint, son concubin, son partenaire lié par un pacte civil de solidarité ou sur leurs enfants.

I bis. [*(L. n° 2006-842 du 13.7.2006)*. Nonobstant les dispositions de l'article 1742 du code civil, même en l'absence de délivrance d'un congé au locataire, le contrat de location est résilié de plein droit par le décès du locataire. Le contrat de bail est également résilié de plein droit en cas d'abandon du domicile par le locataire, même en l'absence de délivrance d'un congé.

Toutefois, le bénéfice du maintien dans les lieux appartient aux personnes visées au I du présent article.]

II. - Nonobstant les dispositions du I ci-dessus, le maintien dans les lieux reste acquis aux personnes qui en bénéficiaient antérieurement à la publication de la présente loi.

En cas d'instance en divorce ou en séparation de corps, la juridiction saisie attribue à l'un des époux l'éventuel droit au maintien dans les lieux en considération des intérêts sociaux ou familiaux en cause. Si l'époux qui en est bénéficiaire n'est pas celui au nom duquel étaient délivrées les quittances, notification de la décision devra être faite au bailleur dans le délai de trois mois de son prononcé par lettre recommandée avec avis de réception. La juridiction prévue au chapitre V reste compétente sur toute contestation du bailleur quant à l'application des conditions exigées par la présente loi.

Toutefois, le bénéfice du maintien dans les lieux ne s'appliquera pas aux locaux à usage exclusivement professionnel, à moins que l'une des personnes visées aux alinéas précédents ne continue à y exercer la profession à laquelle ces locaux étaient affectés.

Art. 6. Dans les communes où le maintien dans les lieux n'est pas applicable, il est pourtant accordé de plein droit aux sinistrés et réfugiés privés de leur habitation, jusqu'au moment où ils pourront réintégrer leur local réparé ou le local reconstruit en remplacement de leur habitation primitive, ou occuper le local correspondant à leurs besoins mis provisoirement à leur disposition par l'administration.

Dans tous les cas, lesdits sinistrés ou réfugiés ne pourront plus se prévaloir des dispositions de l'alinéa précédent à partir des dates qui seront fixées par décrets pris à cet effet, sur le rapport du ministre de la Construction, en considération des travaux de reconstruction.

Art. 7. Dans les communes où le maintien dans les lieux n'est pas applicable, il est pourtant accordé au locataire, sous-locataire, cessionnaire de bail ou occupant, qui bénéficie des articles 161 et 184 du Code de la famille et de l'aide sociale, ou auquel le propriétaire a imposé ou tenté d'imposer un loyer supérieur au prix licite.

Art. 8. Le maintien dans les lieux est applicable aux syndicats et associations professionnelles s'ils remplissent les conditions prévues à l'article 4.

Tout congé délivré aux syndicats et associations professionnelles antérieurement à la date de publication de la loi n° 91-662 du 13 juillet 1991 d'orientation pour la ville est nul et sans effet à moins qu'il ait donné lieu à une décision d'expulsion devenue définitive.

Seuls peuvent se prévaloir des dispositions du présent article les syndicats et associations professionnels qui, à la date du 23 décembre 1986, bénéficiaient des dispositions du présent chapitre. Les dispositions de l'article 28 de la loi n° 86-1290 du 23 décembre 1986 tendant à favoriser l'investissement locatif, l'accession à la propriété de logements sociaux et le développement de l'offre foncière ne leur sont pas opposables.

Art. 9. Nonobstant toute convention contraire, dans les communes visées à l'article 10, 7°, ci-dessous, tout locataire ou sous-locataire qui ne remplit pas les conditions d'occupation suffisante visées audit article, peut demander la résiliation de son bail, sans indemnité de ce chef. La résiliation est de droit.

La demande est adressée au bailleur par lettre recommandée avec demande d'avis de réception. La résiliation prend effet à l'expiration du délai d'un mois à compter du jour de la réception de la lettre recommandée.

Art. 9 bis. Abrogé *(L. n° 2006-842 du 13.7.2006).*

Art. 10. N'ont pas droit au maintien dans les lieux les personnes définies aux articles 4, 5, 6, 7 et 8 :

1° Qui ont fait ou feront l'objet d'une décision judiciaire devenue définitive ayant prononcé leur expulsion par application du droit commun ou de dispositions antérieures permettant l'exercice du droit de reprise ou qui feront l'objet d'une semblable décision prononçant leur expulsion pour l'une des causes et aux conditions admises par la présente loi ; toutefois, lorsque la décision n'aura ordonné l'expulsion qu'en raison de l'expiration du bail ou d'un précédent maintien dans les lieux accordé par les lois antérieures, l'occupant ne sera pas privé du droit au maintien dans les lieux ;

2° Qui n'ont pas occupé effectivement par elles-mêmes les locaux loués ou ne les ont pas fait occuper par les personnes qui vivaient habituellement avec elles et qui sont, soit membres de leur famille, soit à leur charge. L'occupation doit avoir duré huit mois au cours d'une année de location, à moins que la profession, la fonction de l'occupant ou tout autre motif légitime ne justifie une occupation d'une durée moindre. En particulier, lorsque l'occupant apportera la preuve qu'il est tenu par ses obligations professionnelles à résider temporairement hors de la France métropolitaine, la durée d'occupation susvisée pourra être réduite à six mois pour une période de trois années ;

3° Qui ont plusieurs habitations, sauf pour celle constituant leur principal établissement, à moins qu'elles ne justifient que leur fonction ou leur profession les y oblige ;

4° Qui occupent des locaux visés à l'article L. 43 du Code de la santé publique, ou des locaux ayant fait l'objet soit d'une interdiction d'habiter prononcée en application de l'article L. 28 ou L. 42 du Code de la santé publique, soit d'un arrêté de péril prescrivant, en vertu des articles 303 et 304 du Code de l'urbanisme et de l'habitation, la réparation ou la démolition de l'immeuble menaçant ruine dans lequel les locaux sont situés.

Toutefois, lorsque l'interdiction n'a été édictée qu'à titre temporaire ou si l'arrêté de péril visé à l'alinéa précédent a été rapporté, les anciens occupants peuvent invoquer les dispositions du présent chapitre pour rentrer en possession ;

5° Qui occupent des locaux situés dans des immeubles acquis ou expropriés à la suite d'une déclaration d'utilité publique, à charge par l'administration d'assurer le relogement des locataires ou occupants expulsés ;

6° Qui occupent des locaux de plaisance, pour lesdits locaux ;

7° *(L. n° 2009-323 du 25.3.2009).* Qui, dans les communes comprises, au sens du recensement général de la population, dans une agglomération de plus de 50 000 habitants et comprenant au moins une commune de plus de 15 000 habitants ainsi que dans les communes de plus de 20 000 habitants, ne remplissent pas à l'expiration d'un délai de six mois à compter de la signification du congé les conditions d'occupation suffisante fixées en application de l'article L. 621-2 du Code de la construction et de l'habitation.

Ces dispositions pourront être rendues applicables aux communes visées ci-dessus par décret pris sur le rapport du ministre de la Construction.

Pour l'application des conditions susvisées, l'occupation des locaux doit être appréciée compte non tenu de la ou des pièces régulièrement sous-louées et des occupants de ces pièces.

La diminution du nombre des occupants par suite de mariage ou de décès ne pourra être invoquée qu'à l'expiration d'un délai d'un an à compter de ce mariage ou de ce décès.

Le présent paragraphe ainsi que les conditions d'occupation suffisante fixées pour la commune en application de l'article 327 du Code de l'urbanisme et les dispositions de l'article 79 de la présente loi devront être reproduites, à peine de nullité, dans tout congé donné en application du présent paragraphe ;

8° Dont le titre d'occupation est l'accessoire du contrat de travail ;

9° Qui ont à leur disposition ou peuvent recouvrer, en exerçant leur droit de reprise, un autre local répondant à leurs besoins et à ceux des personnes membres de leur famille ou à leur charge, qui vivaient habituellement avec elles depuis plus de six mois ;

Toutefois, lorsque l'occupant pourra justifier d'une instance régulièrement engagée dans la quinzaine de la contestation du droit au maintien dans les lieux, et suivie, il ne sera contraint de quitter les lieux que lorsqu'il pourra prendre effectivement possession dudit local ;

10° Qui dans les stations balnéaires, climatiques ou thermales, classées ou en voie de classement, occupent des locaux habituellement affectés avant le 2 septembre 1939 à la location saisonnière ou occupés pendant la saison par leur propriétaire.

Toutefois, les dispositions du présent paragraphe ne sont pas applicables aux sinistrés et réfugiés privés de leur habitation, jusqu'au moment où ils pourront réintégrer leur local réparé ou le local reconstruit en remplacement de leur habitation primitive ou occuper le local correspondant à leurs besoins mis provisoirement à leur disposition par l'administration.

Ces dispositions ne s'appliquent pas non plus aux titulaires d'une location amiable résultant de la transformation de leur titre antérieur de réquisition ;

11° Qui, après s'être vu offrir un logement définitif correspondant à leurs besoins et n'excédant pas les normes HLM continuent d'occuper les locaux appartenant aux organismes HLM et destinés à assurer le relogement provisoire des occupants des locaux ou installations visés au premier alinéa de l'article 13 de la loi n° 70-612 du 10 juillet 1970 (tendant à faciliter la suppression de l'habitat insalubre).

12° (L. n° 2014-873 du 4.8.2014). Qui ont fait l'objet d'une condamnation devenue définitive, assortie d'une obligation de résider hors du domicile ou de la résidence du couple, pour des faits de violences commis sur leur conjoint, leur concubin, leur partenaire lié par un pacte civil de solidarité ou sur leurs enfants.

Art. 11. Le droit au maintien dans les lieux ne peut être opposé au propriétaire qui aura obtenu du ministre de la Construction ou de son délégué l'autorisation de démolir un immeuble pour construire un autre immeuble d'une surface habitable supérieure et contenant plus de logements que l'immeuble démoli. Le permis de démolir tient lieu de l'autorisation prévue par l'article 11 de la loi du 1er septembre 1948.

Le propriétaire devra donner un préavis de six mois à chacun des occupants pour vider les lieux.

Il devra, en outre, commencer les travaux de reconstruction dans les trois mois du départ du dernier occupant.

Les locaux ainsi rendus disponibles ne pourront en aucun cas être réoccupés avant le début des travaux.

Art. 12. Le droit au maintien dans les lieux ne peut être opposé au propriétaire qui avec l'autorisation préalable du ministre chargé de la reconstruction et de l'urbanisme ou de son délégué, effectue des travaux tels que surélévation ou addition de construction ayant pour objet d'augmenter la surface habitable, le nombre de logements ou le confort de l'immeuble, et qui rendent inhabitable ce qui est nécessaire au logement de l'occupant et de sa famille.

Il en est de même lorsque le propriétaire effectue des travaux nécessitant l'évacuation des lieux compris dans un secteur ou périmètre prévu à l'article 3 de la loi n° 62-903 du 4 août 1962 et autorisés ou prescrits dans les conditions prévues audit article.

Le propriétaire doit donner à chaque occupant un préavis de six mois pour quitter les lieux loués. Les travaux doivent être commencés dans les trois mois du départ du dernier occupant.

Art. 13. Les personnes évincées en application des articles 11 et 12 bénéficient, si elles ne sont pas relogées dans un local remplissant les conditions prévues à l'article 13 bis ci-dessous du droit à réintégration dans un des locaux situés dans les immeubles ayant fait l'objet des travaux visés auxdits articles et peuvent s'y maintenir dans les conditions prévues par la présente loi.

Dès l'achèvement des travaux, le propriétaire devra, par lettre recommandée avec accusé de réception, ou par acte extrajudiciaire, les mettre en demeure de lui faire connaître, dans le délai d'un mois et dans la même forme, s'ils entendent user de ce droit. La notification devra mentionner, à peine de nullité, la forme et le délai de la réponse.

Art. 13 bis. *(L. n° 2009-323 du 25.3.2009).* Le local mis à la disposition des personnes évincées, en application des articles 11 et 12, doit satisfaire aux caractéristiques définies en application des premier et deuxième alinéas de l'article 6 de la loi n° 89-462 du 6 juillet 1989 tendant à améliorer les rapports locatifs et portant modification de la loi n° 86-1290 du 23 décembre 1986 et correspondre à leurs besoins personnels ou familiaux et, le cas échéant, professionnels, et à leurs possibilités. Il doit en outre être situé :

Dans le même arrondissement ou les arrondissements limitrophes ou les communes limitrophes de l'arrondissement où se trouve le local, objet de la reprise, si celui-ci est situé dans une commune divisée en arrondissements ;

Dans le même canton ou dans les cantons limitrophes de ce canton inclus dans la même commune ou dans les communes limitrophes

de ce canton si la commune est divisée en cantons ;
Dans les autres cas sur le territoire de la même commune ou d'une commune limitrophe, sans pouvoir être éloigné de plus de 5 km.

Art. 13 ter. Le congé délivré en application des articles 11 et 12 ci-dessus doit, à peine de nullité, indiquer les motifs pour lesquels il est donné et reproduire les dispositions des articles 13 et 13 bis ci-dessus.

Art. 13 quater. Toute convention entre le bailleur et le locataire ou l'occupant pour la mise en œuvre des dispositions des articles 11 à 13 bis ci-dessus ne peut être signée, à peine de nullité, qu'après l'expiration d'un délai de trente jours suivant la réception de la demande.

Le projet de convention est adressé au locataire ou à l'occupant par lettre recommandée avec demande d'avis de réception.

À peine de nullité de la convention, ce projet ainsi que la convention ultérieurement signée doivent reproduire l'un et l'autre en caractères très apparents les dispositions du présent article. L'avis de réception mentionné au deuxième alinéa doit, également à peine de nullité de la convention, lui être annexé.

Art. 14. Nonobstant les dispositions de l'article 1723 du Code civil, les locataires ou occupants d'un immeuble ne peuvent mettre obstacle aux travaux que le propriétaire se propose d'entreprendre avec l'autorisation préalable du ministre de la Construction ou de son délégué et qui ont pour objet d'augmenter la surface habitable, le nombre de logements ou le confort de l'immeuble ou d'améliorer le confort d'un ou de plusieurs logements dudit immeuble, lorsque ces travaux ne rendent pas inhabitable ce qui est nécessaire au logement du locataire ou de l'occupant et de leur famille.

Toutefois, cette autorisation n'est pas nécessaire pour les travaux figurant sur une liste fixée par décret. La liste des travaux énumérés pourra dépendre de la situation du patrimoine immobilier bâti et des conditions de son utilisation dans la ou les communes soumises aux dispositions de la présente loi.

Selon la nature des travaux à exécuter et sous réserve d'un préavis de trois mois, les occupants sont tenus soit d'évacuer la partie des locaux intéressés par lesdits travaux, soit de permettre l'accès de leur logement et d'accepter notamment le passage de canalisations ne faisant que le traverser.

Si les travaux durent plus de quarante jours, le loyer sera diminué à proportion du temps et de partie du local dont ils auront été privés.

Lorsque les travaux ont pour objet de diviser un logement insuffisamment occupé au sens des dispositions de l'article 10-7°, l'occupant ne peut prétendre qu'à l'occupation du nombre de pièces fixé en application de l'article 327 du Code de l'urbanisme et de l'habitation.

En tout état de cause, lorsque les travaux visés au présent article n'affectent qu'un logement, le propriétaire doit notifier au locataire ou occupant, par acte extrajudiciaire ou par lettre recommandée avec demande d'avis de réception, son intention de les exécuter. Si le locataire ou occupant entend s'opposer aux travaux ou à leurs modalités d'exécution pour un motif sérieux et légitime, il doit saisir, à peine de forclusion, la juridiction compétente, dans le délai de deux mois à compter de la réception de la notification qui lui a été faite.

Le préavis de trois mois prévu au troisième alinéa ci-dessus comporte, à peine de nullité, la reproduction du texte intégral des articles 14 et 59 bis de la présente loi, la description sommaire des travaux, les conditions de leur exécution, l'indication des bases selon lesquelles le loyer sera calculé après leur achèvement, ainsi qu'une copie de l'autorisation visée au premier alinéa ci-dessus lorsqu'une telle autorisation est exigée.

En l'absence de l'autorisation ou de la notification prévues ci-dessus ou en cas d'exécution des travaux dans des conditions différentes de celles énoncées dans la notification ou encore plus généralement si les travaux, même non soumis à autorisation, présentent un caractère abusif ou vexatoire, le juge du tribunal d'instance, statuant par ordonnance de référé, est compétent pour prescrire l'interdiction ou l'interruption des travaux. Il peut ordonner l'interdiction ou l'interruption des travaux à titre provisoire s'il estime nécessaire une mesure d'instruction.

Art. 14 bis. Les dispositions de la loi n° 67-561 du 12 juillet 1967 relative à l'amélioration de l'habitat sont applicables aux occupants de bonne foi dans les mêmes conditions qu'aux locataires.

Art. 15. Le bénéfice du maintien dans les lieux n'est pas non plus opposable au propriétaire qui veut reprendre tout ou partie des cours, jardins ou terrains loués nus ou comme accessoires d'un local d'habitation à usage professionnel, pour construire des bâtiments à destination principale d'habitation, à la condition que la nouvelle construction ne rende pas impossible la jouissance du local existant.
Le propriétaire notifiera aux occupants, avec un préavis de six mois, son intention de construire un nouvel immeuble dans les conditions prévues à l'alinéa précédent.
Les travaux devront être commencés dans le délai de trois mois à compter du départ du dernier occupant.
Dans ce cas, la valeur locative des lieux dont l'occupant garde la jouissance pourra être réévaluée sur les bases fixées par la présente loi.

Art. 16. Il ne peut être renoncé au droit au maintien dans les lieux qu'après l'expiration du bail.

Art. 17. Sous réserve des dispositions de l'article 5, le maintien dans les lieux est un droit exclusivement attaché à la personne et non transmissible.

Chapitre II
Du droit de reprise

Art. 18. Le droit au maintien dans les lieux cesse d'être opposable au propriétaire de nationalité française ou ressortissant d'un État membre de la Communauté économique européenne qui veut reprendre son immeuble pour l'habiter lui-même ou le faire habiter par son conjoint, ses ascendants ou ses descendants ou par ceux de son conjoint, lorsqu'il met à la disposition du locataire ou de l'occupant un local en bon état d'habitation, remplissant des conditions d'hygiène normales ou au moins équivalentes à celles du local objet de la reprise et correspondant à ses besoins personnels ou familiaux et, le cas échéant, professionnels, et à ses possibilités.
Le local offert peut être constitué par une partie du local faisant l'objet de la reprise après exécution éventuelle de travaux d'aménagement.
Le propriétaire ne peut exercer le droit ouvert à l'alinéa 1er que pour des locaux correspondant aux besoins personnels ou familiaux du bénéficiaire de la reprise, et, le cas échéant, à ses besoins professionnels.
Le propriétaire qui veut bénéficier de la disposition ci-dessus doit prévenir par acte extrajudiciaire celui dont il se propose de reprendre le local ; ledit acte doit indiquer à peine de nullité :
- le nom et l'adresse du propriétaire du local offert ;
- l'emplacement de celui-ci ;
- le nombre de pièces qu'il comporte ;
- le degré de confort ;
- le loyer ;
- le délai à l'expiration duquel il veut effectuer la reprise et pendant lequel il peut être pris possession du local offert, délai qui ne peut être inférieur, à trois mois s'il s'agit d'un occupant, ou au délai normal du congé s'il s'agit d'un locataire ;
- l'identité du bénéficiaire de la reprise ainsi que sa situation de famille et sa profession.

Si, dans le délai d'un mois à compter de la signification de l'acte extrajudiciaire, le locataire ou l'occupant donne son acceptation écrite à la proposition qui est faite, il doit remettre le local qu'il occupe à la disposition du propriétaire, au plus tard à la date fixée pour la reprise dans l'acte extrajudiciaire prévu à l'alinéa précédent.
Si dans le même délai d'un mois, le locataire ou l'occupant refuse ou ne fait pas connaître sa décision, le propriétaire l'assigne, suivant la procédure prévue au chapitre V du présent titre, aux fins de nomination d'un expert.
Ledit expert, qui peut être saisi sur minute et avant enregistrement a pour mission de visiter les locaux offerts, de dire s'ils remplissent les conditions d'hygiène prévues au premier alinéa et sont susceptibles de satisfaire aux besoins personnels ou familiaux, et le cas échéant professionnels, du locataire ou de l'occupant, de vérifier enfin si les possibilités de ce dernier lui permettent d'en supporter les charges.
Il doit déposer son rapport dans la quinzaine du jour où il a été saisi. Faute par lui de ce faire, il est de plein droit dessaisi et le juge doit pourvoir d'office à son remplacement par nouvelle

ordonnance rendue dans les quarante-huit heures suivant l'expiration dudit délai.

Dans les quarante-huit heures qui suivent le dépôt de ce rapport, les parties en sont informées par le greffier par lettre recommandée avec accusé de réception, comportant convocation pour la plus prochaine audience utile.

Art. 19. Le droit au maintien dans les lieux n'est pas opposable au propriétaire de nationalité française ou ressortissant d'un État membre de la Communauté économique européenne qui veut reprendre son immeuble pour l'habiter lui-même ou le faire habiter par son conjoint, ses ascendants, ses descendants ou par ceux de son conjoint et qui justifie que le bénéficiaire de la reprise ne dispose pas d'une habitation correspondant à ses besoins normaux et à ceux des membres de sa famille vivant habituellement ou domiciliés avec lui.

Lorsque l'immeuble a été acquis à titre onéreux, ce droit de reprise ne peut être exercé que si l'acte d'acquisition a date certaine, ou bien avant le 2 septembre 1939, ou bien plus de dix ans avant l'exercice de ce droit. Néanmoins, le propriétaire d'un immeuble acquis depuis plus de quatre ans peut être autorisé par justice à exercer le droit de reprise s'il établit que son acquisition n'a été faite que pour se loger ou pour satisfaire un intérêt familial légitime à l'exclusion de toute idée de spéculation. En cas d'acquisition à titre gratuit, les délais prévus au présent alinéa courent à partir de la dernière acquisition à titre onéreux.

Le propriétaire qui veut bénéficier du droit de reprise doit prévenir, au moins six mois à l'avance, par acte extrajudiciaire, le locataire ou l'occupant dont il se propose de reprendre le local ; ledit acte doit, à peine de nullité :

– indiquer que le droit de reprise est exercé en vertu du présent article ;

– préciser la date et le mode d'acquisition de l'immeuble ;

– faire connaître le nom de l'adresse du propriétaire qui loge le bénéficiaire ainsi que l'emplacement et le nombre de pièces du local occupé par ce dernier.

Le juge doit toujours apprécier les contestations qui lui sont soumises au jour de la signification de l'acte extrajudiciaire.

Le bénéficiaire du droit de reprise prévu au présent article est tenu de mettre à la disposition du locataire ou de l'occupant dont il reprend le local, le logement qui, le cas échéant, pourrait être rendu vacant par l'exercice de ce droit.

Le bénéficiaire du droit de reprise devra notifier à son propriétaire l'action qu'il exerce par acte extrajudiciaire dans le même délai que celui prévu à l'alinéa 3 ci-dessus. Le propriétaire de son logement ne pourra s'opposer à la venue de ce nouveau locataire ou occupant qu'en excipant de motifs sérieux et légitimes. S'il entend user de ce droit, il devra, à peine de forclusion, saisir la juridiction compétente aux termes des articles 46 et suivants de la présente loi dans un délai de quinze jours à dater de la notification susvisée.

Cette notification devra, à peine de nullité, indiquer que, faute par le propriétaire d'avoir saisi la juridiction compétente dans le délai de quinze jours, il sera forclos.

Le nouvel occupant aura le titre d'occupant de bonne foi.

Art. 20. Le droit au maintien dans les lieux n'est pas opposable au propriétaire de nationalité française ou ressortissant d'un État membre de la Communauté européenne qui veut reprendre son immeuble pour l'occuper lui-même lorsqu'il est :

1° Locataire ou occupant évincé en raison de l'article 19 du présent article ;

2° Locataire ou occupant de locaux ayant fait l'objet soit d'une interdiction d'habiter prononcée en l'application de l'article 12 de la loi du 15 février 1902 modifiée, soit d'un arrêté de péril prescrivant, en vertu des articles 3 à 6 de la loi du 21 juin 1898 modifiée, la réparation ou la démolition de l'immeuble dans lequel ils sont situés, ou qui occupe des locaux situés dans un immeuble acquis ou exproprié à la suite d'une déclaration d'utilité publique ;

3° Fonctionnaire, agent, ouvrier ou employé, ayant effectivement occupé pendant deux années consécutives le logement mis à sa disposition par l'administration ou l'entreprise dont il dépend, justifiant soit d'avoir été ou être admis à la retraite pour toute autre cause qu'une sanction disciplinaire, soit avoir cessé ou cesser ses fonctions pour une cause indépendante de sa volonté.

Dans le cas prévu au paragraphe 3°, lorsque l'immeuble a été acquis à titre onéreux, ce droit de reprise ne peut être exercé que si l'acte d'acquisition a date certaine plus de cinq ans avant l'exercice de ce droit. En cas d'acquisition à titre gratuit, ce délai court à compter de la dernière acquisition à titre onéreux.

Cependant, aucun de ces bénéficiaires ne peut exercer ce droit de reprise sur un logement s'il est propriétaire, dans la même agglomération, d'un autre local libre de tout locataire ou occupant et correspondant à ses besoins et à ceux de sa famille.

Le propriétaire doit prévenir, au moins six mois à l'avance, par acte extrajudiciaire, le locataire ou l'occupant dont il se propose de reprendre le local ; ledit acte doit, à peine de nullité :

– indiquer que le droit de reprise est exercé en vertu du présent article ;

– préciser la catégorie dans laquelle se trouve le propriétaire ;

– indiquer le mode et la date d'acquisition de l'immeuble ;

– fournir toutes indications utiles permettant au locataire de vérifier le bien-fondé de la demande.

Le juge doit toujours apprécier les contestations qui lui sont soumises au jour de la signification de l'acte extrajudiciaire.

Le droit de reprise prévu au présent article ne peut être exercé que par le propriétaire dont l'acquisition est antérieure à l'éviction ou à l'événement qui lui ouvre ce droit.

Art. 20 bis. Les droits de reprise prévus à la présente loi peuvent être exercés par les membres des sociétés mentionnées au chapitre Ier de la loi du 28 juin 1938 sur les logements qui leur sont attribués en jouissance.

Pour l'application des articles 19 et 20, l'acquisition des parts ou actions donnant droit à la jouissance d'un logement est assimilée à l'acquisition de ce logement.

Art. 21. Lorsqu'il sera établi par le locataire ou l'occupant que le propriétaire invoque le droit de reprise, non pas pour satisfaire un intérêt légitime, mais dans l'intention de nuire au locataire ou à l'occupant ou d'éluder les dispositions de la présente loi, le juge devra refuser au propriétaire l'exercice de ce droit.

Art. 22. Le droit de reprise reconnu au propriétaire par les articles 19 et 20 de la présente loi ne peut pas être exercé contre celui qui occupe un local dans lequel il exerce, au vu et au su du propriétaire et avec son accord au moins tacite, sa profession.

Toutefois, cette disposition n'est pas applicable aux locataires ou occupants entrés dans les lieux postérieurement à la publication de la présente loi, qu'ils soient locataires ou occupants au moment où le droit de reprise est exercé. Elle n'est pas non plus applicable lorsque le propriétaire du local est âgé d'au moins soixante-cinq ans et qu'il exerce la reprise pour lui-même.

Art. 22 bis. Le droit de reprise prévu aux articles 19 et 20 de la présente loi ne peut pas être exercé au profit d'un bénéficiaire âgé de moins de soixante-cinq ans contre l'occupant dont les ressources annuelles sont inférieures à une fois et demie le montant annuel du SMIC, calculé sur la base de la durée légale du travail, qui, à la date du congé, est âgé de plus de soixante-dix ans et occupe effectivement les lieux.

Il est tenu compte, pour le calcul des ressources de l'occupant, de celles des personnes vivant avec lui d'une façon effective et permanente.

Art. 23. En cas de pluralité des locaux loués ou occupés dans le même immeuble et sensiblement équivalents susceptibles d'être repris, le propriétaire est tenu d'exercer son droit de reprise sur celui qui est occupé par le plus petit nombre de personnes.

Art. 24. Le droit au maintien dans les lieux n'est opposable ni au propriétaire ayant fait construire un logement sans avoir pu l'occuper immédiatement, ni au propriétaire ou locataire principal obligé de quitter provisoirement son logement qui l'a loué ou sous-loué sous la condition, écrite et acceptée par le preneur, qu'il pourrait reprendre les lieux à sa demande.

Art. 25. Le droit au maintien dans les lieux n'est opposable ni au propriétaire, ni au locataire principal qui a loué ou sous-loué un logement sous la condition expresse qu'il pourrait le reprendre soit lors de la cessation de ses fonctions ou d'un changement de ses conditions d'existence, soit en vue d'y installer ses ascendants, ses descendants ou ceux de son conjoint.

Les dispositions de la loi n° 51-1372 du 1er décembre 1951 modifiée et de la loi n° 49-972 du 21 juillet 1949 ne sont pas applicables aux occupants entrés dans les locaux dans les conditions prévues à l'article 24 ci-dessus et au présent article.

Chapitre III
Du prix

Art. 26. Le prix des loyers des locaux soumis aux dispositions de la présente loi est déterminé en application des règles ci-après.

Art. 27. La valeur locative d'un local est égale au produit de la surface corrigée, telle qu'elle résulte de l'article 28, par le prix de base du mètre carré de chacune des catégories de logements prévues à l'article 30.

Lorsque la faculté de céder ou de sous-louer est incluse dans un bail portant sur un local à usage professionnel, la valeur locative ainsi déterminée pourra être majorée, pendant le cours du bail, de 50 p. 100 au maximum.

Le montant du loyer des locaux pour lesquels le droit au bail ou le droit au maintien a été postérieurement au 1er juillet 1966 transmis aux héritiers ou transféré dans les conditions prévues à l'article 5 de la présente loi, est égal à la valeur locative majorée de 50 p. 100. Ces dispositions ne sont toutefois pas applicables en cas d'attribution de l'un de ces droits au conjoint du locataire ou de l'occupant ni en cas de transfert à un descendant mineur.

Les prix résultant des dispositions de l'alinéa 1er du présent article demeurent applicables aux logements occupés par les personnes qui ont bénéficié entre le 1er juillet 1965 et le 30 juin 1966 du maintien dans les lieux prévu à l'article 5 ci-dessus, à moins qu'il ne s'agisse du conjoint, veuf, séparé ou divorcé.

Dans les communes visées à l'article 10 (7°) ci-dessus, le loyer de la totalité des locaux inoccupés ou insuffisamment occupés ou faisant l'objet d'une sous-location totale ou partielle est égal à la valeur locative majorée de 50 p. 100. Cette majoration cesse de droit dès que prend fin la situation qui l'avait motivée.

Les locataires ou occupants auxquels est ou a été appliquée cette majoration continuent de bénéficier du droit au maintien dans les lieux prévu à l'article 4, nonobstant les dispositions du 7° de l'article 10.

Lorsque l'insuffisance d'occupation a pour origine le décès ou le mariage de l'un des occupants, la majoration prévue dans ce cas par l'alinéa précédent ne prend effet qu'à l'expiration d'un délai d'un an à compter de ce mariage ou de ce décès.

La majoration pour insuffisance d'occupation n'est pas applicable :

1° Aux personnes âgées de plus de soixante-dix ans ;

2° Aux personnes titulaires :

- soit d'une pension de grand invalide de guerre ouvrant droit au bénéfice des dispositions de l'article L. 31 du Code des pensions militaires d'invalidité et des victimes de la guerre ;
- soit d'une rente d'invalide du travail correspondant à une incapacité au moins égale à 80 p. 100 ;
- soit d'une allocation servie à toute personne dont l'infirmité entraîne au moins 80 p. 100 d'incapacité permanente et qui est qualifiée Grand infirme en application de l'article 169 du Code de la famille et de l'aide sociale.

En cas de sous-location, la majoration de 50 p. 100 ne s'applique pas aux locataires ou occupants qui sous-louent une ou plusieurs pièces lorsqu'ils occupent suffisamment les locaux compte non tenu de ces pièces ou qu'ils appartiennent aux catégories visées aux 1° et 2° ci-dessus, à la condition que la sous-location soit conclue au profit de personnes appartenant à des catégories déterminées par arrêté interministériel.

Pour l'application des dispositions ci-dessus, sont, sauf preuve contraire, présumées sous-locataires les personnes vivant de façon continue au foyer du locataire ou de l'occupant, dès lors qu'elles ne présentent avec ce dernier aucun lien de parenté ou d'alliance au sens de la loi ou qu'elles ne sont ni à sa charge, ni à son service.

Les majorations de 50 p. 100 prévues au présent article ne peuvent se cumuler.

Art. 28. Un décret pris sur le rapport du ministre chargé de la reconstruction et de l'urbanisme, déterminera les conditions dans lesquelles sera obtenue la surface corrigée en affectant la superficie des pièces habitables et celle des autres parties du logement de correctifs dont il donnera le taux pour qu'il soit tenu compte, notamment, de la hauteur du plafond, de l'éclairement, de l'ensoleillement et des vues de chacune des pièces habitables, ainsi que des caractéristiques particulières des autres parties du local.

Il définira les pièces habitables et les conditions dans lesquelles sera calculée la surface desdites pièces, ainsi que celle des autres parties du local et des annexes.

Le même décret précisera également les correctifs applicables à l'ensemble du logement pour tenir compte notamment de son état d'entretien, de sa vétusté, de l'importance du local, de son affectation, de sa situation et des éléments d'équipement propres, soit au local, soit à l'ensemble de l'immeuble.

Ne pourront entrer en ligne de compte dans l'évaluation des correctifs que les éléments d'équipement et de confort fournis par le propriétaire.

Art. 29. Le préfet peut, éventuellement, dans les limites fixées par le décret prévu à l'article 28, adapter par arrêté certains correctifs aux conditions locales et fixer ceux relatifs à la situation des immeubles dans les différentes zones qu'il aura déterminées.

Art. 30. *(L. n° 2009-323 du 25.3.2009).* Le prix de base du mètre carré applicable chaque année au 1er juillet est déterminé par décret pour les différentes catégories de logements en fonction de la qualité de leur construction et, le cas échéant, suivant la localité dans laquelle ils sont situés.

Les prix de base doivent être tels qu'ils assurent, après application des correctifs, la rémunération du service rendu par le logement ainsi que son maintien en état d'habitabilité.

Le décret prévu à l'alinéa 1er fixe les modalités selon lesquelles les prix de base s'appliquent lors de leur révision aux locataires ou occupants dont le loyer avait déjà atteint la valeur locative résultant de l'application des anciens prix de base.

Art. 31. Indépendamment du prix de base déterminé conformément aux dispositions de l'article 30 ci-dessus, le décret prévu audit article fixe le prix du mètre carré applicable jusqu'à ce que le loyer ait atteint la valeur locative définie à l'article 27.

À compter du 1er juillet 1965, le loyer est majoré chaque année d'une fraction du loyer applicable au cours du dernier mois de la période précédente.

L'augmentation maximale de loyer résultant de l'application de la majoration prévue à l'alinéa précédent peut faire l'objet d'un abattement en considération de l'âge ou de l'état physique des bénéficiaires et compte tenu de leurs ressources, à la condition que le local ne soit pas insuffisamment occupé ou ne fasse pas l'objet d'une sous-location totale ou partielle et sans que l'abattement puisse dépasser la moitié de cette augmentation.

Lorsque des modifications sont apportées à la surface corrigée du local pour quelque cause que ce soit, notamment en raison de l'affectation de tout ou partie du local à un usage professionnel, il doit être tenu compte de l'incidence de ces modifications pour déterminer le loyer servant de base au calcul des majorations annuelles. Les taux de majoration sont fixés par le décret prévu à l'article 30.

Art. 31 bis. Abrogé *(D. n° 77-741 du 30.6.77).*

Art. 32. Chaque propriétaire devra, avant le 1er janvier 1949, faire connaître à chaque locataire ou occupant, par lettre recommandée, avec accusé de réception, ou par acte extra judiciaire, le loyer des locaux qu'il occupe.

Le propriétaire doit joindre à l'appui de cette notification, un décompte détaillé, établi d'après un modèle type qui sera annexé au décret prévu à l'article 28, des bases de calcul de ce loyer.

En cas de désaccord, le locataire ou l'occupant devra, à peine de forclusion, aviser, dans les deux mois, le propriétaire, par lettre recommandée avec accusé de réception ou par acte extrajudiciaire, du loyer qu'il propose lui-même, en précisant les éléments sur lesquels porte ce désaccord.

La notification par le propriétaire devra, à peine de nullité, indiquer que faute par le locataire ou l'occupant d'avoir contesté le loyer dans le délai de deux mois, il sera forclos à l'expiration de ce délai et que ce loyer s'imposera comme nouveau prix.

Le différend sera porté devant le tribunal compétent suivant les règles de procédure prévues au chapitre V du présent titre.

Pour la détermination de la compétence, le loyer pris en considération est celui qui est payé antérieurement à l'application de la présente loi.

Art. 32 bis. En cas de modification totale ou partielle des éléments ayant servi de base à la détermination du loyer, ce loyer pourra être révisé à la demande de l'une ou l'autre des parties.

Le demandeur doit faire connaître à l'autre partie par lettre recommandée avec demande d'avis de réception ou par acte extrajudiciaire les nouveaux éléments proposés. Il doit joindre à l'envoi de cette notification un décompte détaillé, établi d'après un modèle type annexé au décret prévu à l'article 28, des bases de calcul de ce loyer.

En cas de désaccord sur les nouveaux éléments proposés par le demandeur, l'autre partie doit, à peine de forclusion, aviser, dans les deux mois, le demandeur, par lettre recommandée avec demande d'avis de réception ou par acte extrajudiciaire, du loyer qu'il propose lui-même, en précisant les éléments sur lesquels porte ce désaccord.

La notification par le demandeur devra à peine de nullité indiquer que faute par l'autre partie d'avoir contesté le loyer dans le délai de deux mois, il sera forclos à l'expiration de ce délai et que le loyer s'imposera comme un nouveau prix. En cas de contestation le différend sera porté devant le tribunal compétent suivant les règles de procédure prévues au chapitre V du présent titre.

Pour la détermination de la compétence le loyer pris en considération est celui qui est exigible à la date de la notification.

Art. 33. Les prix résultant de l'application de la présente loi sont applicables de plein droit à dater du 1er janvier 1949, sans qu'il soit nécessaire de donner congé ni aux titulaires de baux écrits ou verbaux, ni à ceux qui sont maintenus dans les lieux.

Au cas où la notification prévue au premier alinéa de l'article 32 est faite à une date postérieure au 1er janvier 1949, les prix résultant de l'application de la présente loi ne seront applicables qu'à partir du terme d'usage qui suivra cette notification ; toutefois, s'il y a lieu à réduction en application des dispositions de l'article 35, et quelle que soit la date de la notification, le nouveau prix sera applicable à partir du 1er janvier 1949.

Art. 34. Les parties pourront, d'un commun accord, se dispenser de l'application des règles de fixation des loyers prévues aux articles précédents en prenant forfaitairement comme base le loyer pratiqué au 1er juillet 1948.

À compter du 1er juillet 1965, le loyer est majoré chaque année d'une fraction du loyer applicable au cours du dernier mois de la période précédente. Le taux de majoration est fixé par le décret prévu à l'article 30.

Cet accord pourra être dénoncé par chacune des parties par lettre recommandée avec accusé de réception adressée dans la quinzaine suivant le payement de chaque terme de loyer. Dans ce cas, les règles des articles 26 et suivants deviendront définitivement applicables aux termes de loyer qui suivront la dénonciation de l'accord.

Le demandeur devra joindre à l'appui de sa dénonciation un décompte détaillé, établi d'après un modèle type annexé au décret prévu à l'article 28, des bases de calcul du nouveau loyer. Les dispositions des trois derniers alinéas de l'article 32 bis sont applicables.

L'augmentation de loyer résultant de l'application de la majoration prévue au deuxième alinéa ci-dessus peut faire l'objet d'un abattement en considération de l'âge ou de l'état physique des bénéficiaires et compte tenu de leurs ressources à la condition que le local ne soit pas insuffisamment occupé ou ne fasse pas l'objet d'une sous-location totale ou partielle et sans que l'abattement puisse dépasser la moitié de cette augmentation.

Art. 34 bis. I. Les parties peuvent également d'un commun accord, fixer un prix de loyer dans la limite de la valeur locative définie à l'article 27.

II à IV. Abrogés.

Art. 35. Les loyers qui dépassent la valeur locative telle qu'elle est définie à l'article 27 seront ramenés à cette valeur locative.

Art. 36. Les dispositions des articles qui précèdent ne sont pas applicables à la détermination du loyer des cours, jardins ou terrains loués ou occupés accessoirement aux locaux visés à la présente loi. Ce loyer fera l'objet d'une évaluation séparée. À défaut damiable, il sera procédé à l'évaluation du loyer par justice. Le juge devra tenir compte de tous éléments d'appréciation, notamment de la proximité de l'habitation, des possibilités de culture et des plantations existant au moment de la location.

Il sera procédé de même pour l'évaluation du loyer des locaux, tels que remises et garages, loués ou occupés accessoirement aux locaux visés par la présente loi et n'ayant aucune affectation commerciale ou industrielle.

Ce loyer est augmenté chaque année du taux de majoration applicable au loyer du local principal.

Art. 37. Le loyer des locaux mentionnés à l'article 8 (abrogé) de la présente loi sera fixé, à défaut d'accord amiable, par le juge à l'aide de tous éléments d'appréciation.

Art. 38. Les locataires ou occupants sont tenus, en sus du loyer principal, au remboursement des charges locatives définies à l'article 23 de la loi n° 89-462 du 6 juillet 1989, dans les conditions prévues à cet article.

Art. 39. Il ne peut être exigé des sous-locataires des locaux nus un loyer supérieur à celui payé par le locataire ou occupant principal augmenté du montant des prestations, taxes locatives et fournitures individuelles énumérées à l'article 38. Le locataire ou occupant principal est tenu, à la demande du sous-locataire, d'en justifier par la production de sa quittance.

Dans le cas de sous-location partielle de locaux nus, il devra être tenu compte, pour la fixation du loyer, de l'importance des locaux sous-loués et d'un prorata des prestations, taxes et fournitures payées par le locataire principal. Le principal du loyer ainsi déterminé pourra être majoré de 20 p. 100 et, en outre, du prix des prestations particulières que le locataire principal sera appelé à fournir.

Art. 40. En aucun cas, l'application des dispositions du présent chapitre ne pourra être invoquée par le bailleur pour se soustraire à l'exécution des obligations mises à sa charge par le contrat ou par la loi.

Toutefois, sont autorisées les conventions par lesquelles tout locataire ou occupant s'engage, postérieurement à son entrée dans les lieux et à l'occasion de l'exécution de travaux afférents à l'immeuble et déterminés par la convention, à participer à tout ou partie des dépenses exposées pour leur réalisation.

Art. 41. Le preneur pourra, nonobstant toutes clauses ou conventions contraires, résilier le bail tant que la valeur locative résultant des dispositions qui précèdent ne sera pas atteinte.

Art. 42. Les occupants évincés en application des articles 11 et 12 et usant du droit à réintégration prévu à l'article 13 ne devront payer que le loyer, les prestations, taxes et fournitures individuelles tels qu'ils résultent de l'application des dispositions du présent chapitre.

Art. 43. Le bailleur qui, n'exerçant pas la profession de loueur en meublé, loue exceptionnellement en totalité un local normalement meublé, est autorisé à majorer le montant du loyer, tel qu'il est déterminé au présent chapitre, du prix de location des meubles, qui ne pourra lui-même dépasser le montant du loyer principal. Il pourra en outre, récupérer les prestations, taxes et fournitures définies à l'article 38 et tous impôts et taxes perçus à l'occasion des locations en meublé.

Pour les sous-locations partielles en meublé existant au jour de la promulgation de la présente loi et pour les sous-locations partielles en meublé autorisées en application des dispositions de l'article 78, le prix du loyer est déterminé comme il est dit à l'article 39, alinéa 2, et le prix de location des meubles ne peut dépasser le montant dudit loyer. Il pourra être exigé en sus le montant de tous impôts et taxes perçus à l'occasion des locations en meublé.

Art. 44. Les travaux ayant pour objet d'augmenter le nombre de logements par la division des logements existants ouvrent droit, pour le propriétaire, à la récupération du montant des dépenses par une majoration du prix des loyers des locaux rendus disponibles.

Cette majoration ne devra, en aucun cas, permettre l'amortissement du capital dépensé sur une période inférieure à dix années. Elle n'est autorisée qu'à la condition que les appartements créés comportent trois pièces principales au moins.

Chapitre IV
Des locations et sous-locations en meublé

Art. 45. Le locataire, sous-locataire ou occupant de bonne foi d'un local meublé bénéficie du maintien dans les lieux dans les termes et conditions prévus aux chapitres Ier et II du présent titre.
Toutefois, le bénéfice de ce maintien dans les lieux n'est pas opposable au propriétaire ou au locataire principal qui justifie avoir loué ou sous-loué un local constituant son domicile.
Le bénéfice de ce maintien dans les lieux n'est pas non plus opposable au bailleur si celui-ci peut faire la preuve qu'il avait accueilli le preneur en raison de circonstances exceptionnelles pour une location provisoire. Toutefois, cette dernière disposition ne pourra être opposée à ceux dont le domicile a été détruit par fait de guerre et n'a pas encore été reconstruit.
Dans tous les cas, à partir de l'expiration du bail ou de la location verbale, le bailleur pourra, à l'encontre du locataire ou du sous-locataire bénéficiaire du maintien dans les lieux, reprendre son mobilier, s'il justifie qu'il en a besoin pour sa propre installation ou celle de ses ascendants ou descendants. Il devra, en ce cas, lui donner préavis, deux mois à l'avance, par lettre recommandée avec accusé de réception.

Chapitre V
De la procédure

Art. 46. Sous réserve des dispositions de l'article 5, toutes les contestations relatives à l'application du présent titre sont portées devant le tribunal d'instance du lieu de la situation de l'immeuble, lequel statue selon les règles qui lui sont propres.
Toutefois, la juridiction des référés reste compétente dans les conditions prévues par les règles qui régissent cette matière.

Art. 47 à 50. Abrogés.

Chapitre VI
Des sanctions

Art. 51. Toute personne qui de mauvaise foi, à l'aide soit d'une dissimulation, soit de tout autre moyen frauduleux, impose ou tente d'imposer pour l'un des locaux visés par la présente loi, un loyer dépassant le prix licite, sera punie d'un emprisonnement de quinze jours à deux ans et d'une amende de 22500 € ou de l'une de ces deux peines seulement.
L'amende pourra être élevé à cent fois le montant de la majoration imposée, sans préjudice de tous dommages-intérêts.
L'affichage du jugement à la porte de l'immeuble pourra être ordonné.
Les dispositions des deux premiers alinéas du présent article sont applicables à toute offre d'un loyer supérieure au prix licite.

Art. 52. Sera puni des peines prévues à l'article précédent, tout locataire ou occupant d'un des locaux visés par la présente loi qui, pour quitter les lieux, aura directement ou indirectement soit obtenu ou tenté d'obtenir une remise d'argent ou de valeurs non justifiée, soit imposé ou tenté d'imposer la reprise d'objets mobiliers à un prix ne correspondant pas à la valeur vénale de ceux-ci.
Les sommes indûment perçues sont sujettes à répétition.
Aucune poursuite ne peut être intentée à l'encontre du locataire ou de l'occupant qui a demandé ou obtenu un prix de reprise au plus égal à l'évaluation des objets mobiliers faite à ses frais par un expert désigné à sa requête par le président du tribunal.

Art. 53. Sera puni des peines prévues à l'article 51 quiconque aura obtenu ou tenté d'obtenir, à l'occasion de la location d'un des locaux visés par la présente loi, des commissions, ristournes, rétributions, récompenses, ne correspondant pas à un service réellement rendu ou supérieures à celles en usage dans la profession.
Les sommes abusivement perçues sont sujettes à répétition.

Art. 54. Toute personne convaincue d'avoir refusé de louer à un locataire éventuel, en raison du nombre de ses enfants, un des locaux visés par la présente loi, alors qu'il était vacant, sera punie d'une peine d'emprisonnement d'un mois à deux ans et d'une amende de 3750 € ou de l'une de ces deux peines seulement.
En outre, l'auteur de l'infraction sera tenu de consentir à la famille évincée, pour une durée minimum de trois ans, un bail sur l'immeuble

refusé, à moins que les locaux n'aient été déjà loués et ne soient occupés de façon suffisante au sens des dispositions prise en application de l'article 3 de l'ordonnance du 11 octobre 1945, auquel cas ledit auteur de l'infraction sera condamné envers la partie lésée à tous dommages- intérêts.

En cas de récidive, les peines pourront être portées au double.

Art. 55. Abrogé *(Ord. n° 58-1441 du 31.12.58).*

Art. 56. Quiconque, soit par des manœuvres frauduleuses, soit par fausses allégations ou simples réticences ayant fait naître l'espérance chimérique d'une location, jouissance ou propriété d'appartement, aura détourné ou dissipé, ou tenté de détourner ou de dissiper la totalité ou partie de la fortune d'autrui, sera puni d'un emprisonnement de cinq ans, et d'une amende de 22500 €.

Art. 57. Tout bailleur ou mandataire de celui-ci, convaincu d'avoir, par lui-même ou son préposé, majoré le prix du bail au-delà de la valeur locative maxima telle qu'elle est prévue à l'article 27 ci-dessus, sera condamné à une amende civile qui ne pourra être inférieure à dix fois, ni supérieure à cent fois le montant de la majoration exigée ou perçue.

La juridiction statuant sur l'action en répétition est compétente pour prononcer d'office cette amende.

Art. 58. Abrogé.

Art. 59. Le propriétaire qui, ayant excipé des dispositions des articles 11, 12 et 15, n'aura pas commencé les travaux dans le délai prévu auxdits articles, ou qui ne les aura pas exécutés dans les conditions qu'ils prévoient, sera, pour l'avenir, déclaré déchu de tout droit de reprise, frappé d'une amende civile de 7,50 à 1500 € sans préjudice de tous dommages-intérêts que pourrait réclamer l'occupant évincé.

Il en sera de même à l'égard du propriétaire qui ne se conforme pas aux dispositions de l'article 13.

Les actions prévues au présent article se prescrivent par trois ans et sont jugées conformément aux dispositions du chapitre V du présent titre, en tenant compte du montant du loyer au moment de l'éviction.

Art. 59 bis. *(L. n° 2014-366 du 24.3.2014).* Quiconque exécute ou fait exécuter les travaux visés au premier alinéa de l'article 14 sans avoir obtenu l'autorisation ou sans avoir fait la notification, prévues audit article, ou sans respecter les conditions d'exécution figurant dans la notification ou encore malgré une décision d'interdiction ou d'interruption des travaux prononcée par le juge du tribunal d'instance, statuant par ordonnance de référé, encourt les sanctions prévues à l'article L. 480-4 du Code de l'urbanisme.

Le tribunal pourra, en outre, ordonner la remise en état des lieux aux frais du condamné.

Les dispositions des articles L. 480-1 (alinéas 1, 3 et 4), L. 480-2, L. 480-7, L. 480-8 et L. 480-9 du Code de l'urbanisme sont applicables aux infractions visées au premier alinéa du présent article. En particulier, le maire est soumis aux obligations prévues à l'alinéa 10 de l'article L. 480-2 du même code en cas de travaux effectués sans l'autorisation exigée en vertu de l'article 14 de la présente loi.

Art. 60. Sauf empêchement résultant de la force majeure ou d'un cas fortuit, le propriétaire ayant excipé des dispositions des articles 18, 19, 20 ou 25 et qui, dans un délai de trois mois à dater du départ du locataire ou de l'occupant, et pendant une durée minimum de trois ans, n'aura pas occupé ou fait occuper l'immeuble par ceux des bénéficiaires pour le compte de qui il l'avait réclamé, sera, pour l'avenir, déclaré déchu de tout droit de reprise, frappé d'une amende civile de 7,50 à 1500 € et devra au locataire congédié, outre la réparation du préjudice matériel causé, une indemnité qui ne pourra être inférieure à une année de loyer du local précédemment occupé, ni supérieure à cinq années. Le locataire ou l'occupant, en cas de non-occupation, pourra demander la réintégration ; s'il obtient cette réintégration, l'indemnité ne sera pas due.

La juridiction statuant sur l'action du locataire ou de l'occupant évincé est compétente pour prononcer d'office l'amende.

Art. 61. Le propriétaire qui aura exercé le droit de reprise prévu à l'article 20 en violation des dispositions de l'alinéa 6 dudit article, ou qui aura enfreint les dispositions de l'article 24, sera passible des sanctions prévues à l'article 60.

Art. 62. Le locataire ou l'occupant qui aurait pris l'engagement prévu à l'alinéa 11 de l'article 18 et qui n'aura pas rempli cet engagement dans le délai fixé, sera frappé d'une amende civile de 7,50 à 150 € et devra au propriétaire la réparation du préjudice causé.
Les dispositions du précédent alinéa seront applicables au propriétaire qui se sera engagé à mettre un logement à la disposition du locataire ou occupant dont il veut reprendre le local en vertu de l'article 18 et qui, après l'acceptation du locataire ou de l'occupant, n'aura pas rempli son engagement.
L'amende ne sera pas prononcée et l'indemnité ne sera pas due si la partie en cause peut justifier de la force majeure ou d'un cas fortuit.

Art. 63. Toute clause ou stipulation tendant à imposer, sous une forme directe ou indirecte, telle que remise d'argent ou de valeurs ou reprises d'objets mobiliers, un prix de location supérieur à celui fixé en application des dispositions de la loi, est nulle de plein droit, même si elle a reçu exécution antérieurement à la publication de la présente loi.
Il en est de même si les avantages exigés, autres que ceux représentant une rémunération équitable du service rendu, l'ont été au profit de toute autre personne que le bailleur.
Toutes les sommes indûment perçues sont sujettes à répétition.

Art. 64. Le locataire ou l'occupant qui aurait enfreint les dispositions des articles 39 et 43 sera frappé d'une amende civile de 7,50 à 150 € sans préjudice des dommages-intérêts qui pourront être accordés au propriétaire et sous-locataire.

Art. 65. Le produit des amendes civiles prononcées en vertu de la présente loi sera versé intégralement au fonds national d'amélioration de l'habitat.

Art. 66. Le propriétaire à qui le juge aura refusé le droit de reprise en application de l'article 21 ci-dessus sera, pour l'avenir, déclaré déchu de ce droit.

Art. 67. Le ministère public devra poursuivre d'office l'application des amendes civiles, qui seront prononcées conformément aux règles de compétence et de procédure instituées par le chapitre V du présent titre.
En tout état de cause, le juge pourra prononcer d'office l'application des amendes civiles.

Art. 68. Les actions en nullité et les actions en répétition prévues au présent chapitre se prescrivent par trois ans.
Aucune amende civile ne peut être prononcée pour des faits remontant à plus de trois ans avant la demande.
À défaut de loyer déterminé au jour de la demande, ces actions sont introduites et jugées suivant les règles de procédure prévues à l'article 48.

Chapitre VII
Dispositions diverses

Art. 69. [Alinéa 1 abrogé *(D. n° 55-559 du 20.5.55)*.]
Les dispositions du présent titre ne sont pas applicables aux immeubles construits par l'État en application de l'ordonnance n° 45-2064 du 8 septembre 1945, tant qu'ils conservent leur caractère d'immeubles sans affectation individuelle, ou s'ils sont cédés à des non-sinistrés. Les limitations de prix prévues par la législation sur les habitations à bon marché leur sont par contre applicables pendant cette période.
Lorsqu'ils ont été attribués à des sinistrés en règlement partiel ou total de leurs indemnités de dommages de guerre, ils sont assimilés, à compter de cette affectation, aux locaux visés aux articles 70 et 71.

Art. 70. Nonobstant les dispositions des articles 1722 et 1741 du Code civil, le bail à loyer des locaux d'habitation ou à usage professionnel, ou encore affectés soit à une administration publique, soit à l'exercice d'une fonction publique, situés dans des immeubles détruits ou endommagés par suite de faits de guerre ou de faits assimilés aux faits de guerre, est reporté sur l'immeuble réparé ou reconstruit, même sur un autre terrain, en remplacement de l'immeuble primitif.
Les baux interrompus par le sinistre sont considérés comme ayant été suspendus et reprennent cours à la date de laquelle la réinstallation aura été possible.

Les personnes occupant les lieux au moment du sinistre en vertu de prorogations légales ou de dispositions concernant le maintien dans les lieux peuvent prendre possession des locaux réparés ou reconstruits et s'y maintenir dans les conditions fixées par la présente loi.

Si des modifications sont intervenues dans la surface ou la disposition des lieux qui mettent obstacle à la réintégration de tous les locataires et occupants ayant fait connaître leur intention d'occuper les lieux, la préférence sera donnée aux locataires ou occupants dont la famille est la plus nombreuse, et, à égalité de charges familiales, aux plus anciens.

Les dispositions des alinéas précédents ne sont applicables que sous réserve du droit de priorité du propriétaire sinistré immobilièrement justifiant d'un motif légitime d'habiter par lui-même l'un des locaux réparés ou reconstruits ou de les faire habiter par son conjoint, ses ascendants, ses descendants, ou ceux de son conjoint.

Ces dispositions ne sont également pas opposables au propriétaire sinistré dont l'habitation personnelle a été détruite et qui, par application de l'article 31 de la loi n° 46-2389 du 28 octobre 1946, reconstruit une habitation personnelle de même importance, en transférant sur celle-ci d'autres droits à indemnité de dommages de guerre.

Nonobstant toute disposition contraire, les dispositions du présent article sont applicables en cas d'expropriation d'un immeuble sinistré ou non, dès lors que son propriétaire est assimilé à un sinistré total par application de la législation sur la reconstruction et a décidé de procéder à sa reconstruction. Le locataire ou l'occupant doit alors opter entre l'indemnité d'éviction due au titre de l'expropriation et le bénéfice des dispositions ci-dessus.

Le propriétaire notifie aux locataires ou occupants par lettre recommandée avec accusé de réception, son intention de réparer ou de reconstruire l'immeuble endommagé. Dans les trois mois qui suivront cette notification ou, dans le cas où elle n'aurait pu être faite, dans les trois mois qui suivront l'affichage à la mairie de la situation de l'immeuble d'un extrait de cette notification, les locataires ou occupants doivent, à peine de forclusion, faire connaître leur intention, d'occuper un local dans l'immeuble réparé ou reconstruit.

Art. 71. Les loyers des locaux visés à l'article précédent seront, à compter du 1er janvier 1949, déterminés conformément aux dispositions du présent titre.

Toutefois, lorsque la part des dépenses de reconstruction, d'amélioration ou de réparation restant à la charge des propriétaires dépasse en moyenne 4,50 € par pièce principale, telle que ladite pièce principale est définie par les textes pris en application de l'article 3 de l'ordonnance du 11 octobre 1945, les propriétaires sont autorisés à percevoir en sus du loyer fixé comme il est dit ci-dessus, une majoration de loyer pouvant atteindre au plus l'intérêt calculé au taux de 6 p. 100 des sommes correspondant à la quote-part des dépenses de reconstruction, de réparation ou d'amélioration, laissées à leur charge ou non encore remboursées par l'État au titre des dommages de guerre. Dans ce cas, la majoration autorisée de l'ensemble des loyers doit être répartie entre toutes les personnes qui habitent l'immeuble au prorata du nombre de pièces principales qu'elles occupent. Cependant, en cas d'amélioration, cette réparation ne joue qu'à l'égard des personnes qui ont bénéficié des travaux exécutés.

Art. 72. [Alinéa 1 abrogé *(L. n° 67-561 du 12.7.67)*.]

Le propriétaire ne peut s'opposer à l'installation du téléphone ; l'autorisation préalable du propriétaire à fournir à l'Administration des postes, télégraphes et téléphones est supprimée. Toutefois, le locataire devra notifier par lettre recommandée au propriétaire son intention de faire installer le téléphone.

Art. 73. Dans le cas où le locataire ou l'occupant est autorisé, soit amiablement, soit par justice, à effectuer les travaux d'entretien ou de réparation aux lieu et place du propriétaire, le montant de la dépense restant à sa charge se compensera avec les loyers à échoir ; à défaut d'accord amiable, le juge fixera le montant de la somme qui pourra être retenue, sur chaque terme, par le locataire ou l'occupant. En cas de départ du locataire ou de l'occupant avant l'extinction de la dette, le juge fixera le délai et les modalités du remboursement dû.

En cas de carence du bailleur, et après une mise en demeure demeurée infructueuse, le preneur peut demander au juge de se substituer au propriétaire pour bénéficier de l'aide financière de l'agence nationale pour l'amélioration de l'habitat. Sur production d'une expédition du jugement intervenu, celui-ci verse directement au preneur le montant de la subvention ou du prêt.

Art. 74. Sauf convention contraire expresse insérée dans le bail, les loyers des locaux d'habitation seront de plein droit payés par fractions mensuelles.
Les conventions prévoyant un payement par périodes supérieures au mois pourront, à tout moment, être annulées à la demande, tant du propriétaire que du locataire.
Les dispositions du présent article ne portent pas atteinte aux règles concernant les délais à respecter pour les congés.

Art. 75. Les loyers payés d'avance, sous quelque forme que ce soit et même à titre de garantie, ne peuvent excéder une somme correspondant à deux mois de loyer pour les locations faites au mois et au quart du loyer annuel pour les autres cas.
Toutes clauses et conventions contraires sont nulles de plein droit et le bailleur ou le propriétaire devra restituer les sommes reçues en trop.
Les dispositions du présent article ne s'appliquent pas aux locaux meublés en ce qui concerne la limitation du cautionnement.

Art. 76 et 77. Abrogés.

Art. 78. À dater de la publication de la présente loi, par dérogation à l'article 1717 du Code civil, le preneur n'a le droit ni de sous-louer, ni de céder son bail, sauf clause contraire du bail ou accord du bailleur.
Toutefois par dérogation à l'alinéa précédent et nonobstant toutes clauses contraires, le locataire principal ou l'occupant maintenu dans les lieux a toujours la faculté de sous-louer une pièce lorsque le local comprend plus d'une pièce.
Dans les communes visées à l'article 10-7° ci-dessus, le locataire principal ou l'occupant maintenu dans les lieux, vivant seul et âgé de plus de soixante-cinq ans, peut sous-louer deux pièces à la même personne ou à deux personnes différentes, sous réserve que le local ne comporte pas plus de cinq pièces.
Dans le délai d'un mois, le locataire ou l'occupant est tenu, à moins que la sous-location n'ait été expressément autorisée par le propriétaire ou son représentant, de notifier cette sous-location au bailleur par lettre recommandée avec demande d'avis de réception, en précisant le prix demandé au sous-locataire, sous peine de déchéance du droit au maintien dans les lieux.
[Dernier alinéa abrogé *(L. n° 86-1290 du 23.12.86)*.]

Art. 79. Abrogé *(L. n° 86-1290 du 23.12.86)*.

Art. 80. Nonobstant toute stipulation contraire, la clause insérée dans le bail prévoyant la résiliation de plein droit faute de payement du loyer aux échéances convenues, ne produit effet qu'un mois après la date de la sommation ou du commandement de payer demeuré infructueux.
La mise en demeure ou le commandement doit, à peine de nullité, mentionner ce délai.
Le juge des référés saisi par le preneur dans le délai d'un mois susvisé peut lui accorder pour le payement du loyer des délais dans les termes de l'article 1244 du Code civil.
Les effets de la clause résolutoire sont suspendus pendant le cours des délais ainsi octroyés au locataire. La clause résolutoire est réputée n'avoir jamais joué si le locataire se libère dans les conditions déterminées par l'ordonnance du juge.

Art. 81. Abrogé.

Art. 82. Les articles 71, 72, 73, 74, 75, 80 et 81 ci-dessus sont applicables dans toutes les communes.
L'article 70 est applicable dans toutes les communes, dans la mesure où il concerne le report des baux.

Art. 83 à 86. Articles abrogés ou devenus caduques.

Art. 87. Les dispositions du présent titre sont d'ordre public.

Art. 88. *(Ord. n° 2012-576 du 26.4.2012)*. La présente loi n'est pas applicable en Guadeloupe, en Guyane, à la Martinique, à Mayotte, à Saint-Martin et à La Réunion.

LOI n° 66-457 DU 2 JUILLET 1966

RELATIVE À L'INSTALLATION D'ANTENNES RÉCEPTRICES DE RADIODIFFUSION

Art. 1er. I. *(L. n° 2004-669 du 9.7.2004)*. Le propriétaire d'un immeuble ne peut, nonobstant toute convention contraire, même antérieurement conclue, s'opposer, sans motif sérieux et légitime à l'installation, à l'entretien ou au remplacement ainsi qu'au raccordement au réseau interne à l'immeuble, aux frais d'un ou plusieurs locataires ou occupant de bonne foi, que ces derniers soient personnes physiques ou morales, d'une antenne extérieure réceptrice de radiodiffusion ou réceptrice et émettrice de télécommunication fixe.

L'offre, faite par le propriétaire, de raccordement soit à une antenne collective, soit à un réseau interne à l'immeuble qui fournissent un service collectif dont le contenu et la tarification sont définis par un accord collectif pris en application de l'article 42 de la loi n° 86-1290 du 23 décembre 1986 tendant à favoriser l'investissement locatif, l'accession à la propriété de logements sociaux et le développement de l'offre foncière et constitue, notamment, un motif sérieux et légitime de s'opposer à l'installation ou au remplacement d'une antenne individuelle.

Les modalités de remplacement d'une antenne collective par un autre mode de réception des programmes sont déterminées par un accord collectif pris en application de l'article 42 de la loi n° 86-1290 du 23 décembre 1986 précitée.

Toutefois, le propriétaire d'un immeuble ne peut s'opposer, sans motif sérieux et légitime, à l'installation, au remplacement ou à l'entretien des antennes individuelles, émettrices et réceptrices, nécessaires au bon fonctionnement de stations du service amateur autorisées conformément à la réglementation en vigueur. Les bénéficiaires sont responsables, chacun en ce qui le concerne, des travaux d'installation, d'entretien ou de remplacement et des conséquences que pourrait comporter la présence des antennes en cause.

II. *(L. n° 2008-776 du 4.8.2008)*. Le propriétaire d'un immeuble ne peut, nonobstant toute convention contraire, même antérieurement conclue, s'opposer sans motif sérieux et légitime au raccordement à un réseau de communications électroniques à très haut débit en fibre optique ouvert au public ainsi qu'à l'installation, à l'entretien ou au remplacement des équipements nécessaires, aux frais d'un ou plusieurs locataires ou occupants de bonne foi.

Constitue notamment un motif sérieux et légitime de s'opposer au raccordement à un réseau de communications électroniques à très haut débit en fibre optique ouvert au public la préexistence de lignes de communications électroniques en fibre optique permettant de répondre aux besoins spécifiques du demandeur. Dans ce cas, le propriétaire peut demander que le raccordement soit réalisé au moyen desdites lignes, dans les conditions prévues par l'article L. 34-8-3 du Code des postes et des communications électroniques.

Constitue également un motif sérieux et légitime de s'opposer au raccordement à un réseau de communications électroniques à très haut débit en fibre optique ouvert au public la décision prise par le propriétaire, dans un délai de six mois suivant la demande du ou des locataires ou occupants de bonne foi, d'installer des lignes de communications électroniques à très haut débit en fibre optique en vue d'assurer la desserte de l'ensemble des occupants de l'immeuble dans des conditions satisfaisant les besoins spécifiques du demandeur. Dans ce cas, une convention est établie entre le propriétaire de l'immeuble et l'opérateur dans les conditions prévues par l'article L. 33-6 du Code des postes et des communications électroniques.

(Ord. n° 2014-329 du 12.3.2014). Lorsqu'elles sont réalisées par un opérateur de communications électroniques exploitant un réseau ouvert au public, les opérations d'installation mentionnées au premier alinéa du présent II se font dans les conditions financières prévues à l'article L. 33-6 du Code des postes et des communications électroniques.

Le présent II est applicable à tous les immeubles à usage d'habitation ou à usage mixte, quel que soit leur régime de propriété.

Art. 2. *(L. n° 2004-669 du 9.7.2004)*. Le propriétaire qui a installé à ses frais une antenne collective ou un réseau interne à l'immeuble fournissant un service collectif est fondé à demander à chaque usager acceptant de se raccorder à cette antenne collective ou à ce réseau interne, à titre de frais de branchement et d'utilisation, une quote-part des dépenses d'installation, d'entretien et de remplacement.

Art. 3. Le propriétaire peut, après un préavis de deux mois, raccorder les récepteurs individuels à l'antenne collective et déposer les antennes extérieures précédemment installées par des locataires ou occupants de bonne foi, lorsqu'il prend en charge les frais d'installation et de raccordement de l'antenne collective et les frais de démontage des antennes individuelles.

Art. 4. La présente loi est applicable aux immeubles qui se trouvent en indivision ou qui sont soumis au régime de la copropriété.

Les indivisaires, les copropriétaires et les membres des sociétés de construction peuvent, lorsqu'ils sont occupants, se prévaloir des dispositions de la présente loi.

Art. 5. La présente loi entrera en vigueur le 1er janvier 1967. Le décret n° 53-987 du 30 septembre 1953, pris en vertu de la loi n° 53-611 du 11 juillet 1953, sera abrogé à cette date.

Art. 6. Un décret en Conseil d'Etat déterminera les conditions d'application de la présente loi.

Art. 7. *(L. n° 2001-616 du 11.7.2001)*. La présente loi est applicable en Nouvelle-Calédonie, dans les territoires de la Polynésie française, des îles Wallis-et-Futuna et à Mayotte.

DÉCRET n° 67-1171 DU 22 DÉCEMBRE 1967

FIXANT LES CONDITIONS D'APPLICATION DE LA LOI N° 66-457 DU 2 JUILLET 1966 RELATIVE À L'INSTALLATION D'ANTENNES RÉCEPTRICES DE RADIODIFFUSION

Art. 1er. Avant de procéder aux travaux d'installation, d'entretien ou de remplacement d'une antenne réceptrice de radiodiffusion sonore ou de télévision, ou d'une antenne émettrice et réceptrice d'une station d'amateur, ou aux travaux de raccordement à un réseau câblé mentionnés par l'article 1er de la loi n° 66-457 du 2 juillet 1966 susvisée, le locataire ou l'occupant de bonne foi doit en informer le propriétaire par lettre recommandée avec demande d'avis de réception. Une description détaillée des travaux à entreprendre est jointe à cette notification, assortie s'il y a lieu d'un plan ou d'un schéma, sauf si l'établissement de ce plan, a été rendu impossible du fait du propriétaire. La notification doit indiquer également la nature du ou des services de radiodiffusion sonore ou de télévision dont la réception serait obtenue à l'aide de ladite antenne individuelle ou dudit raccordement.

Si l'immeuble est soumis au statut des immeubles en copropriété, la notification est faite au bailleur et au syndic.

Si l'immeuble appartient à une société, la notification est faite au représentant légal de celle-ci, et le cas échéant, au porteur de parts qui a consenti le bail.

Si l'immeuble est indivis, la notification est faite à l'un des indivisaires, à charge pour lui d'informer sans délai ses coïndivisaires.

Art. 2. Le propriétaire qui entend s'opposer à l'installation ou au remplacement de l'antenne individuelle ou aux travaux de raccordement à un réseau câblé doit, à peine de forclusion, saisir dans le délai de trois mois la juridiction compétente. Il peut, s'agissant de réception de radiodiffusion sonore ou de télévision, faire dans le même délai une proposition de raccordement, soit à une antenne collective, soit à un réseau interne à l'immeuble raccordé à un réseau câblé, qui fournissent un service collectif dont le contenu et la tarification sont définis par un accord entre propriétaire et locataires pris en application de l'article 42 de la loi du 23 décembre 1986 susvisée.

Si le propriétaire n'a pas effectué le raccordement dans le délai de trois mois à compter de la proposition de raccordement, le locataire ou l'occupant de bonne foi pourra procéder à l'exécution des travaux qui ont fait l'objet de la notification prévue à l'article 1er.

Art. 3. La quote-part des dépenses d'installation, de remplacement et d'entretien susceptible d'être perçue en vertu de l'article 2 de la loi susvisée est égale au quotient du total des frais exposés par le nombre total des branchements de l'installation. Seuls ceux qui utilisent leur branchement sont appelés à verser leur quote-part des dépenses d'installation lors du raccordement. Les raccordements ultérieurs donnent lieu au règlement dans les mêmes conditions.

Art. 4. Les contestations relatives à l'application de la loi susvisée sont portées devant le tribunal d'instance du lieu de la situation de l'immeuble et jugées suivant les règles de procédure en vigueur devant cette juridiction.

DÉCRET n° 87-149 DU 6 MARS 1987

FIXANT LES CONDITIONS MINIMALES DE CONFORT ET D'HABITABILITÉ AUXQUELLES DOIVENT RÉPONDRE LES LOCAUX MIS EN LOCATION

Art. 1er. Les normes mentionnées à l'article 25 de la loi du 23 décembre 1986 susvisée sont les suivantes :
1° Les logements à usage d'habitation ou la partie de locaux à usage mixte professionnel et d'habitation destinées à l'habitation doivent présenter les caractéristiques ci-après :

a) Composition et dimensions :
Un logement comprend au minimum une pièce d'habitation et les pièces de service attenantes suivantes : cuisine ou coin cuisine, salle d'eau et cabinet d'aisances, celui-ci pouvant être situé dans la salle d'eau ; cette pièce d'habitation doit avoir au moins neuf mètres carrés lorsque la cuisine est séparée ou au moins douze mètres carrés lorsqu'il existe un coin cuisine.
La hauteur sous plafond des pièces d'habitation et de la cuisine est égale au moins à deux mètres vingt. Toutefois, celle-ci peut être inférieure à deux mètres vingt, sans être inférieure à deux mètres, à condition que le logement n'ait pas subi de division en hauteur depuis le 1er septembre 1948.
La surface habitable est déterminée conformément à l'article R. 111-2 du Code de la construction et de l'habitation.

b) Ouverture et ventilation :
Toute pièce d'habitation est pourvue d'un ouvrant donnant à l'extérieur du bâtiment permettant une aération et un éclairement suffisants et assurant le bon usage du logement et la conservation du bâtiment.
Toute pièce de service est pourvue d'un ouvrant donnant à l'extérieur du bâtiment ou, à défaut, est équipée d'un système d'évacuation débouchant à l'extérieur du bâtiment et assurant le bon usage du logement et la conservation de ce bâtiment.

c) Cuisine ou coin cuisine :
La cuisine ou le coin cuisine est intérieur et comprend un évier avec siphon raccordé à une chute d'eaux usées, sur lequel sont installées l'eau potable froide et l'eau chaude. La cuisine ou le coin cuisine est aménagé de manière à pouvoir recevoir un appareil de cuisson (à gaz ou électrique) ou possède un conduit d'évacuation de fumée en bon état.

d) Salle d'eau et cabinet d'aisances :
La salle d'eau est intérieure au logement, constitue une pièce séparée et comporte une baignoire ou une douche et un lavabo munis de siphons et alimentés en eau chaude et froide.
Le cabinet d'aisances est intérieur au logement, constitue une pièce séparée, à moins qu'il ne fasse partie de la salle d'eau, et est pourvu d'une cuvette à l'anglaise et d'une chasse d'eau. S'il est équipé d'une fosse étanche, la chasse d'eau peut être remplacée par un simple effet d'eau.
Le cabinet d'aisances est séparé de la cuisine et de la pièce où sont pris les repas.
Les sols sont étanches et les parois situées autour de la douche et de la baignoire sont protégées contre les infiltrations.

e) Gaz et électricité :
Le logement est alimenté en électricité, et, le cas échéant, en gaz. Ces alimentations, ainsi que la ventilation des pièces où le gaz est utilisé, répondent aux besoins normaux des usagers ; ces installations doivent assurer la sécurité des utilisateurs.
Les nouvelles installations électriques et les nouvelles alimentations en gaz éventuelles, ainsi que la ventilation des pièces où le gaz est utilisé, sont conformes à la réglementation.

f) Eau :
1° Les installations d'eau intérieures au logement assurent la permanence de la distribution avec une pression et un débit suffisants.
2° La partie des locaux à usage professionnel ainsi que les locaux professionnels obéissent à la législation en vigueur en matière d'hygiène et de sécurité des travailleurs.
3° Les sols, murs, plafonds des logements ou locaux ci-dessus ne présentent pas d'infiltra-

tion ni de remontée d'eau. Les ouvrants sont étanches à l'eau et en bon état de fonctionnement.

4° L'immeuble ne présente pas de défaut d'entretien grave. Le gros œuvre (murs, charpentes, escaliers, planchers, balcons) est en bon état d'entretien.

La couverture, ses raccords et ses accessoires sont étanches.

Art. 2. Les normes mentionnées à l'article 1er du présent décret s'appliquent aux baux conclus en application du deuxième alinéa de l'article 3 de la loi du 1er septembre 1948 susvisée.

Art. 3. Sauf pour les litiges en cours devant les tribunaux, le décret n° 78-924 du 22 août 1978 est abrogé.

DÉCRET n° 87-712 DU 26 AOÛT 1987

PRIS EN APPLICATION DE L'ARTICLE 7 DE LA LOI N° 86-1290 DU 23 DÉCEMBRE 1986 TENDANT À FAVORISER L'INVESTISSEMENT LOCATIF, L'ACCESSION À LA PROPRIÉTÉ DE LOGEMENTS SOCIAUX ET LE DÉVELOPPEMENT DE L'OFFRE FINANCIÈRE ET RELATIF AUX RÉPARATIONS LOCATIVES

Art. 1er. Sont des réparations locatives des travaux d'entretien courant et de menues réparations, y compris les remplacements d'éléments assimilables auxdites réparations, consécutifs à l'usage normal des locaux et équipements à usage privatif.
Ont notamment le caractère de réparations locatives les réparations énumérées en annexe du présent décret.

Art. 1 bis. Le présent décret est applicable en Polynésie française pour la mise en œuvre des dispositions du d de l'article 7 de la loi n° 89-462 du 6 juillet 1989.

ANNEXE
Liste des réparations ayant le caractère de réparations locatives

I - Parties extérieures dont le locataire a un usage exclusif

a) Jardins privatifs :
Entretien courant, notamment des allées, pelouses, massifs, bassins et piscines ; taille, élagage, échenillage des arbres et arbustes ;
Remplacement des arbustes ; réparation et remplacement des installations mobiles d'arrosage.

b) Auvents, terrasses et marquises :
Enlèvement de la mousse et des autres végétaux.

c) Descentes d'eaux pluviales, chéneaux et gouttières :
Dégorgement des conduits.

II - Ouvertures intérieures et extérieures

a) Sections ouvrantes telles que portes et fenêtres :
Graissage des gonds, paumelles et charnières ;
Menues réparations des boutons et poignées de portes, des gonds, crémones et espagnolettes ; remplacement notamment de boulons, clavettes et targettes.

b) Vitrages :
Réfection des mastics ;
Remplacement des vitres détériorées.

c) Dispositifs d'occultation de la lumière tels que stores et jalousies :
Graissage ;
Remplacement notamment de cordes, poulies ou de quelques lames.

d) Serrures et verrous de sécurité :
Graissage ;
Remplacement de petites pièces ainsi que des clés égarées ou détériorées.

e) Grilles :
Nettoyage et graissage ;
Remplacement notamment de boulons, clavettes, targettes.

III - Parties intérieures

a) Plafonds, murs intérieurs et cloisons :
Maintien en état de propreté ;
Menus raccords de peintures et tapisseries ; remise en place ou remplacement de quelques éléments des matériaux de revêtement tels que faïence, mosaïque, matière plastique ; rebouchage des trous rendu assimilable à une réparation par le nombre, la dimension et l'emplacement de ceux-ci.

b) Parquets, moquettes et autres revêtements de sol :
Encaustiquage et entretien courant de la vitrification ;
Remplacement de quelques lames de parquets et remise en état, pose de raccords de moquettes et autres revêtements de sol, notamment en cas de taches et de trous.

c) Placards et menuiseries telles que plinthes, baguettes et moulures :

Remplacement des tablettes et tasseaux de placard et réparation de leur dispositif de fermeture ; fixation de raccords et remplacement de pointes de menuiseries.

IV – Installations de plomberie

a) Canalisations d'eau :
Dégorgement ;
Remplacement notamment de joints et de colliers.

b) Canalisations de gaz :
Entretien courant de robinets, siphons et ouvertures d'aération ;
Remplacement périodique des tuyaux souples de raccordement.

c) Fosses septiques, puisards et fosses d'aisance :
Vidange.

d) Chauffage, production d'eau chaude et robinetterie :
Remplacement des bilames, pistons, membranes, boîtes à eau, allumage piézo-électrique, clapets et joints des appareils à gaz ;
Rinçage et nettoyage des corps de chauffe et tuyauteries ;
Remplacement des joints, clapets et presse-étoupes des robinets ;
Remplacement des joints, flotteurs et joints cloches des chasses d'eau.

e) Eviers et appareils sanitaires :
Nettoyage des dépôts de calcaire, remplacement des tuyaux flexibles de douches.

V – Équipements d'installation d'électricité

Remplacement des interrupteurs, prises de courant, coupe-circuits et fusibles, des ampoules, tubes lumineux ; réparation ou remplacement des baguettes ou gaines de protection.

VI – Autres équipements mentionnés au contrat de location

a) Entretien courant et menues réparations des appareils tels que réfrigérateurs, machines à laver le linge et la vaisselle, sèche-linge, hottes aspirantes, adoucisseurs, capteurs solaires, pompes à chaleur, appareils de conditionnement d'air, antennes individuelles de radiodiffusion ou de télévision, meubles scellés, cheminées, glaces et miroirs.

b) Menues réparations nécessitées par la dépose de bourrelets.

c) Graissage et remplacement des joints des vidoirs.

d) Ramonage des conduits d'évacuation des fumées et des gaz et conduits de ventilation.

DÉCRET n° 87-713 DU 26 AOÛT 1987

PRIS EN APPLICATION DE L'ARTICLE 18 DE LA LOI N° 86-1290 DU 23 DÉCEMBRE 1986 TENDANT À FAVORISER L'INVESTISSEMENT LOCATIF, L'ACCESSION À LA PROPRIÉTÉ DE LOGEMENTS SOCIAUX ET LE DÉVELOPPEMENT DE L'OFFRE FONCIÈRE ET FIXANT LA LISTE DES CHARGES RÉCUPÉRABLES

Art. 1er. La liste des charges récupérables prévue à l'article 18 de la loi du 23 décembre 1986 susvisée figure en annexe du présent décret.
(D. n° 2013-1296 du 27.12.2013). Le présent décret s'applique à Mayotte à compter du 1er janvier 2014.

Art. 2. Pour l'application du présent décret:

a) *(D. n° 2008-1411 du 19.12.2008)*. Il n'y a pas lieu de distinguer entre les services assurés par le bailleur en régie et les services assurés dans le cadre d'un contrat d'entreprise. Le coût des services assurés en régie inclut les dépenses de personnel d'encadrement technique chargé du contrôle direct du gardien, du concierge ou de l'employé d'immeuble ; ces dépenses d'encadrement sont exigibles au titre des charges récupérables à concurrence de 10 % de leur montant. Lorsqu'il existe un contrat d'entreprise, le bailleur doit s'assurer que ce contrat distingue les dépenses récupérables et les autres dépenses ;

b) Les dépenses de personnel récupérables correspondent à la rémunération et aux charges sociales et fiscales ;

c) *(D. n° 2008-1411 du 19.12.2008)*. Lorsque le gardien ou le concierge d'un immeuble ou d'un groupe d'immeubles assure, conformément à son contrat de travail, l'entretien des parties communes et l'élimination des rejets, les dépenses correspondant à sa rémunération et aux charges sociales et fiscales y afférentes sont exigibles au titre des charges récupérables à concurrence de 75 % de leur montant, y compris lorsqu'un tiers intervient pendant les repos hebdomadaires et les congés prévus dans les clauses de son contrat de travail, ainsi qu'en cas de force majeure, d'arrêt de travail ou en raison de l'impossibilité matérielle ou physique temporaire pour le gardien ou le concierge d'effectuer seul les deux tâches.
Ces dépenses ne sont exigibles qu'à concurrence de 40 % de leur montant lorsque le gardien ou le concierge n'assure, conformément à son contrat de travail, que l'une ou l'autre des deux tâches, y compris lorsqu'un tiers intervient pendant les repos hebdomadaires et les congés prévus dans les clauses de son contrat de travail, ainsi qu'en cas de force majeure, d'arrêt de travail ou en raison de l'impossibilité matérielle ou physique temporaire pour le gardien ou le concierge d'effectuer seul cette tâche.
Un couple de gardiens ou de concierges qui assure, dans le cadre d'un contrat de travail commun, l'entretien des parties communes et l'élimination des rejets est assimilé à un personnel unique pour l'application du présent article.
Les éléments suivants ne sont pas retenus dans les dépenses mentionnées dans les deux premiers alinéas :
- le salaire en nature ;
- l'intéressement et la participation aux bénéfices de l'entreprise ;
- les indemnités et primes de départ à la retraite ;
- les indemnités de licenciement ;
- la cotisation à une mutuelle prise en charge par l'employeur ou par le comité d'entreprise ;
- la participation de l'employeur au comité d'entreprise ;
- la participation de l'employeur à l'effort de construction ;
- la cotisation à la médecine du travail.

d) *(D. n° 2008-1411 du 19.12.2008)*. Lorsqu'un employé d'immeuble assure, conformément à son contrat de travail, l'entretien des parties communes ou l'élimination des rejets, les dépenses correspondant à sa rémunération et aux charges sociales et

fiscales y afférentes sont exigibles, en totalité, au titre des charges récupérables.
Les éléments suivants ne sont pas retenus dans les dépenses mentionnées dans l'alinéa précédent :
- le salaire en nature ;
- l'intéressement et la participation aux bénéfices de l'entreprise ;
- les indemnités et primes de départ à la retraite ;
- les indemnités de licenciement ;
- la cotisation à une mutuelle prise en charge par l'employeur ou par le comité d'entreprise ;
- la participation de l'employeur au comité d'entreprise ;
- la participation de l'employeur à l'effort de construction ;
- la cotisation à la médecine du travail.

e) Le remplacement d'éléments d'équipement n'est considéré comme assimilable aux menues réparations que si son coût est au plus égal au coût de celles-ci.

Art. 3. Pour l'application du présent décret, les dépenses afférentes à l'entretien courant et aux menues réparations d'installations individuelles, qui figurent au III du tableau annexé, sont récupérables lorsqu'elles sont effectuées par le bailleur au lieu et place du locataire.

Art. 3 bis. Le présent décret est applicable en Polynésie française pour la mise en œuvre des dispositions de l'article 23 de la loi n° 89-462 du 6 juillet 1989.

ANNEXE
Liste des charges récupérables

I – Ascenseurs et monte-charges

1. Dépenses d'électricité.

2. Dépenses d'exploitation, d'entretien courant, de menues réparations :
a) Exploitation :
- visite périodique, nettoyage et graissage des organes mécaniques ;
- examen semestriel des câbles et vérification annuelle des parachutes ;
- nettoyage annuel de la cuvette, du dessus de la cabine et de la machinerie ;
- dépannage ne nécessitant pas de réparations ou fournitures de pièces ;
- tenue d'un dossier par l'entreprise d'entretien mentionnant les visites techniques, incidents et faits importants touchant l'appareil.

b) Fournitures relatives à des produits ou à du petit matériel d'entretien (chiffons, graisses et huiles nécessaires) et aux lampes d'éclairage de la cabine.

c) Menues réparations :
- de la cabine (boutons d'envois, paumelles de portes, contacts de portes, ferme-portes automatiques, coulisseaux de cabine, dispositif de sécurité de seuil et de cellule photo-électrique) ;
- des paliers (ferme-portes mécaniques, électriques ou pneumatiques, serrures électromécaniques, contacts de portes et boutons d'appel) ;
- des balais du moteur et fusibles.

II – Eau froide, eau chaude et chauffage collectif des locaux privatifs et des parties communes

1. Dépenses relatives :
À l'eau froide et chaude des locataires ou occupants du bâtiment ou de l'ensemble des bâtiments d'habitation concernés ;
À l'eau nécessaire à l'entretien courant des parties communes du ou desdits bâtiments, y compris la station d'épuration ;
À l'eau nécessaire à l'entretien courant des espaces extérieurs ;
Les dépenses relatives à la consommation d'eau incluent l'ensemble des taxes et redevances ainsi que les sommes dues au titre de la redevance d'assainissement, à l'exclusion de celles auxquelles le propriétaire est astreint en application de l'article L. 35-5 du Code de la santé publique ;
Aux produits nécessaires à l'exploitation, à l'entretien et au traitement de l'eau ;
À l'électricité ;
Au combustible ou à la fourniture d'énergie, quelle que soit sa nature.

2. Dépenses d'exploitation, d'entretien courant et de menues réparations :
a) Exploitation et entretien courant :
- nettoyage des gicleurs, électrodes, filtres et clapets des brûleurs ;
- entretien courant et graissage des pompes de relais, jauges, contrôleurs de niveau ainsi

que des groupes moto-pompes et pompes de puisards ;
- graissage des vannes et robinets et réfection des presse-étoupes ;
- remplacement des ampoules des voyants lumineux et ampoules de chaufferie ;
- entretien et réglage des appareils de régulation automatique et de leurs annexes ;
- vérification et entretien des régulateurs de tirage ;
- réglage des vannes, robinets et tés ne comprenant pas l'équilibrage ;
- purge des points de chauffage ;
- frais de contrôles de combustion ;
- entretien des épurateurs de fumée ;
- opérations de mise en repos en fin de saison de chauffage, rinçage des corps de chauffe et tuyauteries, nettoyage de chaufferies, y compris leurs puisards et siphons, ramonage des chaudières, carneaux et cheminées ;
- conduite de chauffage ;
- frais de location d'entretien et de relevé des compteurs généraux et individuels ;
- entretien de l'adoucisseur, du détartreur d'eau, du surpresseur et du détendeur ;
- contrôles périodiques visant à éviter les fuites de fluide frigorigène des pompes à chaleur ;
- vérification, nettoyage et graissage des organes des pompes à chaleur ;
- nettoyage périodique de la face extérieure des capteurs solaires ;
- vérification, nettoyage et graissage des organes des capteurs solaires.

b) Menues réparations dans les parties communes ou sur des éléments d'usage commun :
- réparations de fuites sur raccords et joints ;
- remplacement des joints, clapets et presse-étoupes ;
- rodage des sièges de clapets ;
- menues réparations visant à remédier aux fuites de fluide frigorigène des pompes à chaleur ;
- recharge en fluide frigorigène des pompes à chaleur.

III - Installations individuelles

Chauffage et production d'eau chaude, distribution d'eau dans les parties privatives :

1. Dépenses d'alimentation commune de combustible ;

2. Exploitation et entretien courant, menues réparations :

a) Exploitation et entretien courant :
- réglage de débit et température de l'eau chaude sanitaire ;
- vérification et réglage des appareils de commande, d'asservissement, de sécurité d'aquastat et de pompe ;
- dépannage ;
- contrôle des raccordements et de l'alimentation des chauffe-eau électriques, contrôle de l'intensité absorbée ;
- vérification de l'état des résistances, des thermostats et contrôle de la température d'eau ;
- contrôle et réfection d'étanchéité des raccordements d'eau froide - eau chaude ;
- contrôle des groupes de sécurité ;
- rodage des sièges de clapets des robinets ;
- réglage des mécanismes de chasses d'eau.

b) Menues réparations :
- remplacement des bilames, pistons, membranes, boîtes à eau, allumage piézo-électrique, clapets et joints des appareils à gaz ;
- rinçage et nettoyage des corps de chauffe et tuyauteries ;
- remplacement des joints, clapets et presse-étoupe des robinets ;
- remplacement des joints, flotteurs et joints cloches des chasses d'eau.

IV - Parties communes intérieures au bâtiment ou à l'ensemble des bâtiments d'habitation

1. Dépenses relatives :
À l'électricité ;
Aux fournitures consommables, notamment produits d'entretien, balais et petit matériel assimilé nécessaire à l'entretien de propreté, sel.

2. Exploitation et entretien courant, menues réparations :
a) Entretien de la minuterie, pose, dépose et entretien des tapis ;

b) Menues réparations des appareils d'entretien de propreté tels qu'aspirateur.

3. Entretien de propreté (frais de personnel).

V – Espaces extérieurs au bâtiment ou à l'ensemble de bâtiments d'habitation (voies de circulation, aires de stationnement, abords et espaces verts, aires et équipements de jeux)

1. Dépenses relatives :
À l'électricité ;
À l'essence et l'huile ;
Aux fournitures consommables utilisées dans l'entretien courant : ampoules ou tubes d'éclairage, engrais, produits bactéricides et insecticides, produits tels que graines, fleurs, plants, plantes de remplacement, à l'exclusion de celles utilisées pour la réfection de massifs, plates-bandes ou haies.

2. a) Exploitation et entretien courant :
Opérations de coupe, désherbage, sarclage, ratissage, nettoyage et arrosage concernant :
– les allées, aires de stationnement et abords ;
– les espaces verts (pelouses, massifs, arbustes, haies vives, plates-bandes) ;
– les aires de jeux ;
– les bassins, fontaines, caniveaux, canalisations d'évacuation des eaux pluviales ;
– entretien du matériel horticole ;
– remplacement du sable des bacs et du petit matériel de jeux.

b) Peintures et menues réparations des bancs de jardins et des équipements de jeux et grillages.

VI – Hygiène

1. Dépenses de fournitures consommables :
Sacs en plastique et en papier nécessaires à l'élimination des rejets ;
Produits relatifs à la désinfectisation et à la désinfection, y compris des colonnes sèches de vide-ordures.

2. Exploitation et entretien courant :
Entretien et vidange des fosses d'aisance ;
Entretien des appareils de conditionnement des ordures.

3. Élimination des rejets (frais de personnel).

VII – Équipements divers du bâtiment ou de l'ensemble de bâtiments d'habitation

1. Fourniture d'énergie nécessaire à la ventilation mécanique.

2. Exploitation et entretien courant :
Ramonage des conduits de ventilation ;
Entretien de la ventilation mécanique ;
Entretien des dispositifs d'ouverture automatique ou codée et des interphones ;
Visites périodiques à l'exception des contrôles réglementaires de sécurité, nettoyage et graissage de l'appareillage fixe de manutention des nacelles de nettoyage des façades vitrées.

3. Divers :
Abonnement des postes de téléphone à la disposition des locataires.

VIII – Impositions et redevances

Taxe ou redevance d'enlèvement des ordures ménagères.
Taxe de balayage.

LOI n° 89-462 DU 6 JUILLET 1989

TENDANT À AMÉLIORER LES RAPPORTS LOCATIFS ET PORTANT MODIFICATION DE LA LOI N° 86-1290 DU 23 DÉCEMBRE 1986

Titre Ier
DES RAPPORTS ENTRE BAILLEURS ET LOCATAIRES

Chapitre Ier
Dispositions générales

Art. 1er. *(L. n° 2014-366 du 24.3.2014).* Le droit au logement est un droit fondamental : il s'exerce dans le cadre des lois qui le régissent.

L'exercice de ce droit implique la liberté de choix pour toute personne de son mode d'habitation grâce au maintien et au développement d'un secteur locatif et d'un secteur d'accession à la propriété ouverts à toutes les catégories sociales.

[*(L. n° 2002-73 du 17.1.2002).* Aucune personne ne peut se voir refuser la location d'un logement pour un motif discriminatoire défini à l'article 225-1 du Code pénal.

En cas de litige relatif à l'application de l'alinéa précédent, la personne s'étant vue refuser la location d'un logement présente des éléments de fait laissant supposer l'existence d'une discrimination directe ou indirecte. Au vu de ces éléments, il incombe à la partie défenderesse de prouver que sa décision est justifiée. Le juge forme sa conviction après avoir ordonné, en cas de besoin, toutes les mesures d'instruction qu'il estime utiles.]

Les droits et obligations réciproques des bailleurs et des locataires doivent être équilibrés dans leurs relations individuelles comme dans leurs relations collectives.

Art. 2. *(L. n° 2014-366 du 24.3.2014).* Les dispositions du présent titre sont d'ordre public. Le présent titre s'applique aux locations de locaux à usage d'habitation ou à usage mixte professionnel et d'habitation, et qui constituent la résidence principale du preneur, ainsi qu'aux garages, aires et places de stationnement, jardins et autres locaux, loués accessoirement au local principal par le même bailleur. La résidence principale est entendue comme le logement occupé au moins huit mois par an, sauf obligation professionnelle, raison de santé ou cas de force majeure, soit par le preneur ou son conjoint, soit par une personne à charge au sens du Code de la construction et de l'habitation.

Toutefois, ce titre ne s'applique pas :

1° Aux logements-foyers, à l'exception du premier alinéa de l'article 6 et de l'article 20-1 ;

2° Aux logements meublés, régis par le titre Ier bis ;

3° Aux logements attribués ou loués en raison de l'exercice d'une fonction ou de l'occupation d'un emploi et aux locations consenties aux travailleurs saisonniers, à l'exception de l'article 3-3, des deux premiers alinéas de l'article 6, de l'article 20-1 et de l'article 24-1.

Art. 3. *(L. n° 2014-366 du 24.3.2014).* Le contrat de location est établi par écrit et respecte un contrat type défini par décret en Conseil d'État, pris après avis de la Commission nationale de concertation.

Le contrat de location précise :

1° Le nom ou la dénomination du bailleur et son domicile ou son siège social ainsi que, le cas échéant, ceux de son mandataire ;

2° Le nom ou la dénomination du locataire ;

3° La date de prise d'effet et la durée ;

4° La consistance, la destination ainsi que la surface habitable de la chose louée, définie par le Code de la construction et de l'habitation ;

5° La désignation des locaux et équipements d'usage privatif dont le locataire a la jouissance exclusive et, le cas échéant, l'énumération des parties, équipements et accessoires de l'immeuble qui font l'objet d'un usage commun, ainsi que des équipements d'accès aux technologies de l'information et de la communication ;

6° Le montant du loyer, ses modalités de paiement ainsi que ses règles de révision éventuelle ;

7° Le loyer de référence et le loyer de référence majoré, correspondant à la catégorie de logement et définis par le représentant de l'État dans le département dans les zones où s'applique l'arrêté mentionné au I de l'article 17 ;

8° Le montant et la date de versement du dernier loyer acquitté par le précédent locataire, dès lors que ce dernier a quitté le logement moins de dix-huit mois avant la signature du bail ;

9° La nature et le montant des travaux effectués dans le logement depuis la fin du dernier contrat de location ou depuis le dernier renouvellement du bail ;

10° Le montant du dépôt de garantie, si celui-ci est prévu.

Le renoncement, le cas échéant, au bénéfice de la garantie universelle des loyers, telle que prévue à l'article 24-2, doit être expressément mentionné dans le contrat de location. À défaut, le bailleur s'engage à déclarer le contrat de location auprès de l'agence mentionnée au II du même article 24-2.

Une notice d'information relative aux droits et obligations des locataires et des bailleurs ainsi qu'aux voies de conciliation et de recours qui leur sont ouvertes pour régler leurs litiges est annexée au contrat de location. Cette notice d'information précise également les droits, obligations et effets, pour les parties au contrat de location, de la mise en œuvre de la garantie universelle des loyers, telle que prévue au même article 24-2. Un arrêté du ministre chargé du Logement, pris après avis de la Commission nationale de concertation, détermine le contenu de cette notice.

Lorsque l'immeuble est soumis au statut de la copropriété, le copropriétaire bailleur est tenu de communiquer au locataire les extraits du règlement de copropriété concernant la destination de l'immeuble, la jouissance et l'usage des parties privatives et communes, et précisant la quote-part afférente au lot loué dans chacune des catégories de charges.

Le bailleur ne peut pas se prévaloir de la violation du présent article.

Chaque partie peut exiger de l'autre partie, à tout moment, l'établissement d'un contrat conforme au présent article. En cas de mutation à titre gratuit ou onéreux du logement, le nouveau bailleur est tenu de notifier au locataire son nom ou sa dénomination et son domicile ou son siège social ainsi que, le cas échéant, ceux de son mandataire.

En cas d'absence dans le contrat de location d'une des informations relatives à la surface habitable, aux loyers de référence et au dernier loyer acquitté par le précédent locataire, le locataire peut, dans un délai d'un mois à compter de la prise d'effet du contrat de location, mettre en demeure le bailleur de porter ces informations au bail. À défaut de réponse du bailleur dans le délai d'un mois ou en cas de refus de ce dernier, le locataire peut saisir, dans le délai de trois mois à compter de la mise en demeure, la juridiction compétente afin d'obtenir, le cas échéant, la diminution du loyer.

Art. 3-1. *(L. n° 2014-366 du 24.3.2014).* Lorsque la surface habitable de la chose louée est inférieure de plus d'un vingtième à celle exprimée dans le contrat de location, le bailleur supporte, à la demande du locataire, une diminution du loyer proportionnelle à l'écart constaté. À défaut d'accord entre les parties ou à défaut de réponse du bailleur dans un délai de deux mois à compter de la demande en diminution de loyer, le juge peut être saisi, dans le délai de quatre mois à compter de cette même demande, afin de déterminer, le cas échéant, la diminution de loyer à appliquer. La diminution de loyer acceptée par le bailleur ou prononcée par le juge prend effet à la date de signature du bail. Si la demande en diminution du loyer par le locataire intervient plus de six mois à compter de la prise d'effet du bail, la diminution de loyer acceptée par le bailleur ou prononcée par le juge prend effet à la date de la demande.

Art. 3-2. *(L. n° 2014-366 du 24.3.2014).* Un état des lieux est établi selon des modalités définies par décret en Conseil d'État, pris après avis de la Commission nationale de concertation, dans les mêmes formes et en autant d'exemplaires que de parties lors de la remise et de la restitution des clés. Il est établi contradictoirement et amiablement par les parties ou par un tiers mandaté par elles et joint au contrat de location.

Si l'état des lieux ne peut être établi dans les conditions prévues au premier alinéa, il est établi par un huissier de justice, sur l'initiative de la partie la plus diligente, à frais partagés par moitié entre le bailleur et le locataire et à un coût fixé par décret en Conseil d'État. Dans ce cas, les parties en sont avisées par l'huissier au moins sept jours à l'avance, par lettre recommandée avec demande d'avis de réception.

À défaut d'état des lieux ou de la remise d'un exemplaire de l'état des lieux à l'une des parties, la présomption établie par l'article 1731 du Code civil ne peut être invoquée par celle des parties qui a fait obstacle à l'établissement de l'acte ou à sa remise à l'une des parties.

Le locataire peut demander au bailleur ou à son représentant de compléter l'état des lieux dans un délai de dix jours à compter de son établissement. Si cette demande est refusée, le locataire peut saisir la commission départementale de conciliation territorialement compétente.

Pendant le premier mois de la période de chauffe, le locataire peut demander que l'état des lieux soit complété par l'état des éléments de chauffage.

Le propriétaire ou son mandataire complète les états des lieux d'entrée et de sortie par les relevés des index pour chaque énergie, en présence d'une installation de chauffage ou d'eau chaude sanitaire individuelle, ou collective avec un comptage individuel. L'extrait de l'état des lieux correspondant est mis à la disposition de la personne chargée d'établir le diagnostic de performance énergétique prévu à l'article L. 134-1 du Code de la construction et de l'habitation qui en fait la demande, sans préjudice de la mise à disposition des factures.

Art. 3-3. *(L. n° 2014-366 du 24.3.2014).* Un dossier de diagnostic technique, fourni par le bailleur, est annexé au contrat de location lors de sa signature ou de son renouvellement et comprend :

1° Le diagnostic de performance énergétique prévu à l'article L. 134-1 du Code de la construction et de l'habitation ;

2° Le constat de risque d'exposition au plomb prévu aux articles L. 1334-5 et L. 1334-7 du Code de la santé publique ;

3° Une copie d'un état mentionnant l'absence ou, le cas échéant, la présence de matériaux ou produits de la construction contenant de l'amiante. Un décret en Conseil d'État définit les modalités d'application du présent 3°, notamment la liste des matériaux ou produits concernés ;

4° Un état de l'installation intérieure d'électricité et de gaz, dont l'objet est d'évaluer les risques pouvant porter atteinte à la sécurité des personnes. Un décret en Conseil d'État définit les modalités d'application du présent 4° ainsi que les dates d'entrée en vigueur de l'obligation en fonction des enjeux liés aux différents types de logements, dans la limite de six ans à compter de la publication de la loi n° 2014-366 du 24 mars 2014 pour l'accès au logement et un urbanisme rénové.

Dans les zones mentionnées au I de l'article L. 125-5 du Code de l'environnement, le dossier de diagnostic technique est complété à chaque changement de locataire par l'état des risques naturels et technologiques.

Le locataire ne peut se prévaloir à l'encontre du bailleur des informations contenues dans le diagnostic de performance énergétique, qui n'a qu'une valeur informative.

Le propriétaire bailleur tient le diagnostic de performance énergétique à la disposition de tout candidat locataire.

Art. 4. *(L. n° 2014-366 du 24.3.2014).* Est réputée non écrite toute clause :

a) Qui oblige le locataire, en vue de la vente ou de la location du local loué, à laisser visiter celui-ci les jours fériés ou plus de deux heures les jours ouvrables ;

b) Par laquelle le locataire est obligé de souscrire une assurance auprès d'une compagnie choisie par le bailleur ;

c) Qui impose comme mode de paiement du loyer l'ordre de prélèvement automatique sur le compte courant du locataire ou la signature par avance de traites ou de billets à ordre ;

d) Par laquelle le locataire autorise le bailleur à prélever ou à faire prélever les loyers directement sur son salaire dans la limite cessible ;

e) Qui prévoit la responsabilité collective des locataires en cas de dégradation d'un élément commun de la chose louée ;

f) Par laquelle le locataire s'engage par avance à des remboursements sur la base d'une estimation faite unilatéralement par le bailleur au titre des réparations locatives ;

g) Qui prévoit la résiliation de plein droit du contrat en cas d'inexécution des obligations du locataire pour un motif autre que le non-paiement du loyer, des charges, du dépôt de

garantie, la non-souscription d'une assurance des risques locatifs.
[*(L. nº 2007-297 du 5.3.2007)* ou le non-respect de l'obligation d'user paisiblement des locaux loués, résultant de troubles de voisinage constatés par une décision de justice passée en force de chose jugée] ;
h) Qui autorise le bailleur à diminuer ou à supprimer sans contrepartie équivalente des prestations stipulées au contrat ;
i) Qui autorise le bailleur à percevoir des amendes ou des pénalités en cas d'infraction aux clauses d'un contrat de location ou d'un règlement intérieur à l'immeuble ;
j) Qui interdit au locataire l'exercice d'une activité politique ou syndicale, associative ou confessionnelle ;
k) Qui impose au locataire la facturation de l'état des lieux de sortie dès lors que celui-ci n'est pas établi par un huissier de justice dans le cas prévu par l'article 3-2 ;
l) Qui prévoit le renouvellement du bail par tacite reconduction pour une durée inférieure à celle prévue à l'article 10 ;
m) Qui interdit au locataire de rechercher la responsabilité du bailleur ou qui exonère le bailleur de toute responsabilité ;
n) Qui interdit au locataire d'héberger des personnes ne vivant pas habituellement avec lui ;
o) Qui impose au locataire le versement, lors de l'entrée dans les lieux, de sommes d'argent en plus de celles prévues aux articles 5 et 22 ;
p) Qui fait supporter au locataire des frais de relance ou d'expédition de la quittance ainsi que les frais de procédure en plus des sommes versées au titre des dépens et de l'article 700 du nouveau code de procédure civile ;
q) Qui prévoit que le locataire est automatiquement responsable des dégradations constatées dans le logement ;
r) Qui interdit au locataire de demander une indemnité au bailleur lorsque ce dernier réalise des travaux d'une durée supérieure à vingt et un jours ;
s) Qui permet au bailleur d'obtenir la résiliation de plein droit du bail au moyen d'une simple ordonnance de référé insusceptible d'appel ;
t) Qui impose au locataire, en surplus du paiement du loyer pour occupation du logement, de souscrire un contrat pour la location d'équipements.

Art. 5. *(L. nº 2014-366 du 24.3.2014)*. I. – La rémunération des personnes mandatées pour se livrer ou prêter leur concours à l'entremise ou à la négociation d'une mise en location d'un logement, tel que défini aux articles 2 et 25-3, est à la charge exclusive du bailleur, à l'exception des honoraires liés aux prestations mentionnées aux deuxième et troisième alinéas du présent I.
Les honoraires des personnes mandatées pour effectuer la visite du preneur, constituer son dossier et rédiger un bail sont partagés entre le bailleur et le preneur. Le montant toutes taxes comprises imputé au preneur pour ces prestations ne peut excéder celui imputé au bailleur et demeure inférieur ou égal à un plafond par mètre carré de surface habitable de la chose louée fixé par voie réglementaire et révisable chaque année, dans des conditions définies par décret. Ces honoraires sont dus à la signature du bail.
Les honoraires des personnes mandatées pour réaliser un état des lieux sont partagés entre le bailleur et le preneur. Le montant toutes taxes comprises imputé au locataire pour cette prestation ne peut excéder celui imputé au bailleur et demeure inférieur ou égal à un plafond par mètre carré de surface habitable de la chose louée fixé par voie réglementaire et révisable chaque année, dans des conditions définies par décret. Ces honoraires sont dus à compter de la réalisation de la prestation.
Les trois premiers alinéas du présent I ainsi que les montants des plafonds qui y sont définis sont reproduits, à peine de nullité, dans le contrat de bail lorsque celui-ci est conclu avec le concours d'une personne mandatée et rémunérée à cette fin.
II. – Les professionnels qui interviennent, à quelque titre que ce soit, lors de la conclusion du contrat de bail d'un logement, lors de la location ou pour en assurer la gestion locative communiquent à l'observatoire local des loyers compétent, tel que défini à l'article 16, des informations relatives au logement et au contrat de location. Cette communication s'effectue directement ou par l'intermédiaire d'un organisme tiers qui transmet ces informations à l'association mentionnée au cinquième alinéa du même article 16, selon une

méthodologie validée par l'instance scientifique mentionnée audit article.
La nature de ces informations et les conditions dans lesquelles elles sont transmises sont définies par décret.
Toute personne intéressée peut communiquer à l'observatoire local des loyers les informations mentionnées au premier alinéa du présent II.
En cas de manquement à l'obligation mentionnée au même premier alinéa d'une personne exerçant une activité mentionnée à l'article 1er de la loi n° 70-9 du 2 janvier 1970 réglementant les conditions d'exercice des activités relatives à certaines opérations portant sur les immeubles et les fonds de commerce, l'observatoire local des loyers saisit la commission de contrôle mentionnée à l'article 13-5 de la même loi.

Art. 6. [*(L. n° 2000-1208 du 13.12.2000)*. Le bailleur est tenu de remettre au locataire un logement décent ne laissant pas apparaître de risques manifestes pouvant porter atteinte à la sécurité physique ou à la santé et doté des éléments le rendant conforme à l'usage d'habitation.
(L. n° 2014-366 du 24.3.2014). Les caractéristiques correspondantes sont définies par décret en Conseil d'État pour les locaux à usage de résidence principale ou à usage mixte mentionnés au deuxième alinéa de l'article 2 et les locaux visés aux 1° à 3° du même article, à l'exception des logements-foyers et des logements destinés aux travailleurs agricoles qui sont soumis à des règlements spécifiques.
Le bailleur est obligé :
a) De délivrer au locataire le logement en bon état d'usage et de réparation ainsi que les équipements mentionnés au contrat de location en bon état de fonctionnement ; toutefois, les parties peuvent convenir par une clause expresse des travaux que le locataire exécutera ou fera exécuter et des modalités de leur imputation sur le loyer ; cette clause prévoit la durée de cette imputation et, en cas de départ anticipé du locataire, les modalité de son dédommagement sur justification des dépenses effectuées ; une telle clause ne peut concerner que les logements répondant aux [*(L. n° 2006-842 du 13.7.2006)* caractéristiques définies en application des premier et deuxième alinéas] ;
b) D'assurer au locataire la jouissance paisible de logement et, sans préjudice des dispositions de l'article 1721 du Code civil, de le garantir des vices ou défauts de nature à y faire obstacle hormis ceux qui, consignés dans l'état des lieux, auraient fait l'objet de la clause expresse mentionnée au a ci-dessus ;
c) D'entretenir les locaux en état de servir à l'usage prévu par le contrat et d'y faire toutes les réparations, autres que locatives, nécessaires au maintien en état et à l'entretien normal des locaux loués ;
d) De ne pas s'opposer aux aménagements réalisés par le locataire, dès lors que ceux-ci ne constituent pas une transformation de la chose louée.
Après l'article 6, il est inséré un article 6-1 ainsi rédigé :

Art. 6-1. *(L. n° 2007-297 du 5.3.2007)*. Après mise en demeure dûment motivée, les propriétaires des locaux à usage d'habitation doivent, sauf motif légitime, utiliser les droits dont ils disposent en propre afin de faire cesser les troubles de voisinage causés à des tiers par les personnes qui occupent ces locaux.

Art. 7. *(L. n° 2014-366 du 24.3.2014)*. Le locataire est obligé :
a) De payer le loyer et les charges récupérables aux termes convenus ; le paiement mensuel est de droit lorsque le locataire en fait la demande. Le paiement partiel du loyer par le locataire réalisé en application des articles L. 542-2 et L. 831-3 du Code de la Sécurité sociale ne peut être considéré comme un défaut de paiement du locataire ;
b) D'user paisiblement des locaux loués suivant la destination qui leur a été donnée par le contrat de location ;
c) De répondre des dégradations et pertes qui surviennent pendant la durée du contrat dans les locaux dont il a la jouissance exclusive, à moins qu'il ne prouve qu'elles ont eu lieu par cas de force majeure, par la faute du bailleur ou par le fait d'un tiers qu'il n'a pas introduit dans le logement ;
d) De prendre à sa charge l'entretien courant du logement, des équipements mentionnés au contrat et les menues réparations ainsi que l'ensemble des réparations locatives définies par décret en Conseil d'État, sauf si elles sont occasionnées par vétusté, malfaçon, vice de construction, cas fortuit ou force majeure. Les modalités de prise en compte de la

vétusté de la chose louée sont déterminées par décret en Conseil d'État, après avis de la Commission nationale de concertation. Lorsque les organismes bailleurs mentionnés à l'article L. 411-2 du Code de la construction et de l'habitation ont conclu avec les représentants de leurs locataires des accords locaux portant sur les modalités de prise en compte de la vétusté et établissant des grilles de vétusté applicables lors de l'état des lieux, le locataire peut demander à ce que les stipulations prévues par lesdits accords soient appliquées ;

e) De permettre l'accès aux lieux loués pour la préparation et l'exécution de travaux d'amélioration des parties communes ou des parties privatives du même immeuble, de travaux nécessaires au maintien en état ou à l'entretien normal des locaux loués, de travaux d'amélioration de la performance énergétique à réaliser dans ces locaux et de travaux qui permettent de remplir les obligations mentionnées au premier alinéa de l'article 6. Les deux derniers alinéas de l'article 1724 du Code civil sont applicables à ces travaux sous réserve du respect de la loi n° 67-561 du 12 juillet 1967 relative à l'amélioration de l'habitat. Avant le début des travaux, le locataire est informé par le bailleur de leur nature et des modalités de leur exécution par une notification de travaux qui lui est remise en main propre ou par lettre recommandée avec demande d'avis de réception. Aucuns travaux ne peuvent être réalisés les samedis, dimanches et jours fériés sans l'accord exprès du locataire. Si les travaux entrepris dans un local d'habitation occupé, ou leurs conditions de réalisation, présentent un caractère abusif ou vexatoire ou ne respectent pas les conditions définies dans la notification de préavis de travaux ou si leur exécution a pour effet de rendre l'utilisation du local impossible ou dangereuse, le juge peut prescrire, sur demande du locataire, l'interdiction ou l'interruption des travaux entrepris ;

f) De ne pas transformer les locaux et équipements loués sans l'accord écrit du propriétaire ; à défaut de cet accord, ce dernier peut exiger du locataire, à son départ des lieux, leur remise en l'état ou conserver à son bénéfice les transformations effectuées sans que le locataire puisse réclamer une indemnisation des frais engagés ; le bailleur a toutefois la faculté d'exiger aux frais du locataire la remise immédiate des lieux en l'état lorsque les transformations mettent en péril le bon fonctionnement des équipements ou la sécurité du local ;

g) De s'assurer contre les risques dont il doit répondre en sa qualité de locataire et d'en justifier lors de la remise des clés puis, chaque année, à la demande du bailleur. La justification de cette assurance résulte de la remise au bailleur d'une attestation de l'assureur ou de son représentant.

Toute clause prévoyant la résiliation de plein droit du contrat de location pour défaut d'assurance du locataire ne produit effet qu'un mois après un commandement demeuré infructueux. Ce commandement reproduit, à peine de nullité, les dispositions du présent alinéa.

À défaut de la remise de l'attestation d'assurance et après un délai d'un mois à compter d'une mise en demeure non suivie d'effet, le bailleur peut souscrire une assurance pour compte du locataire, récupérable auprès de celui-ci.

Cette mise en demeure doit informer le locataire de la volonté du bailleur de souscrire une assurance pour compte du locataire et vaut renoncement à la mise en œuvre de la clause prévoyant, le cas échéant, la résiliation de plein droit du contrat de location pour défaut d'assurance du locataire.

Cette assurance constitue une assurance pour compte au sens de l'article L. 112-1 du Code des assurances. Elle est limitée à la couverture de la responsabilité locative mentionnée au premier alinéa du présent g. Le montant total de la prime d'assurance annuelle, éventuellement majoré dans la limite d'un montant fixé par décret en Conseil d'État, est récupérable par le bailleur par douzième à chaque paiement du loyer. Il est inscrit sur l'avis d'échéance et porté sur la quittance remise au locataire.

Une copie du contrat d'assurance est transmise au locataire lors de la souscription et à chaque renouvellement du contrat.

Lorsque le locataire remet au bailleur une attestation d'assurance ou en cas de départ du locataire avant le terme du contrat d'assurance, le bailleur résilie le contrat souscrit pour le compte du locataire dans le délai le plus bref permis par la législation en vigueur.

La prime ou la fraction de prime exigible dans ce délai au titre de la garantie souscrite par le bailleur demeure récupérable auprès du locataire.

Toute clause prévoyant la résiliation de plein droit du contrat de location pour défaut d'assurance du locataire ne produit effet qu'un mois après un commandement de payer demeuré infructueux. Ce commandement reproduit, à peine de nullité, les dispositions du présent paragraphe.

Art. 7-1. *(L. n° 2014-366 du 24.3.2014).* Toutes actions dérivant d'un contrat de bail sont prescrites par trois ans à compter du jour où le titulaire d'un droit a connu ou aurait dû connaître les faits lui permettant d'exercer ce droit.

Toutefois, l'action en révision du loyer par le bailleur est prescrite un an après la date convenue par les parties dans le contrat de bail pour réviser ledit loyer.

Art. 8. *(L. n° 2014-366 du 24.3.2014).* Le locataire ne peut ni céder le contrat de location, ni sous-louer le logement sauf avec l'accord écrit du bailleur, y compris sur le prix du loyer. Le prix du loyer au mètre carré de surface habitable des locaux sous-loués ne peut excéder celui payé par le locataire principal. Le locataire transmet au sous-locataire l'autorisation écrite du bailleur et la copie du bail en cours.

En cas de cessation du contrat principal, le sous-locataire ne peut se prévaloir d'aucun droit à l'encontre du bailleur ni d'aucun titre d'occupation.

Les autres dispositions de la présente loi ne sont pas applicables au contrat de sous-location.

Art. 8-1. *(L. n° 2014-366 du 24.3.2014).* I. – La colocation est définie comme la location d'un même logement par plusieurs locataires, constituant leur résidence principale, et formalisée par la conclusion d'un contrat unique ou de plusieurs contrats entre les locataires et le bailleur.

II. – Lorsque la colocation est formalisée par la conclusion de plusieurs contrats entre les locataires et le bailleur, elle constitue une division du logement tenue au respect des articles L. 111-6-1 et L. 111-6-1-1 du Code de la construction et de l'habitation.

Chaque contrat de bail formalisant une colocation respecte le présent titre Ier ou, s'il concerne un logement loué meublé, le titre Ier bis de la présente loi.

Le montant de la somme des loyers perçus de l'ensemble des colocataires ne peut être supérieur au montant du loyer applicable au logement en application des articles 17 ou 25-9. Les articles 17-1 et 17-2 sont applicables.

Les normes de peuplement prises en application du 2° du I de l'article L. 831-3 du Code de la Sécurité sociale s'imposent aux logements loués en colocation.

Un décret en Conseil d'État adapte aux logements loués en colocation les caractéristiques applicables aux conditions de décence.

III. – Le contrat de bail d'une colocation respecte un contrat type défini par décret en Conseil d'État, pris après avis de la Commission nationale de concertation.

IV. – Les parties au contrat de bail d'une colocation peuvent convenir dans le bail de la souscription par le bailleur d'une assurance pour compte récupérable auprès des colocataires dans les conditions prévues au g de l'article 7. Les colocataires peuvent provoquer la résiliation de l'assurance pour compte récupérable dans les conditions fixées au même article.

V. – Les charges locatives accessoires au loyer principal d'un contrat de bail d'une colocation sont récupérées par le bailleur au choix des parties comme prévu par ce contrat :

1° Soit dans les conditions prévues à l'article 23, lorsqu'il s'agit de provisions pour charges ;

2° Soit sous la forme d'un forfait versé simultanément au loyer, dont le montant et la périodicité de versement sont définis dans le contrat et qui ne peut donner lieu à complément ou à régularisation ultérieure. Le montant du forfait de charges est fixé en fonction des montants exigibles par le bailleur en application de l'article 23 et peut être révisé chaque année aux mêmes conditions que le loyer principal. Ce montant ne doit pas être manifestement disproportionné au regard des charges dont le locataire ou, le cas échéant, le précédent locataire se serait acquitté.

VI. – La solidarité d'un des colocataires et celle de la personne qui s'est portée caution pour lui prennent fin à la date d'effet du congé régulièrement délivré et lorsqu'un nouveau colocataire figure au bail. À défaut, la solidarité du colocataire sortant s'éteint au plus tard à l'expiration d'un délai de six mois après la date d'effet du congé.

L'acte de cautionnement des obligations d'un ou de plusieurs colocataires résultant de la conclusion d'un contrat de bail d'une colocation identifie nécessairement, sous peine de nullité, le colocataire pour lequel le congé met fin à l'engagement de la caution.

Art. 9. Lorsque deux locataires occupant deux logements appartenant au même propriétaire et situés dans un même ensemble immobilier demandent à procéder à un échange de logements entre eux, cet échange est de droit dès lors que l'une des deux familles concernées comporte au moins trois enfants et que l'échange a pour conséquence d'accroître la surface du logement occupé par la famille la plus nombreuse.

Dans les contrats en cours, chaque locataire se substitue de plein droit à celui auquel il succède et ne peut être considéré comme un nouvel entrant.

Ces dispositions ne sont pas applicables lorsque l'un des deux ou les deux logements sont soumis aux dispositions du chapitre III du titre Ier de la loi n° 48-1360 du 1er septembre 1948 portant modification et codification de la législation relative aux rapports des bailleurs et des locataires ou occupants des locaux à usage d'habitation ou à usage professionnel et instituant des allocations de logement.

Art. 9-1. *(L. n° 2000-1208 du 13.12.2000).* Nonobstant les dispositions des articles 515-4 et 1751 du Code civil, les notifications ou significations faites en application du présent titre par le bailleur sont de plein droit opposables au partenaire lié par un pacte civil de solidarité au locataire ou au conjoint du locataire si l'existence de ce partenaire ou de ce conjoint n'a pas été préalablement portée à la connaissance du bailleur.

Chapitre II
De la durée du contrat de location

Art. 10. *(L. n° 2014-366 du 24.3.2014).* Le contrat de location est conclu pour une durée au moins égale à trois ans pour les bailleurs personnes physiques ainsi que pour les bailleurs définis à l'article 13 et à six ans pour les bailleurs personnes morales.
Si le bailleur ne donne pas congé dans les conditions de forme et de délai prévues à l'article 15, le contrat de location parvenu à son terme est soit reconduit tacitement, soit renouvelé.
En cas de reconduction tacite, la durée du contrat reconduit est de 3 ans pour les bailleurs personnes physiques ainsi que pour les bailleurs définis à l'article 13, et de 6 ans pour les bailleurs personnes morales.
En cas de renouvellement, la durée du contrat renouvelé est au moins égale à celles définies au premier alinéa du présent article. L'offre de renouvellement est présentée dans les conditions de forme et de délai prévues pour le congé, à l'article 15. Le loyer du contrat renouvelé est défini selon les modalités prévues à l'article 17-2.
(L. n° 2009-323 du 25.3.2009). À titre dérogatoire, après l'accord exprès des parties, le contrat de location peut être renouvelé avant l'expiration du bail en cours quand le propriétaire a signé avec l'Agence nationale de l'habitat une convention avec travaux mentionnée aux articles L. 321-4 et L. 321-8 du Code de la construction et de l'habitation, et sous réserve que les ressources du locataire en place soient conformes aux plafonds prévus par cette convention. L'offre de renouvellement est présentée dans le délai de trois mois après l'accord des parties et dans les formes prévues à l'article 15 de la présente loi pour le congé. Le montant du loyer fixé par le contrat de location renouvelé doit être alors fixé selon les règles applicables au conventionnement des logements avec l'Agence nationale de l'habitat.
Concernant les locaux à usage d'habitation, régis par les dispositions d'ordre public de la présente loi, le contrat de bail conclu par l'emphytéote avec le locataire se poursuit automatiquement avec le propriétaire de l'immeuble jusqu'au terme du bail prévu par

le contrat de location, lorsque le bail à construction ou le bail emphytéotique prend fin avant la fin du contrat de location. Toute clause contraire est réputée non écrite.

Art. 11. *(L. n° 2014-366 du 24.3.2014).* Quand un événement précis justifie que le bailleur personne physique ait à reprendre le local pour des raisons professionnelles ou familiales, les parties peuvent conclure d'un contrat d'une durée inférieure à trois ans mais d'au moins un an. Le contrat doit mentionner les raisons et l'événement invoqués.

Par dérogation aux conditions de délai prévues à l'article 15, le bailleur confirme, deux mois au moins avant le terme du contrat, la réalisation de l'événement.

Dans le même délai, le bailleur peut proposer le report du terme du contrat si la réalisation de l'événement est différée. Il ne peut user de cette faculté qu'une seule fois.

Lorsque l'événement s'est produit et est confirmé, le locataire est déchu de plein droit de tout titre d'occupation du local au titre prévu dans le contrat.

Lorsque l'événement ne s'est pas produit ou n'est pas confirmé, le contrat de location est réputé être de trois ans.

Si le contrat prévu au présent article fait suite à un contrat de location conclu avec le même locataire pour le même local, le montant du nouveau loyer ne peut être supérieur à celui de l'ancien éventuellement révisé conformément à l'article 17-1.

Art. 11-1. *(L. n° 2014-366 du 24.3.2014).* Quand un congé pour vente conforme aux dispositions de l'article 15 est délivré par un bailleur relevant de secteurs locatifs définis aux quatrième et cinquième alinéas de l'article 41 ter de la loi n° n° 86-1290 du 23 décembre 1986 précitée, dans le cadre d'une vente par lots de plus de cinq logements dans le même immeuble, le bail peut être expressément reconduit pour une durée inférieure à celle prévue par l'article 10. [*(L. n° 2006-685 du 13.6.2006).* Quand ce congé pour vente intervient moins de deux ans avant le terme du bail, la reconduction du bail est de droit, à la demande du locataire, afin de lui permettre, dans tous les cas, de disposer du logement qu'il occupe pendant une durée de deux ans à compter de la notification du congé pour vente.]

La reconduction du bail est établie par écrit entre les parties au plus tard quatre mois avant l'expiration du bail en cours. À l'expiration de la durée fixée par les parties pour le bail reconduit, celui-ci est résilié de plein droit.

Art. 11-2. *(L. n° 2014-366 du 24.3.2014).* Lorsqu'un immeuble indivis ayant cinq locaux d'habitation ou plus est mis en copropriété, les baux en cours sont prorogés de plein droit d'une durée de trois ans de plus que leur durée contractuelle ou légale antérieure, dès lors que l'immeuble est situé dans une des zones mentionnées au I de l'article 17.

Art. 12. Le locataire peut résilier le contrat de location à tout moment, dans les conditions de forme et de délai prévues à l'article 15.

Art. 13. Les dispositions de l'article 11 et de l'article 15 peuvent être invoquées :

a) Lorsque le bailleur est une société civile constituée exclusivement entre parents et alliés jusqu'au quatrième degré inclus, par la société au profit de l'un des associés ;

b) Lorsque le logement est en indivision, par tout membre de l'indivision.

Art. 14. En cas d'abandon du domicile par le locataire le contrat de location continue :

– au profit du conjoint sans préjudice de l'article 1751 du Code civil ;

– au profit des descendants qui vivaient avec lui depuis au moins un an à la date de l'abandon du domicile ;

– [*(L. n° 99-944 du 15.11.99)* au profit du partenaire lié au locataire par un pacte civil de solidarité ;]

– au profit des ascendants, du concubin notoire ou des personnes à charge qui vivaient avec lui depuis au moins un an à la date de l'abandon du domicile.

Lors du décès du locataire, le contrat de location est transféré :

– [*(L. n° 2001-1135 du 3.12.2001)* au conjoint survivant qui ne peut se prévaloir des dispositions de l'article 1751 du Code civil] ;

– aux descendants qui vivaient avec lui depuis au moins un an à la date du décès ;

– [*(L. n° 99-944 du 15.11.99)* au partenaire lié au locataire par un pacte civil de solidarité ;]

– aux ascendants, au concubin notoire ou aux personnes à charge qui vivaient avec lui depuis au moins un an à la date du décès.

En cas de demandes multiples, le juge se prononce en fonction des intérêts en présence.

À défaut de personnes remplissant les conditions prévues au présent article, le contrat de location est résilié de plein droit par le décès du locataire ou par l'abandon du domicile par ce dernier.

Art. 14-1. *(L. n° 2010-1609 du 22.12.2010).* Lorsque des éléments laissent supposer que le logement est abandonné par ses occupants, le bailleur peut mettre en demeure le locataire de justifier qu'il occupe le logement.

Cette mise en demeure, faite par acte d'huissier de justice, peut être contenue dans un des commandements visés aux articles 7 et 24.

(L. n° 2014-366 du 24.3.2014). S'il n'a pas été déféré à cette mise en demeure un mois après signification, l'huissier de justice peut procéder, dans les conditions prévues aux articles L. 142-1 et L. 142-2 du Code des procédures civiles d'exécution, à la constatation de l'état d'abandon du logement.

Pour établir l'état d'abandon du logement en vue de voir constater par le juge la résiliation du bail, l'huissier de justice dresse un procès-verbal des opérations. Si le logement lui semble abandonné, ce procès-verbal contient un inventaire des biens laissés sur place, avec l'indication qu'ils paraissent ou non avoir valeur marchande.

[*(L. n° 2011-1862 du 13.12.2011).* Le juge qui constate la résiliation du bail autorise, si nécessaire, la vente aux enchères des biens laissés sur place et peut déclarer abandonnés les biens non susceptibles d'être vendus.

Un décret en Conseil d'Etat précise les conditions d'application du présent article.]

Art. 15. *(L. n° 2014-366 du 24.3.2014).* I. – Lorsque le bailleur donne congé à son locataire, ce congé doit être justifié soit par sa décision de reprendre ou de vendre le logement, soit par un motif légitime et sérieux, notamment l'inexécution par le locataire de l'une des obligations lui incombant. À peine de nullité, le congé donné par le bailleur doit indiquer le motif allégué et, en cas de reprise, les nom et adresse du bénéficiaire de la reprise ainsi que la nature du lien existant entre le bailleur et le bénéficiaire de la reprise qui ne peut être que le bailleur, son conjoint, le partenaire auquel il est lié par un pacte civil de solidarité enregistré à la date du congé, son concubin notoire depuis au moins un an à la date du congé, ses ascendants, ses descendants ou ceux de son conjoint, de son partenaire ou de son concubin notoire. Lorsqu'il donne congé à son locataire pour reprendre le logement, le bailleur justifie du caractère réel et sérieux de sa décision de reprise. Le délai de préavis applicable au congé est de six mois lorsqu'il émane du bailleur. En cas d'acquisition d'un bien occupé, tout congé pour vente n'est autorisé qu'à compter du terme du premier renouvellement du bail en cours et tout congé pour reprise n'est autorisé qu'à compter du terme du bail en cours ou, si le terme du bail intervient moins de deux ans après l'acquisition, après un délai de deux ans.

En cas de contestation, le juge peut, même d'office, vérifier la réalité du motif du congé et le respect des obligations prévues au présent article. Il peut notamment déclarer non valide le congé si la non-reconduction du bail n'apparaît pas justifiée par des éléments sérieux et légitimes.

Toutefois, la possibilité pour un bailleur de donner congé à un locataire et la durée du bail sont suspendues à compter :

a) De la réception de l'avis de tenue de la réunion de la commission départementale compétente en matière d'environnement, de risques sanitaires et technologiques, notifié par le représentant de l'État dans le département dans les conditions prévues aux articles L. 1331-26 et L. 1331-27 du Code de la santé publique ;

b) De l'engagement par le maire de la procédure contradictoire prévue à l'article L. 511-2 du Code de la construction et de l'habitation, relative aux bâtiments menaçant ruine.

Cette suspension est levée à l'expiration d'un délai maximal de six mois à compter de la réception du courrier de l'autorité administrative compétente engageant l'une des procédures mentionnées aux a et b, faute de notification d'un des arrêtés prévus à leur issue ou de leur abandon.

Lorsque l'autorité administrative compétente a notifié les arrêtés prévus respectivement aux articles L. 1331-25 et L. 1331-28 du Code de la santé publique ou à l'article L. 511-2 du Code de la construction et de l'habitation, il est fait application des articles L. 521-1 et L. 521-2 du même code.

Une notice d'information relative aux obligations du bailleur et aux voies de recours et d'indemnisation du locataire est jointe au congé délivré par le bailleur en raison de sa décision de reprendre ou de vendre le logement. Un arrêté du ministre chargé du Logement, pris après avis de la Commission nationale de concertation, détermine le contenu de cette notice.

Lorsqu'il émane du locataire, le délai de préavis applicable au congé est de trois mois.

Le délai de préavis est toutefois d'un mois :

1° Sur les territoires mentionnés au premier alinéa du I de l'article 17 ;

2° En cas d'obtention d'un premier emploi, de mutation, de perte d'emploi ou de nouvel emploi consécutif à une perte d'emploi ;

3° Pour le locataire dont l'état de santé, constaté par un certificat médical, justifie un changement de domicile ;

4° Pour les bénéficiaires du revenu de solidarité active ou de l'allocation adulte handicapé ;

5° Pour le locataire qui s'est vu attribuer un logement défini à l'article L. 351-2 du Code de la construction et de l'habitation.

Le locataire souhaitant bénéficier des délais réduits de préavis mentionnés aux 1° à 5° précise le motif invoqué et le justifie au moment de l'envoi de la lettre de congé. À défaut, le délai de préavis applicable à ce congé est de trois mois.

Le congé doit être notifié par lettre recommandée avec demande d'avis de réception, signifié par acte d'huissier ou remis en main propre contre récépissé ou émargement. Ce délai court à compter du jour de la réception de la lettre recommandée, de la signification de l'acte d'huissier ou de la remise en main propre.

Pendant ce délai de préavis, le locataire n'est redevable du loyer et des charges que pour le temps où il a occupé réellement les lieux si le congé a été notifié par le bailleur. Il est redevable du loyer et des charges concernant tout le délai de préavis si c'est lui qui a notifié le congé, sauf si le logement se trouve occupé avant la fin du préavis par un autre locataire en accord avec le bailleur.

À l'expiration du délai de préavis, le locataire est déchu de tout titre d'occupation des locaux loués.

II. - Lorsqu'il est fondé sur la décision de vendre le logement, le congé doit à peine de nullité, indiquer le prix et les conditions de la vente projetée. Le congé vaut offre de vente au profit du locataire : l'offre est valable pendant les deux premiers mois du délai du préavis. [*(L. n° 2000-1208 du 13.12.2000)*. Les dispositions de l'article 46 de la loi n° 65-557 du 10 juillet 1965 fixant le statut de la copropriété des immeubles bâtis ne sont pas applicables au congé fondé sur la décision de vendre le logement.]

À l'expiration du délai de préavis, le locataire qui n'a pas accepté l'offre de vente est déchu de plein droit de tout titre d'occupation sur le local.

Le locataire qui accepte l'offre dispose, à compter de la date d'envoi de sa réponse au bailleur, d'un délai de deux mois pour la réalisation de l'acte de vente. Si, dans sa réponse, il notifie son intention de recourir à un prêt, l'acceptation par le locataire de l'offre de vente est subordonnée à l'obtention du prêt et le délai de réalisation de la vente est porté à quatre mois. Le contrat de location est prorogé jusqu'à l'expiration du délai de réalisation de la vente. Si, à l'expiration de ce délai, la vente n'a pas été réalisée, l'acceptation de l'offre de vente est nulle de plein droit et le locataire est déchu de plein droit de tout titre d'occupation.

Dans le cas où le propriétaire décide de vendre à des conditions ou à un prix plus avantageux pour l'acquéreur, le notaire doit, lorsque le bailleur n'y a pas préalablement procédé, notifier au locataire ces conditions et prix à peine de nullité de la vente. Cette notification est effectuée à l'adresse indiquée à cet effet par le locataire au bailleur ; si le locataire n'a pas fait connaître cette adresse au bailleur, la notification est effectuée à l'adresse des locaux dont la location avait été consentie. Elle vaut offre de vente au profit du locataire. Cette offre est valable pendant une durée d'un mois à compter de sa réception. L'offre qui n'a pas été acceptée dans le délai d'un mois est caduque.

Le locataire qui accepte l'offre ainsi notifiée dispose, à compter de la date d'envoi de sa réponse au bailleur ou au notaire, d'un délai de 2 mois pour la réalisation de l'acte de vente. Si, dans sa réponse, il notifie son intention de recourir à un prêt, l'acceptation par le locataire de l'offre est subordonnée à l'obtention du prêt et le délai de réalisation de la vente est porté à 4 mois. Si, à l'expiration de ce délai, la vente n'a pas été réalisée, l'acceptation de l'offre de vente est nulle de plein droit.

Les termes des cinq alinéas précédents sont reproduits à peine de nullité dans chaque notification.

Ces dispositions ne sont pas applicables aux actes intervenant entre parents jusqu'au troisième degré inclus, sous la condition que l'acquéreur occupe le logement pendant une durée qui ne peut être inférieure à deux ans à compter de l'expiration du délai de préavis, ni aux actes portant sur les immeubles mentionnés au deuxième alinéa de l'article L. 111-6-1 du code de la construction et de l'habitation.

(L. n° 2000-1208 du 13.12.2000). Dans les cas de congés pour vente prévus à l'article 11-1, l'offre de vente au profit du locataire est dissociée du congé. [*(L. n° 2006-685 du 13.6.2006)*. En outre, le non-respect de l'une des obligations relatives au congé pour vente d'un accord conclu en application de l'article 41 ter de la loi n° 86-1290 du 23 décembre 1986 tendant à favoriser l'investissement locatif, l'accession à la propriété de logements sociaux et le développement de l'offre foncière, et rendu obligatoire par décret, donne lieu à l'annulation du congé.]

(L. n° 2006-685 du 13.6.2006). Est nul de plein droit le congé pour vente délivré au locataire en violation de l'engagement de prorogation des contrats de bail en cours, mentionné au premier alinéa du A du I de l'article 10-1 de la loi n° 75-1351 du 31 décembre 1975 relative à la protection des occupants de locaux à usage d'habitation.

III. - Le bailleur ne peut s'opposer au renouvellement du contrat en donnant congé dans les conditions définies au paragraphe I ci-dessus à l'égard de tout locataire âgé de plus de soixante-cinq ans et dont les ressources annuelles sont inférieures à un plafond de ressources en vigueur pour l'attribution des logements locatifs conventionnés fixé par arrêté du ministre chargé du Logement, sans qu'un logement correspondant à ses besoins et à ses possibilités lui soit offert dans les limites géographiques prévues à l'article 13 bis de la loi n° 48-1360 du 1er septembre 1948 précitée.

Toutefois, les dispositions de l'alinéa précédent ne sont pas applicables lorsque le bailleur est une personne physique âgée de plus de soixante-cinq ans ou si ses ressources annuelles sont inférieures au plafond de ressources mentionné au premier alinéa.

L'âge du locataire et celui du bailleur sont appréciés à la date d'échéance du contrat ; le montant de leur ressources est apprécié à la date de notification du congé.

IV. – Le fait pour un bailleur de délivrer un congé justifié frauduleusement par sa décision de reprendre ou de vendre le logement est puni d'une amende pénale dont le montant ne peut être supérieur à 6 000 € pour une personne physique et à 30 000 € pour une personne morale.

Le montant de l'amende est proportionné à la gravité des faits constatés. Le locataire est recevable dans sa constitution de partie civile et la demande de réparation de son préjudice.

Chapitre III
Du loyer, des charges et du règlement des litiges

Art. 16. *(L. n° 2014-366 du 24.3.2014)*. Des observatoires locaux des loyers peuvent être créés à l'initiative des collectivités territoriales, des établissements publics de coopération intercommunale à fiscalité propre compétents en matière d'habitat ou de l'État. Ces observatoires ont notamment pour mission de recueillir les données relatives aux loyers sur une zone géographique déterminée et de mettre à la disposition du public des résultats statistiques représentatifs sur ces données.

Le parc de référence pour l'observation et l'analyse des loyers est constitué de l'ensemble des locaux à usage d'habitation ou à usage mixte professionnel et d'habitation, à l'exception de ceux appartenant aux organismes d'habitations à loyer modéré et aux sociétés d'économie mixte de construction et de gestion des logements sociaux, ainsi que de ceux appartenant aux organismes bénéficiant de l'agrément relatif à la maîtrise d'ouvrage prévu à l'article L. 365-2 du Code de la construction et de l'habitation.

Les observatoires locaux des loyers mentionnés au premier alinéa sont agréés par le ministre chargé du Logement, dans des conditions fixées par décret, après avis du comité régional de l'habitat et de l'hébergement ou du conseil départemental de l'habitat et de l'hébergement mentionnés à l'article L. 364-1 du même code et sous condition du respect des prescriptions méthodologiques émises par une instance scientifique indépendante chargée de conseiller le ministre chargé du Logement, dans des conditions définies par décret. L'agrément n'est accordé qu'aux observatoires dont les statuts assurent la représentation équilibrée des bailleurs, des locataires et des gestionnaires au sein de leurs organes dirigeants ainsi que la présence de personnalités qualifiées au sein de ces organes. L'État et les établissements publics de coopération intercommunale dotés d'un programme local de l'habitat exécutoire sont représentés au sein des organes dirigeants des observatoires. Toutefois, peuvent être agréés, à titre transitoire et jusqu'au 31 décembre 2015, les observatoires locaux des loyers dont les statuts ne sont pas conformes aux dispositions du présent article. Les observatoires locaux des loyers sont intégrés dans le dispositif d'observation de l'habitat défini à l'article L. 302-1 dudit code.

Les observatoires locaux des loyers peuvent prendre la forme d'association ou de groupement d'intérêt public.

Ils transmettent l'ensemble de leurs données à l'association nationale mentionnée au troisième alinéa de l'article L. 366-1 du même code. Un décret fixe les conditions dans lesquelles ces données sont transmises et peuvent être communiquées à des tiers.

L'organisme mentionné à l'article L. 223-1 du Code de la Sécurité sociale transmet à l'association nationale mentionnée au troisième alinéa de l'article L. 366-1 du Code de la construction et de l'habitation les données dont il dispose relatives aux loyers et aux caractéristiques des logements dont les occupants bénéficient de l'allocation mentionnée aux articles L. 542-1 et L. 831-1 du Code de la Sécurité sociale, ainsi que le nom et l'adresse des propriétaires de ces logements. Un décret en Conseil d'État fixe la nature de ces données et leurs conditions de transmission et d'utilisation.

Art. 17. *(L. n° 2014-366 du 24.3.2014)*. I. – Les zones d'urbanisation continue de plus de 50 000 habitants où il existe un déséquilibre marqué entre l'offre et la demande de logements, entraînant des difficultés sérieuses d'accès au logement sur l'ensemble du parc résidentiel existant, qui se caractérisent notamment par le niveau élevé des loyers, le niveau élevé des prix d'acquisition des logements anciens ou le nombre élevé de demandes de logement par rapport au nombre d'emménagements annuels dans le parc locatif social, sont dotées d'un observatoire local des loyers prévu à l'article 16 de la présente loi. Un décret fixe la liste des communes comprises dans ces zones.

Dans ces zones, le représentant de l'État dans le département fixe chaque année, par arrêté, un loyer de référence, un loyer de référence majoré et un loyer de référence minoré, exprimés par un prix au mètre carré de surface habitable, par catégorie de logement et par secteur géographique.

Les catégories de logement et les secteurs géographiques sont déterminés en fonction de la structuration du marché locatif constatée par l'observatoire local des loyers.

Chaque loyer de référence est égal au loyer médian calculé à partir des niveaux de loyers constatés par l'observatoire local des loyers selon les catégories de logement et les secteurs géographiques.

Chaque loyer de référence majoré et chaque loyer de référence minoré sont fixés respectivement par majoration et par minoration du loyer de référence [Dispositions déclarées non conformes à la Constitution par la décision du Conseil constitutionnel n° 2014-691 DC du 20 mars 2014].

Les compétences attribuées au représentant de l'État dans le département par le présent article sont exercées, dans la région d'Ile-de-France, par le représentant de l'État dans la région.

Le loyer de référence majoré est égal [Rédaction conforme à l'article 1er de la décision du Conseil constitutionnel n° 2014-691 DC du 20 mars 2014] à un montant supérieur de 20 % au loyer de référence.

Le loyer de référence minoré est égal [Rédaction conforme à l'article 1er de la décision du

Conseil constitutionnel n° 2014-691 DC du 20 mars 2014] au loyer de référence diminué de 30 %.

II. – A. – Dans les zones où s'applique l'arrêté mentionné au I, le loyer de base des logements mis en location est fixé librement entre les parties lors de la conclusion du contrat de bail, dans la limite du loyer de référence majoré. Une action en diminution de loyer peut être engagée si le loyer de base prévu dans le contrat de bail est supérieur au loyer de référence majoré en vigueur à la date de signature dudit contrat.

B. – Un complément de loyer peut être appliqué au loyer de base tel que fixé au A pour des logements présentant des caractéristiques de localisation ou de confort par comparaison avec les logements de la même catégorie situés dans le même secteur géographique. Les modalités d'application du présent alinéa sont précisées par décret en Conseil d'État.

Le montant du complément de loyer et les caractéristiques du logement le justifiant sont mentionnés au contrat de bail.

Lorsqu'un complément de loyer est appliqué, le loyer s'entend comme la somme du loyer de base et de ce complément.

Un complément de loyer ne peut être appliqué à un loyer de base inférieur au loyer de référence majoré.

Le locataire qui souhaite contester le complément de loyer dispose d'un délai de trois mois à compter de la signature du bail pour saisir la commission départementale de conciliation prévue à l'article 20 de la présente loi.

En cas de contestation, il appartient au bailleur de démontrer que le logement présente des caractéristiques de localisation ou de confort par comparaison avec les logements de la même catégorie situés dans le même secteur géographique.

En cas de conciliation, le montant du loyer, tenant compte de l'éventuel complément de loyer est celui fixé par le document de conciliation délivré par la commission départementale de conciliation.

En l'absence de conciliation, le locataire dispose d'un délai de trois mois à compter de la réception de l'avis de la commission départementale de conciliation pour saisir le juge d'une demande en annulation ou en diminution du complément de loyer. La fin de non-recevoir tirée de l'absence de saisine préalable de la commission départementale de conciliation peut être soulevée d'office par le juge.

Dans les deux cas, le loyer résultant du document de conciliation ou de la décision de justice s'applique à compter de la prise d'effet du bail.

III. – En dehors des territoires mentionnés au I, la fixation du loyer des logements mis en location est libre.

IV. – Un décret en Conseil d'État fixe les modalités d'application du présent article.

Art. 17-1. *(L. n° 2014-366 du 24.3.2014).* I. – Lorsque le contrat prévoit la révision du loyer, celle-ci intervient chaque année à la date convenue entre les parties ou, à défaut, au terme de chaque année du contrat.

La variation qui en résulte ne peut excéder, à la hausse, la variation d'un indice de référence des loyers publié par l'Institut national de la statistique et des études économiques chaque trimestre et qui correspond à la moyenne, sur les douze derniers mois, de l'évolution des prix à la consommation hors tabac et hors loyers. À défaut de clause contractuelle fixant la date de référence, cette date est celle du dernier indice publié à la date de signature du contrat de location.

À défaut de manifester sa volonté d'appliquer la révision du loyer dans un délai d'un an suivant sa date de prise d'effet, le bailleur est réputé avoir renoncé au bénéfice de cette clause pour l'année écoulée.

Si le bailleur manifeste sa volonté de réviser le loyer dans le délai d'un an, cette révision de loyer prend effet à compter de sa demande.

II. – Lorsque les parties sont convenues, par une clause expresse, de travaux d'amélioration du logement que le bailleur fera exécuter, le contrat de location ou un avenant à ce contrat peut fixer la majoration du loyer consécutive à la réalisation de ces travaux. Cette majoration ne peut faire l'objet d'une action en diminution de loyer.

Art. 17-2. *(L. n° 2014-366 du 24.3.2014).* I. – Lors du renouvellement du contrat, et dans les zones où s'applique l'arrêté mentionné au I de l'article 17, une action en diminution de loyer peut être engagée si le montant du loyer fixé au contrat de bail, hors montant du complément de loyer le cas échéant, est supérieur au loyer de référence majoré.

Dans ces mêmes zones, lors du renouvellement du contrat, une action en réévaluation de loyer peut être engagée dès lors que le loyer est inférieur au loyer de référence minoré.

Dans ces deux cas, l'une ou l'autre des parties peut proposer un nouveau loyer à son cocontractant, au moins six mois avant le terme du contrat pour le bailleur et au moins cinq mois avant le terme du contrat pour le locataire, dans les conditions de forme prévues à l'article 15. Le montant du loyer de référence majoré ou minoré pris en compte correspond à celui qui est en vigueur à la date de la proposition émise par l'une des parties.

Le nouveau loyer proposé dans le cadre d'une action en réévaluation de loyer est inférieur ou égal au loyer de référence minoré. Le locataire peut, par référence aux loyers habituellement constatés dans le voisinage pour des logements comparables, contester l'action en réévaluation de loyer selon la procédure prévue au présent article.

Les loyers servant de références doivent être représentatifs de l'ensemble des loyers habituellement constatés dans le voisinage pour des logements comparables, situés soit dans le même groupe d'immeubles, soit dans tout autre groupe d'immeubles comportant des caractéristiques similaires et situés dans la même zone géographique. Un décret en Conseil d'État définit les éléments constitutifs de ces références.

Le nombre minimal de références à fournir est de trois. Toutefois, il est de six dans les communes, dont la liste est fixée par décret, faisant partie d'une agglomération de plus d'un million d'habitants.

Lorsque le bailleur fait application du présent I, il ne peut donner congé au locataire pour la même échéance du contrat.

La notification d'une proposition d'un nouveau loyer reproduit intégralement, à peine de nullité, les dispositions du présent I et mentionne le montant du loyer ainsi que le loyer de référence majoré ou le loyer de référence minoré ayant servi à le déterminer.

En cas de désaccord ou à défaut de réponse du cocontractant saisi quatre mois avant le terme du contrat, l'une ou l'autre des parties peut saisir la commission départementale de conciliation mentionnée à l'article 20.

À défaut d'accord constaté par la commission départementale de conciliation, le juge peut être saisi, avant le terme du contrat. À défaut de saisine du juge, le contrat est reconduit de plein droit aux conditions antérieures du loyer, éventuellement révisé en application de l'article 17-1. Le contrat dont le loyer est fixé judiciairement est réputé renouvelé pour la durée définie à l'article 10, à compter de la date d'expiration du contrat. La décision du juge est exécutoire par provision.

Lorsque les parties s'accordent sur une hausse du loyer ou lorsque cette hausse est fixée judiciairement, celle-ci s'applique par tiers ou par sixième selon la durée du contrat.

Toutefois, cette hausse s'applique par sixième annuel au contrat renouvelé, puis lors du renouvellement ultérieur, dès lors qu'elle est supérieure à 10 % si le premier renouvellement avait une durée inférieure à six ans.

La révision éventuelle résultant de l'article 17-1 s'applique à chaque valeur ainsi définie.

II. – Dans les zones où ne s'applique pas l'arrêté mentionné au I de l'article 17, lors du renouvellement du contrat, le loyer ne donne lieu à réévaluation que s'il est manifestement sous-évalué.

Dans ce cas, le bailleur peut proposer au locataire, au moins six mois avant le terme du contrat et dans les conditions de forme prévues à l'article 15, un nouveau loyer fixé par référence aux loyers habituellement constatés dans le voisinage pour des logements comparables dans les conditions définies aux cinquième et sixième alinéas du I du présent article.

Lorsque le bailleur fait application des dispositions du présent II, il ne peut donner congé au locataire pour la même échéance du contrat.

La notification reproduit intégralement, à peine de nullité, les dispositions du présent II et mentionne le montant du loyer ainsi que la liste des références ayant servi à le déterminer.

En cas de désaccord ou à défaut de réponse du locataire quatre mois avant le terme du contrat, l'une ou l'autre des parties saisit la commission départementale de conciliation.

À défaut d'accord constaté par la commission, le juge est saisi avant le terme du contrat. À défaut de saisine, le contrat est reconduit de plein droit aux conditions antérieures du loyer, éventuellement révisé. Le contrat dont le loyer est fixé judiciairement est réputé renouvelé pour la durée définie à l'article 10 à compter de la date d'expiration du contrat. La décision du juge est exécutoire par provision.

La hausse convenue entre les parties ou fixée judiciairement s'applique par tiers ou par sixième selon la durée du contrat.

Toutefois, cette hausse s'applique par sixième annuel au contrat renouvelé, puis lors du renouvellement ultérieur, dès lors qu'elle est supérieure à 10 % si le premier renouvellement avait une durée inférieure à six ans.

La révision éventuelle résultant de l'article 17-1 s'applique à chaque valeur ainsi définie.

Art. 18. *(L. n° 2014-366 du 24.3.2014)*. Pour chacune des zones d'urbanisation continue de plus de 50 000 habitants où il existe un déséquilibre marqué entre l'offre et la demande de logements, entraînant des difficultés sérieuses d'accès au logement sur l'ensemble du parc résidentiel existant qui se caractérisent notamment par le niveau élevé des loyers, le niveau élevé des prix d'acquisition des logements anciens ou le nombre élevé de demandes de logement par rapport au nombre d'emménagements annuels dans le parc locatif social, un décret en Conseil d'État, pris après avis de la Commission nationale de concertation, fixe annuellement le montant maximum d'évolution des loyers des logements vacants et des contrats renouvelés.

Ce décret peut prévoir des adaptations particulières, notamment en cas de travaux réalisés par les bailleurs ou de loyers manifestement sous-évalués.

En cas de litige entre les parties résultant de l'application de ce décret, la commission départementale de conciliation est compétente et sa saisine constitue un préalable obligatoire à la saisine du juge par l'une ou l'autre des parties.

Art. 19. Abrogé *(L. n° 2014-366 du 24.3.2014)*.

Art. 20. *(L. n° 2014-366 du 24.3.2014)*. Il est créé, auprès du représentant de l'État dans chaque département, une commission départementale de conciliation composée de représentants d'organisations de bailleurs et d'organisations de locataires, en nombre égal. La commission rend un avis dans le délai de deux mois à compter de sa saisine et s'efforce de concilier les parties.

La compétence de la commission porte sur :

1° Les litiges résultant de l'application des articles 17, 17-1, 17-2 et 18 de la présente loi et des articles 30 et 31 de la loi n° 86-1290 du 23 décembre 1986 tendant à favoriser l'investissement locatif, l'accession à la propriété de logements sociaux et le développement de l'offre foncière ;

2° Les litiges relatifs aux caractéristiques du logement mentionnées aux deux premiers alinéas de l'article 6 de la présente loi ;

3° Les litiges relatifs à l'état des lieux, au dépôt de garantie, aux charges locatives et aux réparations ;

4° Les litiges relatifs aux congés délivrés en application de l'article 15 ;

5° Les difficultés résultant de l'application des accords collectifs nationaux ou locaux prévus aux articles 41 ter et 42 de la loi n° 86-1290 du 23 décembre 1986 précitée ou de l'application du plan de concertation locative prévu à l'article 44 bis de la même loi et les difficultés résultant des modalités de fonctionnement de l'immeuble ou du groupe d'immeubles.

Pour le règlement des litiges mentionnés aux 1° à 4° du présent article, la commission départementale de conciliation peut être saisie par le bailleur ou le locataire. Pour le règlement des difficultés mentionnées au 5°, elle peut être saisie par le bailleur, plusieurs locataires ou une association représentative de locataires.

À défaut de conciliation entre les parties, elle rend un avis comportant l'exposé du différend et la position des parties ainsi que, le cas échéant, celle de la commission. Cet avis peut être transmis au juge par l'une ou l'autre des parties. En cas de conciliation, elle établit un document de conciliation comportant les termes de l'accord trouvé.

La composition de la commission départementale de conciliation, le mode de désignation de ses membres, son organisation et ses règles de saisine et de fonctionnement sont fixés par décret.

Art. 20-1. *(L. n° 2000-1208 du 13.12.2000)*. Si le logement loué ne satisfait pas aux dispositions des premier et deuxième alinéas de l'article 6, le locataire peut demander au propriétaire sa mise en conformité sans qu'il soit porté atteinte à la validité du contrat en cours. [*(L. n° 2006-842 du 13.7.2006)*. [*(L. n° 2007-290 du 5.3.2007)*. À défaut d'accord entre les parties ou à défaut de réponse du propriétaire dans un délai de deux mois, la commission départementale de conciliation peut être saisie et rendre un avis dans les conditions fixées à l'article 20. La saisine de la commission ou la remise de son avis ne constitue pas un préalable à la saisine du juge par l'une ou l'autre des parties.]

(L. n° 2014-366 du 24.3.2014). L'information du bailleur par l'organisme payeur de son obligation de mise en conformité du logement, telle que prévue aux articles L. 542-2 et L. 831-3 du Code de la Sécurité sociale, tient lieu de demande de mise en conformité par le locataire.

[*(L. n° 2007-290 du 5.3.2007)*. Le juge saisi par l'une ou l'autre des parties détermine, le cas échéant, la nature des travaux à réaliser et le délai de leur exécution.] Il peut réduire le montant du loyer ou suspendre, avec ou sans consignation, son paiement et la durée du bail jusqu'à l'exécution de ces travaux.

[*(L. n° 2009-323 du 25.3.2009)*. Le juge transmet au représentant de l'État dans le département l'ordonnance ou le jugement constatant que le logement loué ne satisfait pas aux dispositions des premier et deuxième alinéas de l'article 6.]

Art. 21. *(L. n° 2014-366 du 24.3.2014)*. Le bailleur ou son mandataire est tenu de transmettre gratuitement une quittance au locataire qui en fait la demande. La quittance porte le détail des sommes versées par le locataire en distinguant le loyer et les charges.

Aucuns frais liés à la gestion de l'avis d'échéance ou de la quittance ne peuvent être facturés au locataire.

Avec l'accord exprès du locataire, le bailleur peut procéder à la transmission dématérialisée de la quittance.

Si le locataire effectue un paiement partiel, le bailleur est tenu de délivrer un reçu.

Art. 22. *(L. n° 2014-366 du 24.3.2014)*. Lorsqu'un dépôt de garantie est prévu par le contrat de location pour garantir l'exécution de ses obligations locatives par le locataire, il ne peut être supérieur à un mois de loyer en principal. Au moment de la signature du bail, le dépôt de garantie est versé au bailleur directement par le locataire ou par l'intermédiaire d'un tiers.

Un dépôt de garantie ne peut être prévu lorsque le loyer est payable d'avance pour une période supérieure à deux mois ; toutefois, si le locataire demande le bénéfice du paiement mensuel du loyer, par application de l'article 7, le bailleur peut exiger un dépôt de garantie.

Il est restitué dans un délai maximal de deux mois à compter de la remise en main propre, ou par lettre recommandée avec demande d'avis de réception, des clés au bailleur ou à son mandataire, déduction faite, le cas échéant, des sommes restant dues au bailleur et des sommes dont celui-ci pourrait être tenu, aux lieu et place du locataire, sous réserve qu'elles soient dûment justifiées. À cette fin, le locataire indique au bailleur ou à son mandataire, lors de la remise des clés, l'adresse de son nouveau domicile.

Il est restitué dans un délai maximal d'un mois à compter de la remise des clés par le locataire lorsque l'état des lieux de sortie est conforme à l'état des lieux d'entrée, déduction faite, le cas échéant, des sommes restant dues au bailleur et des sommes dont celui-ci pourrait être tenu, en lieu et place du locataire, sous réserve qu'elles soient dûment justifiées.

Lorsque les locaux loués se situent dans un immeuble collectif, le bailleur procède à un arrêté des comptes provisoire et peut, lorsqu'elle est dûment justifiée, conserver une provision ne pouvant excéder 20 % du montant du dépôt de garantie jusqu'à l'arrêté annuel des comptes de l'immeuble. La régularisation définitive et la restitution du solde, déduction faite, le cas échéant, des sommes restant dues au bailleur et des sommes dont celui-ci pourrait être tenu en lieu et place du locataire, sont effectuées dans le mois qui suit l'approbation définitive des comptes de l'immeuble. Toutefois, les parties peuvent amiablement convenir de solder immédiatement l'ensemble des comptes.

Le montant de ce dépôt de garantie ne porte pas intérêt au bénéfice du locataire. Il ne doit faire l'objet d'aucune révision durant l'exécution du contrat de location, éventuellement renouvelé.

À défaut de restitution dans les délais prévus, le dépôt de garantie restant dû au locataire est majoré d'une somme égale à 10 % du loyer mensuel en principal, pour chaque période mensuelle commencée en retard. Cette majoration n'est pas due lorsque l'origine du défaut de restitution dans les délais résulte de l'absence de transmission par le locataire de l'adresse de son nouveau domicile.
En cas de mutation à titre gratuit ou onéreux des locaux loués, la restitution du dépôt de garantie incombe au nouveau bailleur. Toute convention contraire n'a d'effet qu'entre les parties à la mutation.

Art. 22-1. *(L. n° 2014-366 du 24.3.2014).* Le cautionnement ne peut pas être demandé, à peine de nullité, par un bailleur qui a souscrit une assurance, ou toute autre forme de garantie, garantissant les obligations locatives du locataire, sauf en cas de logement loué à un étudiant ou un apprenti. Cette disposition ne s'applique pas au dépôt de garantie mentionné à l'article 22.
Si le bailleur est une personne morale autre qu'une société civile constituée exclusivement entre parents et alliés jusqu'au quatrième degré inclus, le cautionnement ne peut être demandé que :
– s'il est apporté par un des organismes dont la liste est fixée par décret en Conseil d'État ;
– ou si le logement est loué à un étudiant ne bénéficiant pas d'une bourse de l'enseignement supérieur.]
(L. n° 2002-73 du 17.1.2002). Lorsqu'un cautionnement pour les sommes dont le locataire serait débiteur dans le cadre d'un contrat de location conclu en application du présent titre est exigé par le bailleur, celui-ci ne peut refuser la caution présentée au motif qu'elle ne possède pas la nationalité française [*(L. n° 2006-842 du 13.7.2006)* ou qu'elle ne réside pas sur le territoire métropolitain].
Le cautionnement pour les sommes dont le locataire serait débiteur s'étend également aux sommes correspondant aux aides versées au bailleur en application de l'article 24-2.
Lorsque le cautionnement d'obligations résultant d'un contrat de location conclu en application du présent titre ne comporte aucune indication de durée ou lorsque la durée du cautionnement est stipulée indéterminée, la caution peut le résilier unilatéralement. La résiliation prend effet au terme du contrat de location, qu'il s'agisse du contrat initial ou d'un contrat reconduit ou renouvelé, au cours duquel le bailleur reçoit notification de la résiliation.

La personne qui se porte caution fait précéder sa signature de la reproduction manuscrite du montant du loyer et des conditions de sa révision tels qu'ils figurent au contrat de location, de la mention manuscrite exprimant de façon explicite et non équivoque la connaissance qu'elle a de la nature et de l'étendue de l'obligation qu'elle contracte et de la reproduction manuscrite de l'alinéa précédent. Le bailleur remet à la caution un exemplaire du contrat de location. Ces formalités sont prescrites à peine de nullité du cautionnement.

Art. 22-1-1. *(Ord. n° 2006-346 du 23.3.2006).* La garantie autonome prévue à l'article 2321 du Code civil ne peut être souscrite qu'en lieu et place du dépôt de garantie prévu à l'article 22 et que dans la limite du montant résultant des dispositions du premier alinéa de cet article.

Art. 22-2. *(L. n° 2014-366 du 24.3.2014).* La liste des pièces justificatives pouvant être exigées du candidat à la location ou de sa caution par le bailleur, préalablement à l'établissement du contrat de location, est définie par décret en Conseil d'État, pris après avis de la Commission nationale de concertation.

En préalable à l'établissement du contrat de location, le bailleur ne peut imposer la cosignature d'un ascendant ou d'un descendant du candidat à la location.

Les manquements au présent article sont punis d'une amende administrative, prononcée par le représentant de l'État dans le département, dont le montant ne peut être supérieur à 3 000 € pour une personne physique et à 15 000 € pour une personne morale.

Le montant de l'amende est proportionné à la gravité des faits constatés.

L'amende ne peut être prononcée plus d'un an à compter de la constatation des faits.

L'amende est prononcée après que l'intéressé a été informé de la possibilité de présenter ses observations dans un délai déterminé.

Art. 23. Les charges récupérables, sommes accessoires au loyer principal, sont exigibles sur justification en contrepartie :

1° Des services rendus liés à l'usage des différents éléments de la chose louée ;

2° Des dépenses d'entretien courant et des menues réparations sur les éléments d'usage commun de la chose louée ; [*(L. n° 2006-842 du 13.7.2006)*. Sont notamment récupérables à ce titre les dépenses engagées par le bailleur dans le cadre d'un contrat d'entretien relatif aux ascenseurs et répondant aux conditions de l'article L. 125-2-2 du code de la construction et de l'habitation, qui concernent les opérations et les vérifications périodiques minimales et la réparation et le remplacement de petites pièces présentant des signes d'usure excessive ainsi que les interventions pour dégager les personnes bloquées en cabine et le dépannage et la remise en fonctionnement normal des appareils ;]

3° Des impositions qui correspondent à des services dont le locataire profite directement.

La liste de ces charges est fixée par décret en Conseil d'État. [*(L. n° 2006-842 du 13.7.2006)*. Il peut y être dérogé par accords collectifs locaux portant sur l'amélioration de la sécurité ou la prise en compte du développement durable, conclus conformément à l'article 42 de la loi n° 86-1290 du 23 décembre 1986 précitée.]

Les charges locatives peuvent donner lieu au versement de provisions et doivent, en ce cas, faire l'objet d'une régularisation annuelle. Les demandes de provisions sont justifiées par la communication des résultats antérieurs arrêtés lors de la précédente régularisation et, lorsque l'immeuble est soumis au statut de la copropriété ou lorsque le bailleur est une personne morale, par le budget prévisionnel.

(L. n° 2014-366 du 24.3.2014). Un mois avant cette régularisation, le bailleur en communique au locataire le décompte par nature de charges ainsi que, dans les immeubles collectifs, le mode de répartition entre les locataires et, le cas échéant, une note d'information sur les modalités de calcul des charges de chauffage et de production d'eau chaude sanitaire collectifs. Durant six mois à compter de l'envoi de ce décompte, les pièces justificatives sont tenues, dans des conditions normales, à la disposition des locataires.

À compter du 1er septembre 2015, le bailleur transmet également, à la demande du locataire, le récapitulatif des charges du logement par voie dématérialisée ou par voie postale.

Lorsque la régularisation des charges n'a pas été effectuée avant le terme de l'année civile suivant l'année de leur exigibilité, le paiement par le locataire est effectué par douzième, s'il en fait la demande.

(L. n° 2010-1488 du 7.12.2010). Pour l'application du présent article, le coût des services assurés dans le cadre d'un contrat d'entreprise ou d'un contrat d'achat d'électricité, d'énergie calorifique ou de gaz naturel combustible, distribués par réseaux correspond à la dépense, toutes taxes comprises, acquittée par le bailleur.

Art. 23-1. *(L. n° 2009-323 du 25.3.2009)*. Lorsque des travaux d'économie d'énergie sont réalisés par le bailleur dans les parties privatives d'un logement ou dans les parties communes de l'immeuble, une contribution pour le partage des économies de charge peut être demandée au locataire du logement loué, à partir de la date d'achèvement des travaux, sous réserve que ces derniers lui bénéficient directement et qu'ils lui soient justifiés. Elle ne peut toutefois être exigible qu'à la condition qu'un ensemble de travaux ait été réalisé ou que le logement atteigne un niveau minimal de performance énergétique.

Cette participation, limitée au maximum à quinze ans, est inscrite sur l'avis d'échéance et portée sur la quittance remise au locataire. Son montant, fixe et non révisable, ne peut être supérieur à la moitié du montant de l'économie d'énergie estimée.

Un décret en Conseil d'État, pris après avis de la Commission nationale de concertation, précise les conditions d'application du présent article, notamment la liste des travaux éligibles à réaliser et les niveaux minimaux de performance énergétique à atteindre, ainsi que les modalités d'évaluation des économies d'énergie, de calcul du montant de la participation demandée au locataire du logement et de contrôle de ces évaluations après travaux.

Art 24. *(L. n° 2014-366 du 24.3.2014)*. I. – Toute clause prévoyant la résiliation de plein droit du contrat de location pour défaut de paiement du loyer ou des charges aux termes convenus ou pour non-versement du dépôt de garantie ne produit effet que deux mois après un commandement de payer demeuré infructueux.

Le commandement de payer reproduit, à peine de nullité, les dispositions du présent article et des trois premiers alinéas de l'article 6 de la loi n° 90-449 du 31 mai 1990 visant la mise en œuvre du droit au logement, en mentionnant la faculté pour le locataire de saisir le fonds de solidarité pour le logement, dont l'adresse de saisine est précisée.

Lorsque les obligations résultant d'un contrat de location conclu en application du présent titre sont garanties par un cautionnement, le commandement de payer est signifié à la caution dans un délai de quinze jours à compter de sa signification au locataire. À défaut, la caution ne peut être tenue au paiement des pénalités ou des intérêts de retard.

Le représentant de l'État dans le département fixe, par arrêté, le montant et l'ancienneté de la dette au-delà desquels les commandements de payer, délivrés à compter du 1er janvier 2015 pour le compte d'un bailleur personne physique ou société civile constituée exclusivement entre parents et alliés jusqu'au quatrième degré inclus, sont signalés par l'huissier de justice à la commission de coordination des actions de prévention des expulsions locatives prévue à l'article 7-2 de la loi n° 90-449 du 31 mai 1990 précitée. Ce signalement est fait dès lors que l'un des deux seuils est atteint, par simple lettre reprenant les éléments essentiels du commandement. Il peut s'effectuer par voie électronique, selon des modalités fixées par décret.

L'arrêté mentionné à l'avant-dernier alinéa du présent I est pris après avis du comité responsable du plan local d'action pour le logement et l'hébergement des personnes défavorisées ainsi que de la chambre départementale des huissiers de justice. Les modalités de détermination du montant et de l'ancienneté de la dette au-delà desquels les commandements sont signalés sont fixées par décret en Conseil d'État.

II. – À compter du 1er janvier 2015, les bailleurs personnes morales autres qu'une société civile constituée exclusivement entre parents et alliés jusqu'au quatrième degré inclus ne peuvent faire délivrer, sous peine d'irrecevabilité de la demande, une assignation aux fins de constat de résiliation du bail avant l'expiration d'un délai de deux mois suivant la saisine de la commission de coordination des actions de prévention des expulsions locatives prévue à l'article 7-2 de la loi n° 90-449 du 31 mai 1990 précitée. Cette saisine est réputée constituée lorsque persiste une situation d'impayés, préalablement signalée dans les conditions réglementaires aux organismes payeurs des aides au logement en vue d'assurer le maintien du versement des aides mentionnées à l'article L. 351-2 du Code de la construction et de l'habitation et aux articles L. 542-1 et L. 831-1 du Code de la Sécurité sociale. Cette saisine peut s'effectuer par voie électronique, selon des modalités fixées par décret.

III. – À peine d'irrecevabilité de la demande, l'assignation aux fins de constat de la résiliation est notifiée à la diligence de l'huissier de justice au représentant de l'État dans le département, par lettre recommandée avec demande d'avis de réception, au moins deux mois avant l'audience, afin qu'il saisisse l'organisme compétent désigné par le plan local d'action pour le logement et l'hébergement des personnes défavorisées, suivant la répartition de l'offre globale de services d'accompagnement vers et dans le logement prévue à l'article 4 de la loi n° 90-449 du 31 mai 1990 précitée. Cette saisine peut s'effectuer par voie électronique, selon des modalités fixées par décret. L'organisme saisi réalise un diagnostic social et financier au cours duquel le locataire et le bailleur sont mis en mesure de présenter leurs observations, et le transmet au juge avant l'audience, ainsi qu'à la commission de coordination des actions de prévention des expulsions locatives ; le cas échéant, les observations écrites des intéressés sont jointes au diagnostic.

IV. – Les II et III sont applicables aux assignations tendant au prononcé de la résiliation du bail lorsqu'elle est motivée par l'existence d'une dette locative du preneur. Ils sont également applicables aux demandes reconventionnelles aux fins de constat ou de prononcé de la résiliation motivées par l'existence d'une dette locative, la notification au représentant de l'État dans le département incombant au bailleur.

V. – Le juge peut, même d'office, accorder des délais de paiement dans la limite de trois années, par dérogation au délai prévu au premier alinéa de l'article 1244-1 du Code civil, au locataire en situation de régler sa dette locative. L'article 1244-2 du même code s'applique lorsque la décision du juge est prise sur le fondement du présent alinéa. Le juge peut d'office vérifier tout élément constitutif de la dette locative et le respect de l'obligation prévue au premier alinéa de l'article 6 de la présente loi.

Pendant le cours des délais ainsi accordés, les effets de la clause de résiliation de plein droit sont suspendus ; ces délais et les modalités de paiement accordés ne peuvent affecter l'exécution du contrat de location et notamment suspendre le paiement du loyer et des charges.

Si le locataire se libère dans le délai et selon les modalités fixés par le juge, la clause de résiliation de plein droit est réputée ne pas avoir joué ; dans le cas contraire, elle reprend son plein effet.

VI. – La notification de la décision de justice prononçant l'expulsion indique les modalités de saisine et l'adresse de la commission de médiation prévue à l'article L. 441-2-3 du Code de la construction et de l'habitation.

Art. 24-1. *(L. n° 2014-366 du 24.3.2014).* Lorsqu'un locataire a avec son bailleur un litige locatif ou lorsque plusieurs locataires ont avec un même bailleur un litige locatif ayant une origine commune, ils peuvent donner par écrit mandat d'agir en justice en leur nom et pour leur compte à une association siégeant à la Commission nationale de concertation ; si le litige porte sur les caractéristiques du logement mentionnées aux premier et deuxième alinéas de l'article 6, ce mandat peut être donné en outre à une [*(L. n° 2006-842 du 13.7.2006)* association dont l'un des objets est l'insertion ou le logement des personnes défavorisées ou à une association de défense des personnes en situation d'exclusion par le logement mentionnées à l'article 3 de la loi n° 90-449 du 31 mai 1990 visant à la mise en œuvre du droit au logement. Une association précitée peut assister ou représenter, selon les modalités définies à l'article 828 du nouveau code de procédure civile, un locataire en cas de litige portant sur le respect des caractéristiques de décence de son logement]. La collectivité territorialement compétente en matière d'habitat ainsi que les organismes payeurs des aides au logement territorialement compétents peuvent être destinataires du mandat à agir mentionné au présent alinéa.

Les dispositions de l'alinéa précédent sont applicables aux locataires des locaux mentionnés aux 1° à 3° de l'article 2 lorsque le litige locatif porte sur la décence du logement.

Art. 24-2. *(L. n° 2014-366 du 24.3.2014).* I. – Il est créé sous la dénomination de garantie universelle des loyers un dispositif ayant pour objet de couvrir, sous la forme d'un système d'aides, les bailleurs contre les risques d'impayés de loyer, afin de favoriser l'accès au logement et de prévenir les risques d'expulsion.

Les impayés de loyer, au sens du présent article, s'entendent des loyers, des charges récupérables et de la contribution pour le partage des économies de charges prévue à l'article 23-1 demeurés impayés.

Au sens du présent article, la conclusion d'un contrat de location s'entend de sa conclusion initiale, de son renouvellement dans des conditions différentes ou de la conclusion d'un avenant.

A. – La garantie universelle des loyers s'applique aux contrats de location des catégories de logements suivantes :

1° Logements constituant la résidence principale du preneur définis à l'article 2 ;

2° Logements meublés constituant la résidence principale du preneur, tels que définis aux articles 25-3 et 25-4 ;

3° Logements constituant la résidence principale de l'occupant qui sont loués ou gérés par un organisme de maîtrise d'ouvrage d'insertion ou un organisme qui exerce les activités d'intermédiation locative ou de gestion locative sociale mentionnés, respectivement, aux articles L. 365-2 et L. 365-4 du Code de la construction et de l'habitation.

La garantie universelle des loyers s'applique également aux contrats de sous-location des logements mentionnés au 3° du présent A. Pour l'application du présent article à ces contrats, le contrat de sous-location s'entend du contrat de location, le bailleur s'entend du locataire, et le locataire s'entend du sous-locataire.

En sont exclus les contrats de location ou de sous-location des logements relevant du service d'intérêt général défini à l'article L. 411-2 du même code et appartenant ou étant gérés par les organismes d'habitations à loyer modéré mentionnés à ce même article ou par les sociétés d'économie mixte mentionnées à l'article L. 481-1 dudit code, ainsi que les contrats de location portant sur les logements appartenant ou étant gérés par ces mêmes organismes et sociétés, situés dans les départements et régions d'outre-mer et à Mayotte, et construits, acquis ou améliorés avec le concours financier de l'État.

B. – Les aides versées au titre de la garantie ne peuvent être accordées que lorsque les conditions suivantes sont satisfaites par le bailleur :

1° Le bailleur n'a pas demandé le cautionnement mentionné à l'article 22-1 de la présente loi ;

2° Le bailleur n'a pas souscrit d'assurance pour les risques couverts par la garantie universelle des loyers ;

3° Le logement satisfait aux caractéristiques de décence prévues à l'article 6 ;

4° Le bailleur ne loue pas le logement à l'un de ses ascendants ou descendants, ou à ceux de leur conjoint ou concubin ou de toute personne liée à eux par un pacte civil de solidarité ;

5° Le bailleur a déclaré son contrat de location auprès de l'agence mentionnée au II du présent article dans les conditions prévues au même II ;

6° Le contrat de location est établi par écrit, respecte le contrat type prévu à l'article 3 et ne mentionne pas le renoncement au bénéfice de la garantie universelle des loyers ;

7° Lorsque le locataire bénéficie de l'aide personnelle au logement, le bailleur demande son versement entre ses mains dans des conditions fixées par décret.

Toutefois, le 1° du présent B ne s'applique pas lorsque le locataire est étudiant ou apprenti.

Le bénéfice de la garantie est refusé lorsque le bailleur a fait l'objet d'une interdiction de bénéficier de la garantie en application du E du II ou lorsque, depuis moins de dix ans, il a été mis en demeure de faire cesser la mise à disposition aux fins d'habitation de locaux impropres à l'habitation en application de l'article L. 1331-22 du Code de la santé publique ou a proposé à la location un logement ayant fait l'objet d'un arrêté de péril pris en application des articles L. 511-1 ou L. 511-3 du Code de la construction et de l'habitation ou d'un arrêté d'insalubrité mentionné aux articles L. 1331-26-1 ou L. 1331-28 du Code de la santé publique, sauf lorsque l'autorité responsable a prononcé la mainlevée de l'arrêté.

C. – Le bénéfice de la garantie est subordonné au contrôle, par le bailleur, du respect des conditions suivantes par le locataire à la date de la conclusion du contrat de location :

1° Le locataire n'est pas redevable d'une dette créée ou augmentée depuis moins de deux ans vis-à-vis de l'agence mentionnée au II du présent article et supérieure à un seuil défini par décret, sauf si l'une des conditions suivantes est remplie :

a) Le locataire a signé un plan d'apurement de cette dette ;

b) Sa demande formée en application du premier alinéa du I de l'article L. 331-3 du Code de la consommation a été déclarée recevable ;

c) Le locataire loue un logement loué ou géré par un organisme mentionné au IV du présent article ;

2° Le locataire ne fait pas l'objet d'une interdiction de bénéficier de la garantie en application du E du II.

Pour la mise en œuvre du présent C, un justificatif du respect de ces conditions est délivré au candidat locataire, à sa demande.

D. – Le montant de l'aide versée au titre de la garantie est ainsi calculé :

1° Le montant est déterminé par référence au montant des impayés de loyer ;

2° L'aide est versée dans la limite d'un plafond modulé en fonction de la localisation du logement, de sa catégorie et de sa surface.

Dans les zones mentionnées au I de l'article 17, ce plafond est égal au loyer de référence mentionné au même article ou, lorsque le logement est loué meublé, au loyer de référence mentionné à l'article 25-9.

Le plafond est majoré lorsque le locataire est, à la date de conclusion du contrat de location, étudiant, apprenti, salarié titulaire d'un contrat autre qu'un contrat à durée indéterminée ou demandeur d'emploi. Dans les zones mentionnées au quatrième alinéa du présent D, ce plafond majoré ne peut être supérieur au loyer de référence majoré mentionné au même article 17 ou, lorsque le logement est loué meublé, au loyer de référence majoré mentionné au même article 25-9.

En outre, ce plafond est complété :

a) D'un montant représentatif des charges récupérables déterminé en fonction de la localisation du logement, de sa catégorie et de sa surface ;

b) De la contribution pour le partage des économies de charges, si elle s'applique au contrat de location ;

3° L'aide est versée sous réserve d'un montant minimal d'impayés de loyers ouvrant droit à la garantie et n'est accordée qu'à l'issue d'un délai de carence après la conclusion du contrat de location et pour une durée maximale fixés par voie réglementaire ;

4° Le montant de l'aide est réduit ou l'aide est supprimée dans les cas suivants :

a) Le bailleur déclare tardivement les impayés de loyer ;

b) Le bailleur fait preuve de négligence dans l'exercice de ses droits ;

c) Le loyer représente plus de la moitié des ressources du locataire à la date de conclusion du contrat de location.

Toutefois, dans le cas prévu au c, la réduction ou la suppression de l'aide ne s'applique pas dans les cas suivants :

– le locataire est étudiant ou apprenti, à la date de conclusion du contrat de location, et dispose du cautionnement mentionné à l'article 22-1 ;

– le logement est loué ou géré par un organisme mentionné au IV du présent article ;

5° Une franchise est appliquée.

Cette franchise ne peut pas être appliquée lorsque le logement est loué ou géré par un organisme mentionné au même IV ou lorsque, à la date de conclusion du contrat de location, le locataire est étudiant, apprenti ou salarié titulaire d'un contrat autre qu'un contrat à durée indéterminée ou demandeur d'emploi ;

6° Lorsque le logement est à usage mixte professionnel et d'habitation, l'aide peut être réduite.

E. – Les aides versées au titre de la garantie ouvrent droit à un recours subrogatoire contre le locataire et, le cas échéant, contre la personne qui s'est portée caution.

Toutefois, l'agence mentionnée au II peut exercer ses droits à l'encontre du locataire par préférence aux droits du bailleur existant au jour de l'octroi de l'aide. Dans tous les cas, l'agence dispose de la faculté de ne pas exercer une partie ou la totalité de ses droits si elle juge que la situation d'impayés est principalement due aux graves difficultés économiques et sociales du locataire.

Le recouvrement des créances au profit de l'agence est effectué par l'État, comme en matière de créances étrangères à l'impôt. L'État est subrogé dans les droits de l'agence pour le recouvrement des créances à l'encontre du locataire mentionné au premier alinéa.

Les sommes recouvrées par l'État pour le compte de l'agence lui sont reversées.

F. – Les actions contentieuses introduites par le bailleur en raison du non-paiement du loyer, des charges récupérables ou de la contribution pour le partage des économies de charges ne peuvent être rejetées du seul fait que le bailleur a perçu une aide en application du présent article.

G. – Un décret en Conseil d'État fixe les modalités d'application du présent I, sauf le montant minimal d'impayés ouvrant droit à la garantie, le plafond pris en compte pour le calcul de l'aide, le montant représentatif des charges récupérables, les modalités d'application de la franchise, la durée maximale d'octroi de l'aide et le délai de carence mentionnés au D, qui sont fixés par décret. Le décret en Conseil d'État définit, notamment, les conditions et délais de déclaration à respecter pour le bénéfice de la garantie, ainsi que les conditions de versement de l'aide.

II. – Il est créé, sous la forme d'un établissement public administratif de l'État, une Agence de la garantie universelle des loyers.

A. – L'Agence de la garantie universelle des loyers est chargée de mettre en place et d'administrer la garantie prévue au I, directement ou par l'intermédiaire des organismes mentionnés au III, et de contrôler sa mise en œuvre ainsi que l'activité desdits organismes. À ce titre, elle peut financer des actions d'accompagnement social des locataires en situation d'impayés de loyer.

L'agence peut également, à titre complémentaire, mettre en place un dispositif d'aide au profit des bailleurs pour les frais contentieux et pour les dégradations locatives des logements loués ou gérés par les organismes mentionnés au IV.

L'agence agrée les organismes mentionnés aux III et IV pour l'application de la garantie universelle des loyers.

L'agence peut gérer, directement ou par l'intermédiaire des organismes mentionnés au III, au nom et pour le compte des personnes concernées, les aides aux bailleurs que des personnes publiques ou morales de droit privé apportent sur leur budget propre.

Pour l'exercice des attributions mentionnées aux troisième et quatrième alinéas du présent A, l'agence conclut des conventions avec les organismes et personnes en cause.

L'agence peut également mener toute étude ou action ayant pour objet de sécuriser les relations entre bailleurs et locataires ou d'améliorer la gestion et le traitement des impayés de loyer et l'accompagnement des locataires en situation d'impayés.

B. – L'agence est administrée par un conseil d'administration composé de quatre collèges :

1° Un collège de représentants de l'État ;

2° Un collège de représentants d'organisations syndicales et patronales membres de l'Union des entreprises et des salariés pour le logement mentionnée à l'article L. 313-17 du Code de la construction et de l'habitation ;

3° Un collège de parlementaires comprenant autant de sénateurs que de députés ;

4° Un collège de personnalités qualifiées.

Le nombre de voix attribuées à chacun des membres du conseil d'administration est précisé par décret. Le premier collège détient la moitié des voix délibératives au sein du conseil d'administration.

Le président du conseil d'administration est nommé par décret, pris sur le rapport du ministre chargé du Logement, parmi les membres du quatrième collège.

Le vice-président est désigné par le deuxième collège en son sein.

L'agence est dirigée par un directeur général.

Un comité d'orientation est chargé de faire toute proposition utile afin d'améliorer la gestion de la garantie universelle des loyers.

C. – Pour l'accomplissement de sa mission, l'Agence de la garantie universelle des loyers peut disposer des ressources suivantes :

1° Les contributions et subventions de l'État et de ses établissements publics, de l'Union européenne, ainsi que de toute autre personne morale publique ou privée ;

2° Les recettes fiscales affectées par la loi ;

3° Les contributions de la participation des employeurs à l'effort de construction ;

4° Le produit issu du remboursement des aides versées au titre de la garantie ;

5° Les sommes correspondant aux aides accordées par d'autres personnes morales qui lui sont versées en application des conventions mentionnées au A ;

6° Les emprunts et le produit des placements financiers qu'elle est autorisée à faire ;

7° Le produit des dons et legs ;

8° Les recettes accessoires, notamment la rémunération des services rendus aux tiers, dans des conditions fixées par le conseil d'administration ;

9° Toutes les ressources dont elle peut disposer en vertu des lois et règlements.

D. – Pour bénéficier des aides mentionnées au I, les bailleurs déclarent auprès de l'Agence de la garantie universelle des loyers la conclusion des contrats de location entrant dans le champ d'application du A du I, dans un délai fixé par décret. Cette déclaration peut s'effectuer de façon dématérialisée. Les locataires sont informés de cette déclaration, selon des modalités fixées par décret.

E. – L'agence peut prononcer des sanctions à l'encontre des bailleurs ayant sollicité ou obtenu un versement par fraude d'aides au titre de la garantie et à l'encontre des locataires en cas de fausse déclaration.

L'agence peut prononcer les sanctions suivantes, après avoir mis en œuvre la procédure prévue à l'article 24 de la loi n° 2000-321 du 12 avril 2000 relative aux droits des citoyens dans leurs relations avec les administrations :

1° Une sanction pécuniaire, qui ne peut excéder, pour les bailleurs, un montant équivalant à deux ans de loyer et, pour les locataires, deux fois le plafond mensuel de la Sécurité sociale. Ces sanctions sont recouvrées par l'État au profit de l'agence comme en matière de créances étrangères à l'impôt ;

2° L'interdiction de bénéficier de la garantie universelle des loyers pendant une durée maximale de dix ans pour les bailleurs, de deux ans pour les locataires.

Un comité des sanctions prononce les sanctions mentionnées aux 1° et 2°. Ce comité est composé :

a) D'un magistrat de l'ordre administratif, désigné par le vice-président du Conseil d'État, président du comité ;

b) D'un magistrat de l'ordre judiciaire, désigné par le premier président de la Cour de cassation ;

c) De trois membres désignés en raison de leur compétence en matière de logement par le ministre chargé du Logement ;

d) D'un représentant des associations de défense des consommateurs représentatives au niveau national œuvrant dans le domaine du logement, désigné par le ministre chargé du Logement ;

e) D'un représentant des organisations représentatives au plan national des bailleurs ou des gestionnaires, désigné par le ministre chargé du Logement.

Les membres du comité sont désignés pour un mandat de cinq ans, non renouvelable. Ils peuvent se faire suppléer par un membre relevant de la même catégorie et nommé dans les mêmes conditions.

Le directeur général de l'agence est chargé de l'instruction. Il procède, à cet effet, aux investigations nécessaires. Il notifie les griefs au comité. Il peut présenter des observations devant le comité. Il n'assiste pas au délibéré.

F. – L'agence peut communiquer aux organismes payeurs de prestations familiales, aux départements et à la commission mentionnée à l'article 7-2 de la loi n° 90-449 du 31 mai 1990 visant à la mise en œuvre du droit au logement les données relatives aux impayés de loyer et aux locataires en situation d'impayés, dans des conditions prévues par décret en Conseil d'État. Elle peut également communiquer aux observatoires locaux des loyers mentionnés à l'article 16 de la présente loi les données utiles pour l'exercice de leur mission, dans des conditions prévues par décret en Conseil d'État.

Les organismes chargés du paiement de l'allocation de logement communiquent à l'agence, à sa demande, l'information selon laquelle un locataire est bénéficiaire de l'aide personnelle au logement et un récapitulatif des versements des aides personnelles au logement entre les mains des locataires et des bailleurs.

G. – Un décret en Conseil d'État définit les modalités d'organisation, de gestion et de fonctionnement de l'agence.

III. – Des organismes, dénommés « centres de gestion agréés », sont agréés par l'Agence de la garantie universelle des loyers pour la mise en œuvre de la garantie universelle des loyers. À ce titre, ils ont pour missions :

1° D'assister les bailleurs dans la déclaration mentionnée au D du II, pour la vérification du respect des conditions exigées pour bénéficier de la garantie universelle des loyers et dans toutes démarches pour le bénéfice de la garantie ;

2° D'instruire les dossiers d'impayés de loyer et les demandes d'aides ;

3° De délivrer aux candidats locataires qui en font la demande le justificatif mentionné au C du I ;

4° D'informer les locataires des déclarations d'impayés de loyer ainsi que des conséquences de cette déclaration, et notamment des voies de recours dont les locataires disposent dans ce cadre ;

5° De proposer un plan d'apurement au locataire ;

6° D'identifier et orienter les locataires en situation d'impayés de loyer nécessitant un accompagnement social, et d'accompagner, s'il y a lieu, les locataires dans la recherche d'un autre logement.

Ces organismes peuvent également procéder au versement des aides aux bailleurs et proposer des prestations complémentaires, dont la liste est fixée par décret, dans le cadre de la mise en œuvre de la garantie universelle des loyers.

Toutefois, l'instruction des demandes d'aide d'un propriétaire doit être autonome de la sélection des locataires et de l'encaissement des loyers à l'échéance éventuellement effectués pour le compte de ce propriétaire.

Ces organismes sont soumis au respect d'un cahier des charges fixé par décret.

Pour le financement de leurs missions, ces organismes perçoivent un financement de l'agence mentionnée au II. Ils peuvent également percevoir des sommes acquittées par les bailleurs, dans des conditions fixées par décret.

IV. – Pour pouvoir bénéficier des conditions spécifiques d'application de la garantie universelle des loyers prévues aux c du 1° du C du I et au septième alinéa du 4° et au second alinéa du 5° du D de ce même I, ainsi que de l'aide complémentaire prévue au deuxième alinéa du A du II pour les logements qu'ils louent ou gèrent, les organismes qui exercent les activités d'intermédiation locative et de gestion locative sociale, ainsi que les organismes qui exercent des activités de maîtrise d'ouvrage d'insertion agréés dans les conditions prévues, respectivement, aux articles L. 365-2 et L. 365-4 du Code de la construction et de l'habitation, doivent obtenir un agrément de l'agence mentionnée au II du présent article dans des conditions définies par décret.

V. – Le présent article s'applique aux contrats de location conclus à compter du 1er janvier 2016.

À compter de cette même date, les parties peuvent rendre applicable le présent article, par voie d'avenant, aux contrats de location en cours, sous réserve que le bailleur et le locataire remplissent les conditions qu'il fixe. Le bénéfice de la garantie pour les logements déjà occupés par le locataire est soumis à un délai de carence qui ne peut être inférieur à six mois, sauf dans le cas d'un renouvellement d'un contrat de location qui a été déclaré dans les conditions mentionnées au D du II du présent article ou d'un avenant à un tel contrat. Ce délai de carence ne s'applique pas dans le cas d'un renouvellement d'un contrat de location qui a fait l'objet d'un contrat d'assurance contre les impayés de loyer respectant le cahier des charges prévu au g de l'article L. 313-3 du Code de la construction et de l'habitation ou d'un avenant à un tel contrat.

L'agence mentionnée au II est créée à une date fixée par décret, et au plus tard le 1er janvier 2015.

Art. 25. *(L. n° 2014-366 du 24.3.2014)*. Les décrets pris en application des articles 7 et 18 abrogés et de l'article 29 modifié de la loi n° 86-1290 du 23 décembre 1986 tendant à favoriser l'investissement locatif, l'accession à la propriété de logements sociaux et le développement de l'offre foncière restent en vigueur pour l'application de la présente loi jusqu'à l'intervention des décrets correspondants pris en application de la présente loi.

Art. 25-1. À l'exception du troisième alinéa de l'article 9, des articles 16 à 20, du deuxième alinéa de l'article 24 et de l'article 25, les dispositions du présent titre sont applicables en Polynésie française sous réserve des adaptations suivantes :

1° Au quatrième alinéa de l'article 3, les mots : « prévues à l'article 19 » sont remplacés par les mots : « prévues par délibération de l'assemblée locale » ;

2° À la fin du a de l'article 6, les mots : « définies par le décret prévu à l'article 25 de la loi n° 86-1290 du 23 décembre 1986 tendant à favoriser l'investissement locatif, l'accession à la propriété de logements sociaux et le développement de l'offre foncière » sont remplacés par les mots : « définies par la réglementation territoriale » ;

3° À l'article 15 :

a) *(L. n° 2006-685 du 13.6.2006)*. Dans le septième alinéa du II, les mots : « ni aux actes portant sur les immeubles mentionnés au deuxième alinéa de l'article L. 111-6-1 du code de la construction et de l'habitation » ne sont pas applicables ;

b) Aux premier et deuxième alinéas du III, les mots : « salaire minimum de croissance » sont remplacés par les mots : « salaire minimum interprofessionnel garanti » ;

c) Au premier alinéa du III, les mots : « dans les limites géographiques prévues à l'article 13 bis de la loi n° 48-1360 du 1er septembre 1948 » sont remplacés par les mots : « à une distance au plus égale à 5 kilomètres » ;

4° Le sixième alinéa de l'article 24 est remplacé par les dispositions suivantes :

« Le commandement de payer reproduit, à peine de nullité, les dispositions des alinéas précédents. »

Art. 25-2. Jusqu'à leur terme, les contrats de location en cours en Polynésie française à la date du 15 septembre 1998 demeurent soumis aux dispositions qui leur étaient applicables.

Titre Ier bis

DES RAPPORTS ENTRE BAILLEURS ET LOCATAIRES DANS LES LOGEMENTS MEUBLÉS RÉSIDENCE PRINCIPALE

(L. N° 2014-366 DU 24.3.2014)

Art. 25-3. Les dispositions du présent titre sont d'ordre public et s'appliquent aux contrats de location de logements meublés tels que définis à l'article 25-4 dès lors qu'ils constituent la résidence principale du locataire au sens de l'article 2.

Les articles 1er, 3-2, 3-3, 4, à l'exception du l, 5, 6, 7, 7-1, 8, 8-1, 18, 20-1, 21, 22, 22-1, 22-2, 24 et 24-1 sont applicables aux logements meublés.

Le présent titre ne s'applique ni aux logements-foyers, ni aux logements faisant l'objet d'une convention avec l'État portant sur leurs conditions d'occupation et leurs modalités d'attribution.

Le présent titre ne s'applique ni aux logements attribués ou loués en raison de l'exercice d'une fonction ou de l'occupation d'un emploi, ni aux locations consenties aux travailleurs saisonniers.

Art. 25-4. Un logement meublé est un logement décent équipé d'un mobilier en nombre et en qualité suffisants pour permettre au locataire d'y dormir, manger et vivre convenablement au regard des exigences de la vie courante.

La liste des éléments que doit comporter ce mobilier est fixée par décret.

Art. 25-5. Un inventaire et un état détaillé du mobilier sont établis dans les mêmes formes et en autant d'exemplaires que de parties lors de la remise et de la restitution des clés. Ces documents, établis contradictoirement et amiablement, sont signés par les parties ou par un tiers mandaté par elles et joints au contrat de location. Ces documents ne peuvent donner lieu à aucune autre facturation que celle liée à l'établissement de l'état des lieux.

Art. 25-6. Par dérogation à l'article 22, le montant du dépôt de garantie exigible par le bailleur est limité à deux mois de loyer en principal.

Art. 25-7. Le contrat de location est établi par écrit et respecte un contrat type défini par décret en Conseil d'État, pris après avis de la Commission nationale de concertation.

Il est conclu pour une durée d'au moins un an.

Si les parties au contrat ne donnent pas congé dans les conditions prévues à l'article 25-8, le contrat de location parvenu à son terme est reconduit tacitement pour une durée d'un an.

Lorsque la location est consentie à un étudiant, la durée du bail peut être réduite à neuf mois. Dans ce cas, la reconduction tacite prévue au troisième alinéa du présent article est inapplicable.

Art. 25-8. I. – Le locataire peut résilier le contrat à tout moment, sous réserve du respect d'un préavis d'un mois, y compris lorsque la durée du bail est réduite à neuf mois.

Le bailleur qui souhaite, à l'expiration du contrat, en modifier les conditions doit informer le locataire avec un préavis de trois mois. Si le locataire accepte les nouvelles conditions, le contrat est renouvelé pour un an.

Lorsqu'il donne congé à son locataire pour reprendre le logement, le bailleur justifie du caractère réel et sérieux de sa décision de reprise.

Le bailleur qui ne souhaite pas renouveler le contrat doit informer le locataire avec un préavis de trois mois et motiver son refus de renouvellement du bail soit par sa décision de reprendre ou de vendre le logement, soit par un motif légitime et sérieux, notamment l'inexécution par le locataire de l'une des obligations lui incombant.

À peine de nullité, le congé donné par le bailleur doit indiquer le motif allégué et, en cas de reprise, les nom et adresse du bénéficiaire de la reprise ainsi que la nature du lien existant entre le bailleur et le bénéficiaire de la reprise qui ne peut être que le bailleur, son conjoint, le partenaire auquel il est lié par un pacte civil de solidarité enregistré à la date du congé, son concubin notoire depuis au moins un an à la date du congé, ses ascendants, ses descendants ou ceux de son conjoint, de son partenaire ou de son concubin notoire.

En cas de contestation, le juge peut, même d'office, vérifier la réalité du motif du congé et le respect des obligations prévues au présent article. Il peut notamment déclarer non valide le congé si la non-reconduction du bail n'apparaît pas justifiée par des éléments sérieux et légitimes.

Le congé doit être notifié par lettre recommandée avec demande d'avis de réception ou signifié par acte d'huissier. Ce délai court à compter du jour de la réception de la lettre recommandée ou de la signification de l'acte d'huissier.

Pendant le délai de préavis, le locataire n'est redevable du loyer et des charges que pour le temps où il a occupé réellement les lieux si le congé a été notifié par le bailleur. Il est redevable du loyer et des charges relatifs à l'intégralité de la période couverte par le préavis si c'est lui qui a notifié le congé, sauf si le logement se trouve occupé avant la fin du préavis par un autre locataire en accord avec le bailleur.

À l'expiration du délai de préavis, le locataire est déchu de tout titre d'occupation du logement loué.

II. – Le bailleur ne peut s'opposer au renouvellement du contrat en donnant congé dans les conditions définies au I à l'égard de tout locataire âgé de plus de soixante-cinq ans et dont les ressources annuelles sont inférieures à un plafond de ressources en vigueur pour l'attribution des logements locatifs conventionnés fixé par arrêté du ministre chargé du Logement, sans qu'un logement correspondant à ses besoins et à ses possibilités lui soit offert dans les limites géographiques prévues à l'article 13 bis de la loi n° 48-1360 du 1er septembre 1948 précitée. Le présent alinéa est applicable lorsque le locataire a à sa charge une personne vivant habituellement dans le logement et remplissant lesdites conditions.

Toutefois, les dispositions du premier alinéa du présent II ne sont pas applicables lorsque le bailleur est une personne physique âgée de plus de soixante-cinq ans ou si ses ressources annuelles sont inférieures au plafond de ressources mentionné au même premier alinéa.

L'âge du locataire ou de la personne à sa charge et celui du bailleur sont appréciés à la date d'échéance du contrat ; le montant de leurs ressources est apprécié à la date de notification du congé.

III. – Le fait pour un bailleur de délivrer un congé justifié frauduleusement par sa décision de reprendre ou de vendre le logement est puni d'une amende pénale dont le montant ne peut être supérieur à 6 000 € pour une personne physique et à 30 000 € pour une personne morale.

Le montant de l'amende est proportionné à la gravité des faits constatés. Le locataire est redevable dans sa constitution de partie civile et la demande de réparation de son préjudice.

Art. 25-9. I. – Le représentant de l'État dans le département fixe chaque année, par arrêté, dans les zones mentionnées au I de l'article 17, un loyer de référence, un loyer de référence majoré et un loyer de référence minoré par catégorie de logement et par secteur géographique. Le loyer de référence, le loyer de référence majoré et le loyer de référence minoré sont déterminés par l'application d'une majoration unitaire par mètre carré aux loyers de référence définis au I de l'article 17 pour tenir compte du caractère meublé du logement. Cette majoration est déterminée à partir des écarts constatés entre les loyers des logements loués nus et les loyers des logements loués meublés observés par l'observatoire local des loyers.

Les compétences attribuées au représentant de l'État dans le département par le présent article sont exercées, dans la région d'Ile-de-France, par le représentant de l'État dans la région.

Le II de l'article 17 et l'article 17-2 de la présente loi sont applicables aux logements meublés, en tenant compte des loyers de référence définis au premier alinéa du présent I. Pour l'application de ces articles, le complément de loyer [Dispositions déclarées non conformes à la Constitution par la décision du Conseil constitutionnel n° 2014-691 DC du 20 mars 2014] tient compte des équipements et services associés aux logements meublés.

II. – Le présent article n'est pas applicable aux logements meublés situés dans une résidence avec services gérée selon un mode d'organisation adapté aux nécessités des résidents par un mandataire unique, définis au c de l'article 261 D du Code général des impôts.

III. – Pour la révision du loyer, le I de l'article 17-1 est applicable aux logements meublés.

Lorsque les parties sont convenues, par une clause expresse, de travaux d'amélioration du logement que le bailleur fera exécuter ou d'acquisition d'équipements par le bailleur en sus de l'équipement initial, le contrat de location ou un avenant à ce contrat peut fixer une majoration de loyer consécutive à ces opérations.

Art. 25-10. Les charges locatives accessoires au loyer principal sont récupérées par le bailleur au choix des parties et tel que prévu par le contrat de bail :

1° Soit dans les conditions prévues à l'article 23, lorsqu'il s'agit de provisions pour charges ;

2° Soit sous la forme d'un forfait versé simultanément au loyer, dont le montant et la périodicité de versement sont définis dans le contrat et qui ne peut donner lieu à complément ou à régularisation ultérieure. Le montant du forfait de charges est fixé en fonction des montants exigibles par le bailleur en application du même article 23 et peut être révisé chaque année aux mêmes conditions que le loyer principal. Ce montant ne peut pas être manifestement disproportionné au regard des charges dont le locataire ou, le cas échéant, le précédent locataire se serait acquitté.

Art. 25-11. La commission départementale de conciliation mentionnée à l'article 20 est compétente pour l'examen des litiges relatifs aux logements meublés et résultant de l'application des dispositions relatives aux loyers, aux congés, à l'état des lieux et du mobilier, au dépôt de garantie, aux charges locatives, aux réparations et aux caractéristiques du logement mentionnées aux deux premiers alinéas de l'article 6.

Titre II
DISPOSITIONS DIVERSES

Art. 37. L'article 57 de la loi n° 86-1290 du 23 décembre 1986 précitée est abrogé. Les bénéficiaires de dispositions de l'article susvisé sont réputés, à la date de publication de la présente loi, titulaires à titre personnel, pour le local en cause, d'une autorisation d'usage professionnel, à la condition d'en faire la déclaration à la préfecture du lieu du local dans un délai de trois mois à compter de la même date.

Art. 40. *(L. n° 2014-366 du 24.3.2014)*. I – Les 4°, 7° à 9° et le dernier alinéa de l'article 3, l'article 3-1, le II de l'article 5, les articles 8, 8-1, 10 à 12, 15 à 18, le 1° de l'article 20, les cinq premiers alinéas de l'article 23 et les articles 25-3 à 25-11 ne sont pas applicables aux logements appartenant aux organismes d'habitations à loyer modéré et ne faisant pas l'objet d'une convention passée en application de l'article L. 351-2 du Code de la construction et de l'habitation.

(L. n° 2009-323 du 25.3.2009). L'article 14 leur est applicable à condition que le bénéficiaire du transfert ou de la continuation du contrat remplisse les conditions d'attribution et que le logement soit adapté à la taille du ménage. Ces deux conditions ne sont pas requises envers le conjoint, le partenaire lié au locataire par un pacte civil de solidarité ou le concubin notoire et, lorsqu'ils vivaient effectivement avec le locataire depuis plus d'un an, les ascendants, les personnes présentant un handicap au sens de l'article L. 114 du Code de l'action sociale et des familles et les personnes de plus de soixante-cinq ans. Lorsque le bénéficiaire du transfert est un descendant remplissant les conditions de ressources mais pour lequel le logement est inadapté à la taille du ménage, l'organisme bailleur peut proposer un relogement dans un logement plus petit pour lequel l'intéressé est prioritaire.

Les neuvième à dix-neuvième alinéas du I de l'article 15 sont applicables lorsque le congé émane du locataire.

II. – Les dispositions des articles 3, 3-1, 8 à 20, du premier alinéa de l'article 22 et de l'article 24 ne sont pas applicables aux logements dont le loyer est fixé en application des dispositions du chapitre III de la loi n° 48-1360 du 1er septembre 1948 précitée.

III. – Les 4°, 7° à 9° et le dernier alinéa de l'article 3, l'article 3-1, le II de l'article 5, les articles 8, 8-1, 10 à 12, 15 et 17, le II de l'article 17-1, les articles 17-2 et 18 et le premier alinéa de l'article 22 ne sont pas applicables aux logements régis par une convention conclue en application de l'article L. 351-2 du Code de la construction et de l'habitation.

[(L. n° 2009-323 du 25.3.2009). L'article 14 leur est applicable à condition que le bénéficiaire du transfert ou de la continuation du contrat remplisse les conditions d'attribution et que le logement soit adapté à la taille du ménage. Ces deux conditions ne sont pas requises envers le conjoint, le partenaire lié au locataire par un pacte civil de solidarité ou le concubin notoire et, lorsqu'ils vivaient effectivement avec le locataire depuis plus d'un an, les ascendants, les personnes présentant un handicap au sens de l'article L. 114 du Code de l'action sociale et des familles et les personnes de plus de soixante-cinq ans.

Les neuvième à dix-neuvième alinéas du I de l'article 15 leur sont applicables.

L'article 16, le I de l'article 17-1, l'article 18, le 1° de l'article 20 et les cinq premiers alinéas de l'article 23 ne sont pas applicables aux logements régis par une convention conclue en application de l'article L. 353-14 du Code de la construction et de l'habitation.

IV. – Les dispositions des cinq premiers alinéas de l'article 23 ne sont pas applicables aux logements dont les conditions sont réglementées en contrepartie de primes ou prêts spéciaux à la construction consentis par le Crédit foncier de France ou la Caisse centrale de coopération économique.

V. – Les articles 10, 15, à l'exception des neuvième à dix-neuvième alinéas du I, 17 et 17-2 ne sont pas applicables aux logements donnés en location à titre exceptionnel et transitoire par les collectivités locales.

VI. – Les loyers fixés en application des articles 17, 17-1 et 17-2 ou négociés en application des articles 41 ter et 42 de la loi n° 86-1290 du 23 décembre 1986 précitée ne peuvent ni excéder, pour les logements ayant fait l'objet de conventions passées en application de l'article L. 351-2 du Code la construction et de l'habitation, les loyers plafonds applicables à ces logements, ni déroger, pour les logements ayant fait l'objet de primes ou de prêts spéciaux à la construction du Crédit foncier de France ou de la Caisse centrale de coopération économique, aux règles applicables à ces logements.

Les accords conclus en application des articles 41 ter et 42 de la loi n° 86-1290 du 23 décembre 1986 précitée ne peuvent conduire à déroger, pour les logements dont le loyer est fixé en application du chapitre III de la loi n° 48-1290 du 1er septembre 1948 précitée, aux règles de fixation de ce loyer ni, pour les logements gérés par les organismes d'habitations à loyer modéré, aux règles de fixation et d'évolution des loyers prévues à l'article L. 442-1 du Code de la construction et de l'habitation.

VII. – Les dispositions des articles 17 à 20 ne sont pas applicables aux logements auxquels s'appliquent les dispositions de l'article L. 472-1-3 du Code de la construction et de l'habitation.

Les dispositions de l'article 17, du I de l'article 17-1, des articles 17-2 et 18 et du 1° de l'article 20 ne sont pas applicables aux sociétés d'économie mixte pour les logements régis par un cahier des charges en application du chapitre V du titre IV du livre IV du Code de la construction et de l'habitation.

VIII. – Les 4°, 7°, 8°, 9° et dernier alinéa de l'article 3, les articles 3-1, 8, 10 à 11-1, 15, 17, 17-2, 18, les sixième à dernier alinéas de l'article 23 et le II de l'article 17-1 ne sont pas applicables aux logements des résidences universitaires définies à l'article L. 631-12 du Code de la construction et de l'habitation et régies par une convention conclue en application de l'article L. 351-2 du même code. Toutefois, les neuvième à dix-neuvième alinéas du I de l'article 15 sont applicables lorsque le congé émane du locataire.

Les articles 3-1, 8, 10 à 11-1 et les sixième à dernier alinéas de l'article 23 ne sont pas applicables aux logements des résidences universitaires définies audit article L. 631-12.

Les charges locatives accessoires au loyer principal des logements des résidences universitaires peuvent être récupérées par le bailleur sous la forme d'un forfait versé simultanément au loyer, dont le montant et la périodicité de versement sont définis au contrat et qui ne peut donner lieu à complément ou à régularisation ultérieure. Le montant du forfait de charges est fixé en fonction des montants exigibles par le bailleur en application de l'article 23. Ce montant ne doit pas être manifestement disproportionné au regard des charges dont le locataire ou, le cas échéant, le précédent locataire se serait acquitté.

Art. 41. Pour la période du 13 novembre 1982 au 31 décembre 1986, les services rendus liés à l'usage des différents éléments de la chose louée prévus par l'article L. 442-3 du Code de la construction et de l'habitation, dans sa rédaction tirée du paragraphe I de l'article 9 de la loi n° 81-1161 du 30 décembre 1981 relative à la modération des loyers, n'incluent pas les dépenses du personnel chargé de l'entretien des parties communes et de l'élimination des rejets. La présente disposition, qui est interprétative, a un caractère d'ordre public.

Art. 41-1. *(L. n° 2000-1208 du 13.12.2000).* Les dispositions de l'article 20-1 sont applicables aux contrats en cours.

Art. 43. *(Ord. n° 2012-576 du 26.4.2012).* Pour l'application de la présente loi à Mayotte :

1° *(L. n° 2014-366 du 24.3.2014).* Les 1° et 2° et le dernier alinéa de l'article 3-3 sont applicables à compter du 1er janvier 2015 ;

2° Le huitième alinéa du II de l'article 15 est applicable à Mayotte à compter de l'entrée en vigueur de l'article 10-1 de la loi n° 75-1351 du 31 décembre 1975 à Mayotte ;

3° Les dispositions de l'article 17 sont applicables aux contrats en cours.

Art. 44. *(L. n° 2012-1270 du 20.11.2012).* La présente loi est applicable en Nouvelle-Calédonie, à l'exception des douzième et treizième alinéas de l'article 3, de l'article 3-1, du dernier alinéa des articles 9 et 10, de l'article 11-1, des quatrième, cinquième et deux derniers alinéas du II et du III de l'article 15, des articles 16 à 19, du cinquième alinéa et de la deuxième phrase du sixième alinéa de l'article 20, des quatre premiers alinéas de l'article 22-1, des quatrième et septième alinéas de l'article 22-2, de la seconde phrase du cinquième alinéa de l'article 23, de l'article 23-1, des deuxième et dernier alinéas de l'article 24, des articles 25 à 39, des II à VII de l'article 40 et des articles 41 à 43.

Art. 45. *(L. n° 2012-1270 du 20.11.2012).* Pour l'application de la présente loi en Nouvelle-Calédonie :

« 1° Le second alinéa de l'article 2 est ainsi modifié :

« a) À la première phrase, les mots : "à l'exception de l'article 3-1," sont supprimés ;

« b) À la seconde phrase, la référence : "de l'article 3-1," est supprimée ;

« 2° À la fin de la première phrase du dixième alinéa de l'article 3 et au deuxième alinéa de l'article 6, les mots : "par décret en Conseil d'État" sont remplacés par les mots : "par la réglementation en vigueur en Nouvelle-Calédonie" ;

« 3° À la seconde phrase du dixième alinéa de l'article 3, le mot : "sept" est remplacé par le mot : "quinze" ;

« 4° Au b de l'article 3-2, après la deuxième occurrence du mot : "services", sont insérés les mots : "locaux ou" ;

« 5° L'article 4 est ainsi modifié :

« a) Au c, les mots : "l'ordre de prélèvement automatique sur le compte courant du locataire ou" sont supprimés ;

« b) Le p est complété par les mots : "de Nouvelle-Calédonie" ;

« 6° L'article 10 est ainsi modifié :

« a) Aux premier et troisième alinéas, le mot : "trois" est remplacé par le mot : "deux" ;

« b) Après la première occurrence du mot : "ans", la fin des premier et troisième alinéas est supprimée ;

« c) Après le mot : "prévues", la fin de la dernière phrase du quatrième alinéa est ainsi rédigée : "par la réglementation en vigueur en Nouvelle-Calédonie." ;

« 7° L'article 11 est ainsi modifié :

« a) À la première phase du premier alinéa et à l'avant-dernier alinéa, le mot : "trois" est remplacé par le mot : "deux" ;

« b) Après le mot : "conformément", la fin du dernier alinéa est ainsi rédigée : "à la réglementation en vigueur en Nouvelle-Calédonie." ;

« 8° Au troisième alinéa de l'article 14-1, les mots : "comme il est dit aux premiers et deuxième alinéas de l'article 21 de la loi n° 91-650 du 9 juillet 1991 portant réforme des procédures civiles d'exécution" sont remplacés par les mots : "conformément à la réglementation en vigueur en Nouvelle-Calédonie" ;

« 9° L'article 15 est ainsi modifié :
« a) À la première phrase du deuxième alinéa du I, le mot : "six" est remplacé par le mot : "quatre" ;
« b) Au sixième alinéa du II, le mot : "cinq" est remplacé par le mot : "trois" ;
« c) Après le mot : "immeubles", la fin du septième alinéa du II est ainsi rédigée : "qui sont frappés d'une interdiction d'habiter, ou d'un arrêté de péril, ou sont déclarés insalubres." ;
« 10° L'article 20 est ainsi modifié :
« a) La première phrase du premier alinéa est ainsi modifiée :
« — les mots : "dans chaque département" sont remplacés par les mots : "en Nouvelle-Calédonie" ;
« — après le mot : "égal", la fin de cette phrase est supprimée ;
« b) À la première phrase des premier et avant-dernier alinéas et au dernier alinéa, le mot : "départementale" est supprimé ;
« c) Le deuxième alinéa est ainsi rédigé :
« "Sa compétence porte sur l'examen :" ;
« d) Après le mot : "par", la fin du dernier alinéa est ainsi rédigée : "arrêté du représentant de l'État en Nouvelle-Calédonie." ;
« 11° L'article 20-1 est ainsi modifié :
« a) À la deuxième phrase du premier alinéa, les mots : "départementale de conciliation" sont remplacés par les mots : "de conciliation territorialement compétente" ;
« b) À la dernière phrase du second alinéa, les mots : "au représentant de l'État dans le département" sont remplacés par les mots : "à l'autorité définie par la réglementation applicable localement en ce qui concerne les caractéristiques mentionnées à l'article 6" ;
« 12° Après le mot : "française", la fin du cinquième alinéa de l'article 22-1 est supprimée ;
« 13° À la seconde phrase du 2° de l'article 23, les mots : "et répondant aux conditions de l'article L. 125-2-2 du code de la construction et de l'habitation" sont supprimés ;
« 14° L'article 24 est ainsi modifié :
« a) Au premier alinéa, les mots : "que deux" sont remplacés par les mots : "qu'un" ;
« b) Après le mot : "précédents", la fin du sixième alinéa est supprimée ;
« 15° Le premier alinéa de l'article 24-1 est ainsi modifié :
« a) À la première phrase, les mots : "à la Commission nationale de concertation et agréée à cette fin" ont remplacés par les mots : "à la commission mentionnée à l'article 20" et les mots : "mentionnées à l'article 3 de la loi n° 90-449 du 31 mai 1990 visant à la mise en œuvre du droit au logement" sont supprimés ;
« b) À la seconde phrase, les mots : « , selon les modalités définies à l'article 828 du code de procédure civile », sont supprimés ;
« 16° Le I de l'article 40 est ainsi modifié :
« a) Après la référence : "8", la fin du premier alinéa est ainsi rédigée : ", 11 et 15 ne sont pas applicables aux logements appartenant aux opérateurs institutionnels de logement social." ;
« b) À la seconde phrase du deuxième alinéa, la référence : "article L. 114 du code de l'action sociale et des familles" est remplacée par la référence : "article 3 de la loi du pays n° 2009-2 du 7 janvier 2009 portant création d'un régime d'aides en faveur des personnes en situation de handicap et des personnes en perte d'autonomie".

Art. 46. *(L. n° 2012-1270 du 20.11.2012).* Jusqu'à leur terme, les contrats de location portant, en Nouvelle-Calédonie, sur les logements mentionnés au premier alinéa de l'article 2, en cours à la date de publication au *Journal officiel* de la loi n° 2012-1270 du 20 novembre 2012 relative à la régulation économique outre-mer et portant diverses dispositions relatives aux outre-mer, demeurent soumis aux dispositions qui leur étaient applicables. Toutefois, s'appliquent également à ces contrats, à compter de cette même date, les articles 4, 21, 24 et 24-1 ainsi que les trois derniers alinéas de l'article 22.

Art. 47. *(L. n° 2012-1270 du 20.11.2012).* Sans préjudice de l'article 46, est abrogée, en tant qu'elle s'applique, en Nouvelle-Calédonie, aux contrats mentionnés au premier alinéa de l'article 2 de la présente loi, la loi du 1er avril 1926 réglant les rapports entre bailleurs et locataires de locaux d'habitation, à l'exception des dispositions relatives au loyer.

DÉCRET n° 2002-120 DU 30 JANVIER 2002

RELATIF AUX CARACTÉRISTIQUES DU LOGEMENT DÉCENT POUR L'APPLICATION DE L'ARTICLE 187 DE LA LOI N° 2000-1208 DU 13 DÉCEMBRE 2000 RELATIVE À LA SOLIDARITÉ ET AU RENOUVELLEMENT URBAINS

Art. 1er. Un logement décent est un logement qui répond aux caractéristiques définies par le présent décret.

Art. 2. Le logement doit satisfaire aux conditions suivantes, au regard de la sécurité physique et de la santé des locataires :

1. Il assure le clos et le couvert. Le gros œuvre du logement et de ses accès est en bon état d'entretien et de solidité et protège les locaux contre les eaux de ruissellement et les remontées d'eau. Les menuiseries extérieures et la couverture avec ses raccords et accessoires assurent la protection contre les infiltrations d'eau dans l'habitation. Pour les logements situés dans les départements d'outre-mer, il peut être tenu compte, pour l'appréciation des conditions relatives à la protection contre les infiltrations d'eau, des conditions climatiques spécifiques à ces départements ;
2. Les dispositifs de retenue des personnes, dans le logement et ses accès, tels que garde-corps des fenêtres, escaliers, loggias et balcons, sont dans un état conforme à leur usage ;
3. La nature et l'état de conservation et d'entretien des matériaux de construction, des canalisations et des revêtements du logement ne présentent pas de risques manifestes pour la santé et la sécurité physique des locataires ;
4. Les réseaux et branchements d'électricité et de gaz et les équipements de chauffage et de production d'eau chaude sont conformes aux normes de sécurité définies par les lois et règlements et sont en bon état d'usage et de fonctionnement ;
5. Les dispositifs d'ouverture et de ventilation des logements permettent un renouvellement de l'air adapté aux besoins d'une occupation normale du logement et au fonctionnement des équipements ;
6. Les pièces principales, au sens du troisième alinéa de l'article R 111-1 du Code de la construction et de l'habitation, bénéficient d'un éclairement naturel suffisant et d'un ouvrant donnant à l'air libre ou sur un volume vitré donnant à l'air libre.

Art. 3. Le logement comporte les éléments d'équipement et de confort suivants :

1. Une installation permettant un chauffage normal, munie des dispositifs d'alimentation en énergie et d'évacuation des produits de combustion et adaptée aux caractéristiques du logement. Pour les logements situés dans les départements d'outre-mer, il peut ne pas être fait application de ces dispositions lorsque les conditions climatiques le justifient ;
2. Une installation d'alimentation en eau potable assurant à l'intérieur du logement la distribution avec une pression et un débit suffisants pour l'utilisation normale de ses locataires ;
3. Des installations d'évacuation des eaux ménagères et des eaux-vannes empêchant le refoulement des odeurs et des effluents et munies de siphon ;
4. Une cuisine ou un coin cuisine aménagé de manière à recevoir un appareil de cuisson et comprenant un évier raccordé à une installation d'alimentation en eau chaude et froide et à une installation d'évacuation des eaux usées ;
5. Une installation sanitaire intérieure au logement comprenant un w.-c., séparé de la cuisine et de la pièce où sont pris les repas, et un équipement pour la toilette corporelle, comportant une baignoire ou une douche, aménagé de manière à garantir l'intimité personnelle, alimenté en eau chaude et froide et muni d'une évacuation des eaux usées. L'installation sanitaire d'un logement d'une seule pièce peut être limitée à un w.-c. extérieur au logement à condition que ce w.-c. soit situé dans le même bâtiment et facilement accessible ;
6. Un réseau électrique permettant l'éclairage suffisant de toutes les pièces et des accès ainsi que le fonctionnement des appareils ména-

gers courants indispensables à la vie quotidienne.

Dans les logements situés dans les départements d'outre-mer, les dispositions relatives à l'alimentation en eau chaude prévues aux 4 et 5 ci-dessus ne sont pas applicables.

Art. 4. Le logement dispose au moins d'une pièce principale ayant soit une surface habitable au moins égale à 9 mètres carrés et une hauteur sous plafond au moins égale à 2,20 mètres, soit un volume habitable au moins égal à 20 mètres cubes.

La surface habitable et le volume habitable sont déterminés conformément aux dispositions des deuxième et troisième alinéas de l'article R. 111-2 du Code de la construction et de l'habitation.

Art. 5. Le logement qui fait l'objet d'un arrêté d'insalubrité ou de péril ne peut être considéré comme un logement décent.

Art. 6. Les travaux d'amélioration prévus à l'article 1er de la loi du 12 juillet 1967 susvisée sont ceux qui ont pour but exclusif de mettre les locaux en conformité avec tout ou partie des dispositions des articles 1er à 4 du présent décret, sans aboutir à dépasser les caractéristiques qui y sont définies.

Les articles 1er, 5 à 14 et 17 du décret du 9 novembre 1968 susvisé sont abrogés.

Art. 6 bis. *(D. n° 2013-1296 du 27.12.2013).* Le présent décret s'applique à Mayotte, avec, jusqu'au 31 décembre 2019, les adaptations suivantes :

1° Le 4 de l'article 2 est remplacé par un alinéa ainsi rédigé :

« 4. Il est équipé d'un coffret électrique de répartition, relié à une prise de terre normalisée et sécurisé par un disjoncteur différentiel. » ;

2° Le 3 de l'article 3 est complété par la phrase suivante :

« Elles sont raccordées à un système d'assainissement collectif lorsqu'il existe ou, à défaut, à un système d'assainissement individuel comprenant une fosse septique et un puisard d'infiltration. » ;

3° Au 4 de l'article 3, les mots : « Une cuisine ou un coin cuisine aménagé de manière à » sont remplacés par les mots : « Une cuisine ou un coin cuisine, s'il existe, doit être aménagé de manière à » ;

4° Au 5 de l'article 3, les mots : « Une installation sanitaire intérieure au logement » sont remplacés par les mots : « Une installation sanitaire », les mots : « alimenté en eau chaude et froide » sont remplacés par les mots : « alimenté en eau » et les mots : « à condition que ce w.-c. soit situé dans le même bâtiment et facilement accessible. » sont remplacés par les mots : « à condition que ce w.-c. soit facilement accessible. ».

Modèles de lettres et de documents

Charges : demande de justificatifs

Nom
Adresse
Code postal, ville

Nom du propriétaire
ou de l'agence immobilière
Adresse
Code postal, ville

Ville, date

Monsieur *(ou Madame)*,

Vous m'avez adressé une demande indiquant que je suis redevable de la somme de ... € *(montant)*, au titre du solde des charges à payer.

En conséquence, je vous remercie de me faire parvenir, conformément aux dispositions de l'article 23 de la loi du 6 juillet 1989, le détail des charges par postes de dépenses, ainsi que le mode de répartition entre locataires (s'il s'agit d'un immeuble collectif).

Veuillez croire, Monsieur *(ou Madame)*...

Signature

Rappel de charges – Contestation

Nom
Adresse
Code postal, ville

Nom du propriétaire
Adresse
Code postal, ville

Ville, date

Lettre recommandée avec avis de réception

Monsieur *(ou Madame)*,

Vous m'avez adressé le ... *(indiquer la date)* une régularisation pour les années ... en indiquant dans votre courrier que je vous dois la somme de ... € *(indiquer le montant)*.

Or, je tiens à vous faire remarquer qu'en vertu des dispositions de l'article 7-1 de la loi du 6 juillet 1989 le paiement des charges se prescrit par trois ans.

De plus, je souhaiterais, en raison du montant élevé de ce qu'il me reste à vous devoir, vous payer en ... € *(indiquer le nombre)* règlements mensuels de ... € *(indiquer le montant)*. Vous trouverez donc ci-joint la première échéance.

Recevez, Monsieur *(ou Madame)*, l'assurance de mes salutations distinguées.

Signature

Attention
La loi n° 2014-366 du 24 mars 2014 applicable aux nouveaux contrats signés à compter du 27 mars 2014 a réduit la durée de la prescription de 5 à 3 ans (loi n° 89-462 du 6.7.1989, art. 7-1).

Propriétaire : régularisation de charges

Nom
Adresse
Code postal, ville

Nom du locataire
Adresse
Code postal, ville

Ville, date

Lettre recommandée avec avis de réception

Monsieur *(ou Madame),*

Je vous ai donné en location l'appartement sis au......... *(indiquer l'adresse).* Le contrat de bail prévoit que vous devez verser chaque mois le loyer ainsi qu'une provision pour charges. De même, il prévoit que chaque année les charges locatives font l'objet d'une régularisation.

Vous trouverez donc ci-joint le décompte de ces charges pour l'année .... *(indiquer l'année)* par nature des charges et le mode de répartition entre les locataires (le détail du mode de répartition ne doit être donné que pour les logements situés dans des immeubles collectifs).

(1re hypothèse : le logement n'est pas situé dans un immeuble collectif) Conformément à l'article 23 de la loi n° 89-462 du 6 juillet 1989, je laisserai à votre disposition durant 6 mois les pièces justificatives.

(2de hypothèse : le logement est situé dans un immeuble collectif) Conformément à l'article 23 de la loi n° 89-462 du 6 juillet 1989, j'ai demandé au syndic de l'immeuble de laisser à votre disposition les pièces justificatives pendant un délai de 6 mois. Si vous souhaitez prendre rendez-vous avec lui, appelez M. .... *(indiquer le nom du contact)* au numéro de téléphone suivant .... *(indiquer le numéro de téléphone).*

La somme des provisions pour charges s'élevant à ... € *(indiquer le montant)* et le montant du décompte pour charges s'établissant à ... € *(indiquer le montant),* il vous reste donc à me devoir la somme de ... € *(indiquer le montant).*

Je vous remercie de m'adresser cette somme à l'expiration du délai d'un mois.

Dans cette attente, recevez, Monsieur .... *(ou Madame),* l'assurance de mes salutations distinguées.

Signature

À noter *: bien que la loi ne vous oblige pas à envoyer ce courrier en recommandé, cela est vivement conseillé. En effet, si votre locataire ne vous règle pas dans le délai d'un mois, vous pourriez avoir besoin de prouver que ce délai est écoulé pour exiger le paiement.*

Attention

La loi n° 2014-366 du 24 mars 2014 applicable aux nouveaux contrats signés à compter du 27 mars 2014 oblige le propriétaire à laisser à la disposition de son locataire les pièces justificatives pendant un délai de 6 mois (loi n° 89-462 du 6.7.1989, art. 23).

Demande de restitution du dépôt de garantie

Nom
Adresse
Code postal, ville

Nom du propriétaire
ou de l'agence immobilière
Adresse
Code postal, ville

Ville, date

Lettre recommandée avec demande d'avis de réception

Monsieur *(ou Madame)*,

Je vous ai rendu les clés de l'appartement que j'occupais en qualité de locataire le ...... *(date)*. Il y a donc plus de deux mois et vous ne m'avez pas, à ce jour, restitué le dépôt de garantie que j'avais versé à mon entrée dans les lieux.

Je vous informe que l'article 22 alinéa 5 de la loi du 6 juillet 1989 dispose que « *à défaut de restitution dans le délai prévu, le solde du dépôt de garantie restant dû au locataire est majoré d'une somme égale à 10 % du loyer mensuel en principal, pour chaque période mensuelle commencée en retard* ».

Je vous mets donc en demeure de me restituer la somme de ... € *(montant dépôt de garantie initial)*, majoré, soit un montant global de ... € *(indiquer la somme)*.

À défaut de paiement dans un délai de sept jours, je saisirai la juridiction compétente.

Veuillez croire, Monsieur *(ou Madame)*...

Signature

Attention
La loi n° 2014-366 du 24 mars 2014 applicable aux nouveaux contrats signés à compter du 27 mars 2014 prévoit que si le dépôt de garantie n'est pas restitué dans les délais (1 ou 2 mois), il est majoré d'une somme égale à 10 % du loyer mensuel.

Location : frais de remise en état

Nom
Adresse
Code postal, ville

Nom du propriétaire
Adresse
Code postal, ville

Ville, date

Lettre recommandée avec avis de réception

Monsieur *(ou Madame)*,

Vous m'avez adressé une facture d'un montant de ... € *(indiquer le montant)* correspondant aux travaux de remise en état de l'appartement que j'occupais.

(1re hypothèse) Je conteste vous devoir cette somme, car il n'a jamais été fait mention dans l'état des lieux de dégradations. En conséquence, je n'ai pas à acquitter le montant de la facture que vous m'avez fait parvenir.

(2de hypothèse) Bien que certains frais de réparations soient à ma charge, je refuse de payer la totalité de la facture. En effet, j'ai été l'occupant de ce logement durant .... *(indiquer la durée)*, le papier peint et la moquette ont donc subi une usure normale.

J'accepte donc de prendre à ma charge une partie des frais et je reste à votre disposition pour en discuter.

Recevez, Monsieur *(ou Madame)*, l'assurance de mes salutations distinguées.

Signature

Réparations à la charge du propriétaire

Nom
Adresse
Code postal, ville

Nom du propriétaire
ou de l'agence immobilière
Adresse
Code postal, ville

Ville, date

Lettre recommandée avec avis de réception

Monsieur *(ou Madame)*,

Je souhaite que vous procédiez à la réparation de .... *(indiquer l'élément à réparer)*, car .... *(indiquer les dysfonctionnements que vous avez pu constater)*.

En effet, conformément aux dispositions du décret du 26 août 1987, il s'agit de réparations à la charge du propriétaire.

Je vous remercie de faire le nécessaire dans les meilleurs délais.

Veuillez croire, Monsieur *(ou Madame)*...

Signature

Demande de mise aux normes

Nom
Adresse
Code postal, ville

Nom du propriétaire
ou de l'agence immobilière
Adresse
Code postal, ville

Ville, date

Lettre recommandée avec avis de réception

Monsieur *(ou Madame)*,

J'ai loué en date du ... un logement qui n'est pas conforme aux normes prévues par le décret n° 2002-120 du 30 janvier 2002.

Contrairement aux dispositions de ce texte, ... *(exposer ce qui n'a pas été respecté)*.

Je vous remercie donc de procéder aux travaux nécessaires et de m'informer dans les meilleurs délais du calendrier de ceux-ci.

Veuillez croire, Monsieur *(ou Madame)*...

Signature

Demande de justificatif d'assurance au locataire

Nom
Adresse
Code postal, ville

Nom du locataire
Adresse
Code postal, ville

Ville, date

Monsieur *(ou Madame)*,

Nous avons conclu le ...... *(indiquer la date)* un contrat de bail pour un logement situé au ...... *(indiquer l'adresse)*.

Conformément aux dispositions de l'article 7 de la loi n° 89-462 du 6 juillet 1989, je vous remercie de m'adresser un justificatif prouvant que l'appartement que je vous ai donné en location est couvert contre les risques dont vous avez à répondre.
Ce document peut être demandé à votre assureur sous forme d'une attestation.

Dans cette attente, recevez, Monsieur *(ou Madame)*, l'assurance de mes salutations distinguées.

Signature

***À noter** : si le bail contient une clause résolutoire du bail en cas de défaut d'assurance, cette clause ne pourra produire effet qu'un mois après un commandement d'huissier demeuré infructueux.*

Mandat-procuration

Je soussigné M. .... demeurant à .... constitue par les présentes pour mandataire : M. .... demeurant à .... dont vous trouverez la signature ci-dessous.

M. .... est mandaté pour effectuer les opérations suivantes ....

Ce pouvoir a une durée illimitée. Il prendra fin par révocation expresse. En outre, il s'ajoute à tous les mandats qui auraient été consentis et non annulés à ce jour.

Fait à .... en .... originaux

Lu et approuvé – Bon pour pouvoir – Signature

J'accepte le pouvoir ci-dessus – lu et approuvé – Signature

Modèle-type de quittance

Quittance

Reçu de : M...

À...,

Le...

Loyer principal :

Dépenses à la charge du locataire :

Acomptes mensuels ou trimestriels :...

Régularisation annuelle :...

Total :

Pour la période :

du .... au ....

La somme détaillée ci-dessus.

Proposition de renouvellement avec augmentation de loyer

(Proposition adressée par le propriétaire au locataire six mois au moins avant l'expiration du bail)

PROPRIETAIRE.......................... LOCATAIRE..............................
M.. M...
Adresse.................................... Adresse....................................

Lettre recommandée avec avis de réception

Monsieur *(ou Madame),*

Je vous ai loué, par contrat en date du ..... *(à compléter)* les locaux situés ..... *(à compléter)* pour une période de ... *(à compléter)* ans qui a commencé à courir le ..... *(à compléter)* pour s'achever le ..... *(à compléter).*

En application de l'article 17-2 II de la loi n° 89-462 du 6 juillet 1989 que vous trouverez ci-après intégralement reproduit, je vous propose le renouvellement du contrat de location pour une période de ..... *(à compléter)* ans moyennant un loyer de ... € *(à compléter).*

La hausse entre votre loyer actuel et le loyer ci-dessus proposé est de ... € *(à compléter),* elle s'applique par ... € *(à compléter),* soit ... € *(à compléter),* au cours des ..... *(à compléter)* années à venir, comme suit :

- 1re année : loyer de ...... *(à compléter),*
- 2e année : loyer de ...... *(à compléter),*
- 3e année : loyer de ...... *(à compléter),*
- 4e année : loyer de ...... *(à compléter),*
- 5e année : loyer de ...... *(à compléter),*
- 6e année : loyer de ...... *(à compléter).*

La révision en fonction de l'indice INSEE de référence des loyers s'appliquera en sus de chaque valeur ainsi définie.

Conformément aux dispositions de l'article 17-2 de la loi du 6 juillet 1989, vous trouverez ci-joint les éléments de référence qui m'ont servi à fixer ce nouveau loyer.

MODÈLES DE LETTRES

Je vous serais obligé de bien vouloir me faire savoir, dans un délai maximal de deux mois, si la présente proposition recueille votre accord.

Je vous prie d'agréer, Monsieur *(ou Madame)*, l'expression de ma considération distinguée.

Fait à *(à compléter)*, le *(à compléter)*

Signature

Attention
La loi n° 2014-366 du 24 mars 2014 applicable aux nouveaux contrats signés à compter du 27 mars 2014 réglemente les révisions de loyer lorsque le logement se situe dans une zone d'encadrement des loyers.

Augmentation de loyer : éléments de référence

Loyers de l'ensemble des locations habituellement constatés au cours des trois dernières années dans le voisinage pour des logements comparables.

Caractéristiques du logement	Réf. 1	Réf. 2	Réf. 3
Adresse(1)			
Étage(2)			
Ascenseur(3)			
Nombre de pièces principales(2)			
Surface habitable			
Annexes(3)			
Équipement(4)			
Qualité de l'immeuble			
Période de construction			
Locataire entré depuis plus ou moins de trois ans			
Loyer mensuel hors charges			
Divers			

(1). N'indiquer que la rue et la dizaine de numéros.
(2). Indiquer le chiffre.
(3). Indiquer Oui ou Non.
(4). Eau courante, W-C. intérieurs, salle d'eau, chauffage.

NB : pour les agglomérations de Paris, Lyon et Marseille, joindre deux tableaux complétés (six références en tout).

Contestation d'une augmentation de loyer en cours de bail

Nom
Adresse
Code postal, ville

Nom du propriétaire
Adresse
Code postal, ville

Ville, date

Lettre recommandée avec avis de réception

Monsieur *(ou Madame)*,

Vous m'avez adressé le ..... *(indiquer la date)* un courrier m'indiquant que vous souhaitiez augmenter le loyer de ..... € *(indiquer le montant de l'augmentation)*.

Or, je tiens à vous signaler :

(1re hypothèse) que le contrat de bail ne prévoit pas d'augmentation de loyer en cours de contrat. En conséquence, conformément à l'article 17-1 de la loi du 6 juillet 1989, le loyer reste donc le même soit ... € *(indiquer le montant)*.

(2de hypothèse) que l'article 17 -1 de la loi du 6 juillet 1989 prévoit, si le contrat de bail le mentionne, une augmentation de loyer qui ne peut excéder annuellement la variation annuelle de l'indice de référence des loyers.

En conséquence, conformément à la clause d'indexation contenue dans le bail et à l'indice de référence ..... *(mettre entre parenthèses l'indice de référence, par exemple, indice du 1er trimestre...)* ; le montant du loyer révisé est de *(loyer actuel X nouvel indice : ancien indice = nouveau loyer)*.

Vous trouverez donc ci-joint un chèque correspondant au loyer révisé.

Recevez, Monsieur *(ou Madame)*, l'assurance de mes salutations distinguées.

Signature

Saisine de la commission départementale de conciliation pour désaccord sur le montant du loyer

Nom
Adresse
Code postal, ville

Secrétariat de la commission
de conciliation
Adresse
Code postal, ville

Ville, date

Lettre recommandée avec avis de réception

Monsieur *(ou Madame),*

J'ai adressé à mon locataire une proposition de renouvellement de bail avec réévaluation du loyer le ..... *(indiquer la date et joindre la copie de cette lettre).*

(1re hypothèse) Mon locataire m'a adressé le ..... *(indiquer la date)* un courrier m'indiquant qu'il refusait l'augmentation proposée *(joindre la copie de la réponse du locataire).*

(2de hypothèse) Je n'ai toujours pas obtenu de réponse de la part de mon locataire alors que, dans 4 mois, le bail arrivera à son terme. Vous trouverez ci-dessous les noms, qualités et adresses de mon locataire et de moi-même :
– Locataire ..... *(indiquer les nom, qualité et adresse).*
– Propriétaire ..... *(indiquer les nom, qualité et adresse).*

En conséquence, je souhaite saisir par la présente la commission départementale de conciliation.

Dans l'attente d'une convocation, recevez, Monsieur *(ou Madame),* l'assurance de mes salutations distinguées.

Signature

Mise en demeure de payer les loyers

Nom
Adresse
Code postal, ville

Nom du locataire
Adresse
Code postal, ville

Ville, date

Lettre recommandée avec avis de réception

Monsieur *(ou Madame)*,

Je vous ai donné en location un appartement situé ..... *(indiquer l'adresse)*. Le contrat de bail que nous avons conclu précise que les loyers doivent être payés le ..... *(indiquer la date)* de chaque mois.

Nous sommes aujourd'hui le *(indiquer la date)* et je n'ai toujours pas reçu le dernier mois de loyer. Je vous mets donc en demeure de m'adresser sous trois jours le loyer du mois de ..... *(indiquer le mois)*. À défaut, je ferai délivrer par huissier un commandement de payer et ferai jouer la clause résolutoire contenue dans le bail. Je tiens à vous rappeler que dans ce cas le coût du commandement sera à votre charge.

Dans l'attente d'un prompt paiement, recevez, Monsieur *(ou Madame)*, l'assurance de mes salutations distinguées.

Signature

État des lieux

Nom du propriétaire	Nom du locataire entrant ou sortant
Adresse	Adresse
Code postal, ville	Code postal, ville

Date d'entrée dans les lieux *(ou date de sortie selon le cas)* : ....

Nouvelle adresse du locataire *(dans le cas d'un état des lieux de sortie)* : ....

Nombre de clefs remises et utilisation *(exemple : trois clefs dont deux pour la porte d'entrée et une pour l'accès à la cave)* : ....

Immeuble

Antenne TV	❑	Digicode	❑
Antenne satellite	❑	Gardien	❑
TV câblée	❑	Interphone	❑
Ascenseur	❑	Jardin	❑
Boîte aux lettres	❑	Local à vélo	❑
Vide-ordures	❑		

Local d'habitation – Éléments privatifs

Cave	❑	numéro du lot : ......
Parking	❑	numéro du lot : ......
Autres (préciser)		numéro du lot : ......

État général de l'immeuble

Refait neuf	❑
Neuf	❑
Bon état	❑
État moyen	❑
Mauvais état	❑

Compteurs

Relevé électricité : .... coupé
Relevé gaz : .... coupé
Relevé eau chaude : .... coupé
Relevé eau froide : .... coupé

Chauffage

Gaz individuel	❑
Électricité individuel	❑
Collectif	❑

Eau chaude

Chaudière ❑

Chauffe-eau ❑

Collectif ❑

Cumulés ❑

	Neuf	Bon état	État moyen	Mauvais état	Observations
Entrée • Porte • Serrure de la porte d'entrée • Verrous • Sol (mentionner la nature du revêtement : moquette, parquet vitrifié...) • Murs • Plafond • Vitrage • Plafonnier • Applique • Prise de courant • Sonnette • Radiateur • Trous de cheville • Judas • Plinthe					
Cuisine • Cuisine équipée (oui/non) • État général de l'équipement • Porte • Sol (mentionner la nature du revêtement) • Murs • Plafond • Vitrage • Plafonnier • Applique • Prise de courant • Trous de cheville • Plinthe • Évier (ou double évier)					

	Neuf	Bon état	État moyen	Mauvais état	Observations
• Meuble évier					
• Placards					
• Joints					
• Robinets					
• Ventilation					
• Radiateur					
• Convecteur					
Salle de bains					
• Porte					
• Sol					
• Murs					
• Plinthe					
• Plafond					
• Trous de cheville					
• Vitrage					
• Plafonnier					
• Applique					
• Prise de courant					
• Ventilation					
• Radiateur					
• Convecteur					
• Joints					
• Robinets					
• Douche					
• Baignoire					
W.-C.					
• Porte					
• Sol					
• Murs					
• Plinthe					
• Plafond					
• Trous de cheville					
• Vitrage					
• Chasse d'eau					
• Cuvette					
• Ventilation					
• Radiateur					
• Convecteur					

	Neuf	Bon état	État moyen	Mauvais état	Observations
Chambre • Porte • Sol • Murs • Plinthe • Trous de cheville • Plafond • Tringle à rideaux • Vitrage • Volet • Stores • Plafonnier • Applique • Prise de courant • Radiateur • Convecteur • Placards • Autres (préciser : cheminée...) **Séjour** (idem Chambre) **Couloir** (idem Entrée)					

État des lieux établi le ....

Signature du locataire

Signature du propriétaire
(ou de son mandataire)

***À noter** : ce même état des lieux sera établi à la sortie du locataire. En comparant le document signé à l'entrée à celui signé à la sortie, le propriétaire pourra ainsi faire l'état des réparations à la charge du locataire.*

Témoignage - Attestation

Je soussigné(e) ....
(nom, prénoms, date et lieu de naissance)
demeurant .... *(adresse)*
exerçant la profession de .... *(indiquer la profession)*
(éventuellement : lien de parenté ou d'alliance avec les parties, lien de subordination à leur égard, de collaboration ou de communauté d'intérêts avec elles)

CERTIFIE
– que ....
– *(ou)* avoir été témoin des faits suivants : ....
(décrire précisément les faits)

J'ai établi cette attestation en vue de sa production en justice et je sais qu'une fausse attestation de ma part m'expose à des sanctions pénales.

Lieu, date
Signature

(Le témoin doit joindre la photocopie de sa carte d'identité)

Tentative préalable de conciliation

Nom et prénoms
Adresse
Code postal, ville
Profession

Greffe du tribunal d'instance
Adresse
Code postal, ville

Ville, date

Monsieur *(ou Madame)* le Greffier,

J'ai l'honneur de solliciter une tentative préalable de conciliation, sur le fondement de l'article 830 du Code de procédure civile, dans le litige portant .... *(indiquer son objet)* qui m'oppose à .... *(nom, prénoms, profession et adresse de la partie adverse)*

Les faits sont les suivants : .... *(exposer en détail le litige et les démarches effectuées)*

Je demande donc réparation du préjudice subi .... *(indiquer la somme demandée et joindre les justificatifs)*

Veuillez croire, Monsieur (ou Madame) le Greffier,........................ .... *(formule de politesse de votre choix)*

Signature

Assignation

Devant le Tribunal d'Instance de *(indiquer le lieu)*

L'AN deux mille onze ET LE *(cachet de l'huissier indiquant la date de l'assignation)*
À la requête de *(indiquer vos nom, prénoms, profession, domicile, nationalité, date et lieu de naissance si vous saisissez le tribunal en qualité de personne physique. En revanche, si vous le faites en qualité de personne morale, vous devez indiquer la forme – SA, SARL, par exemple –, la dénomination, le siège social et l'organe qui la représente légalement. Si vous demeurez à l'étranger, vous devez indiquer les nom, prénoms et adresse de la personne chez qui vous élisez domicile en France).*

Ayant pour avocat *(indiquer le nom de l'avocat s'il y a lieu).*

Il vous est donné assignation à comparaître le *(indiquer la date et l'heure de l'audience)* à l'audience et par devant Monsieur le Juge du Tribunal d'Instance de (indiquer le lieu où se trouve le tribunal).
Il vous est en outre dénoncé et laissé copie des *(indiquer le nombre de documents sur lesquels vous allez appuyer votre argumentation ; par exemple : un contrat d'entretien, une reconnaissance de dettes…)*, pièces annexées à la présente assignation selon la liste jointe.

Vous devez comparaître à cette audience ou vous y faire assister ou représenter par un avocat, votre conjoint, vos parents ou alliés en ligne directe, vos parents ou alliés en ligne collatérale jusqu'au troisième degré inclus ou les personnes exclusivement attachées à votre service personnel ou à votre entreprise. Il est à noter que votre représentant, s'il n'est pas avocat, doit justifier d'un pouvoir spécial. À défaut, vous vous exposeriez à ce qu'une ordonnance soit rendue à votre encontre sur les seuls éléments fournis par votre adversaire.

DESTINATAIRE de la présente assignation

(Indiquer les nom et domicile si le destinataire est une personne physique. En revanche, vous devez indiquer la dénomination et le siège social de l'entreprise si le destinataire est une personne morale.)

OBJET DE LA DEMANDE

(Vous devez indiquer ici l'objet de la demande avec un exposé de votre argumentation juridique – vous vous fondez sur un décret, une loi, les dispositions d'un contrat... Vous devez mentionner également ici les pièces sur lesquelles votre demande est fondée. De même, vous pouvez demander, comme indiqué ci-dessous, la prise en charge par votre adversaire des frais irrépétibles non compris dans les dépens. Il s'agit en général des frais d'avocat.)

Attendu qu'il serait inéquitable de laisser à la charge de (indiquer vos nom et prénoms ou la dénomination sociale de la société) les frais irrépétibles qu'il a été contraint d'exposer pour faire valoir ses droits à l'encontre de *(indiquer les nom et prénoms de votre adversaire ou la dénomination de la société)* ; qu'il plaira donc au Juge du Tribunal d'Instance de condamner cette dernière au paiement d'une somme de *(indiquer le montant de vos frais)* euros en application de l'article 700 du Code de Procédure Civile.

PAR CES MOTIFS

Recevoir *(indiquer les nom et prénoms du demandeur ou la dénomination sociale s'il s'agit d'une société)* en sa demande, et l'y déclarant bien fondée.

Condamner *(indiquer vos prétentions. Par exemple : « condamner la société Bernard au paiement de la somme de 1500 € assortie des intérêts de droit à compter de la mise en demeure du 3 janvier 1998 »).*

Le condamner aux entiers dépens et à payer à *(indiquer les nom et prénoms du demandeur ou la dénomination sociale s'il s'agit d'une société)* la somme de *(indiquer le montant indiqué ci-haut pour les frais irrépétibles)* en application de l'article 700 du Code de Procédure Civile.

SOUS TOUTES RÉSERVES

LISTE DES PIÈCES JOINTES À L'ASSIGNATION
(Indiquer ici les pièces annexées et les numéroter. Par exemple : 1.Contrat de bail – 2. Mise en demeure de faire les réparations...)

Conclusions en défense

Audience du *(indiquer la date et l'heure)*

À Messieurs les Président et Juges
du Tribunal d'Instance *(indiquer le lieu)*

POUR :
(Indiquer vos nom, prénoms, profession, domicile, nationalité, date et lieu de naissance, si vous agissez au nom d'une personne physique ou indiquer la dénomination, la forme, le capital, le numéro au Registre du Commerce et des Sociétés, le siège social et l'organe qui représente la personne morale)

Défenderesse,

Ayant pour avocat ..... *(indiquer s'il y a lieu, le nom de la société d'avocats, les nom et prénoms de l'avocat, le lieu et la toque).*

CONTRE :
(Indiquer les nom et domicile de la personne qui a saisi le tribunal, s'il s'agit d'une personne physique. S'il s'agit d'une personne morale, indiquer la dénomination, la forme, le capital, le numéro au Registre du Commerce et des Sociétés, le siège social et l'organe qui représente la personne morale si vous ne connaissez pas le nom du représentant il est plus simple d'indiquer la phrase suivante : prise en la personne de son représentant légal domicilié audit siège)

Demanderesse,

Ayant pour avocat ..... *(indiquer s'il y a lieu, le nom de la société d'avocats, les nom et prénoms de l'avocat, le lieu et la toque).*

PLAISE AU TRIBUNAL

Attendu que *(indiquer les nom et prénoms ou dénomination de la personne qui vous attaque)* pour voir :
– Condamner ..... *(indiquer ici la demande principale. Par exemple, condamner la société X à verser à M. la somme de 7600 € en principal augmentée des intérêts de droit à compter de la mise en demeure du 8 octobre…),*
– Le condamner ..... *(indiquer ici le montant de la demande au titre des frais irrépétibles)* à lui verser la somme de *(indiquer le montant indiqué dans l'assignation)* sur le fondement de l'article 700 du Code de Procédure Civile,
– Le condamner en tous dépens.

Mais attendu qu'il y a lieu de débouter ..... *(indiquer les nom et prénoms de la personne qui vous a assigné ou sa dénomination)* de l'ensemble de ses demandes, fins et conclusions.

Les faits
(Relater ici les faits)

Discussion
(Indiquer en quoi la demande de la personne qui vous a assigné est mal fondée. Utiliser de préférence une argumentation juridique : fondez-vous sur une loi, un décret, les dispositions d'un contrat ou d'un règlement de copropriété, par exemple)

PAR CES MOTIFS

– Débouter ..... *(indiquer les nom et prénoms de la personne qui vous a assigné ou sa dénomination s'il s'agit d'une entreprise)* de l'ensemble de ses demandes, fins et conclusions,
– Condamner ..... *(indiquer les nom et prénoms de la personne qui vous a assigné ou sa dénomination s'il s'agit d'une entreprise)* en tous les dépens, et à ... € *(indiquer le montant)* au titre de l'article 700 du Code de Procédure Civile.

SOUS TOUTES RÉSERVES

LISTE DES PIÈCES JOINTES
(Indiquer en les numérotant les pièces jointes au dossier)

Déclaration au greffe

Nous sommes là pour vous aider

Liberté • Égalité • Fraternité
RÉPUBLIQUE FRANÇAISE
MINISTÈRE DE LA JUSTICE

cerfa
N° 11764*07

Déclaration au greffe du tribunal d'instance

(Articles 58, 748-8, 843 et 844 du code de procédure civile)

Votre identité (demandeur)

►Si vous êtes une personne physique, remplissez les rubriques suivantes :

☐ Madame ☐ Monsieur

Votre nom de famille : ______________________

Votre nom d'usage (d'époux (se)) : ______________________

Vos prénoms : ______________________

Vos date et lieu de naissance I_I_I_I_I_I_I_I_I à ______________________

Votre nationalité : ______________________

Votre profession : ______________________

Votre adresse : ______________________

Code postal I_I_I_I_I_I Commune : ______________________

Adresse courriel______________________@______________________

Numéro de téléphone : I_I_I_I_I_I_I_I_I_I_I

►Si vous êtes une personne morale, remplissez les rubriques suivantes :

Forme de la société (SA, SARL, EURL, SCI, SCP...): ______________________

Dénomination : ______________________

Représentée par : ______________________

Adresse du siège social : ______________________

Code postal I_I_I_I_I_I Commune : ______________________

Adresse courriel : ______________________@______________________

Numéro de téléphone I_I_I_I_I_I_I_I_I_I_I

Numéro de télécopie I_I_I_I_I_I_I_I_I_I_I

1/5

L'identité de votre adversaire (défendeur)

► Si votre adversaire est une personne physique, remplissez les rubriques suivantes :

☐ Madame ☐ Monsieur

Son nom de famille : ____________________

Son nom d'usage (d'époux (se)) : ____________________

Ses prénoms : ____________________

Son adresse : ____________________

Code postal |_|_|_|_|_| Commune : ____________________

► Si votre adversaire est une personne morale, remplissez les rubriques suivantes :

Forme de la société (SA, SARL, EURL, SCI, SCP...): ____________________

Dénomination : ____________________

Représentée par : ____________________

Adresse du siège social : ____________________

Code postal |_|_|_|_|_| Commune : ____________________

Numéro de téléphone : |_|_|_|_|_|_|_|_|_|_|

Numéro de télécopie : |_|_|_|_|_|_|_|_|_|_|

Si vous avez plusieurs adversaires : identité de l'autre adversaire (défendeur)

► Si votre autre adversaire est une personne physique, remplissez les rubriques suivantes :

☐ Madame ☐ Monsieur

Son nom de famille : ____________________

Son nom d'usage (d'époux (se)): ____________________

Ses prénoms : ____________________

Son adresse : ____________________

Code postal |_|_|_|_|_| Commune : ____________________

► Si votre autre adversaire est une personne morale, remplissez les rubriques suivantes :

Forme (SA, SARL, EURL, SCI, SCP...): ____________________

Dénomination : ____________________

Représentée par : ____________________

Adresse du siège social : ____________________

Code postal |_|_|_|_|_| Commune : ____________________

Numéro de téléphone : |_|_|_|_|_|_|_|_|_|_|

Numéro de télécopie : |_|_|_|_|_|_|_|_|_|_|

Votre demande :

Vous demandez la convocation de votre adversaire (du défendeur) devant le tribunal d'instance de : ____________________

2/5

MODÈLES DE LETTRES

Vous souhaitez obtenir :

L'objet de votre demande doit être **chiffré** (le montant total de la demande doit être inférieur ou égal à 4.000 euros):

principal : ________________________€

dommages et intérêts : ________________________€

____

____

____

____

Exposez brièvement les motifs de votre demande :

____

____

____

____

____

Tentative de résolution amiable du litige

□ J'ai entrepris des démarches en vue de parvenir à une résolution amiable du litige :

- ○ j'ai adressé(s) un courrier à l'autre partie en vue d'un accord
- ○ j'ai eu recours à une tierce personne (médiateur ou conciliateur)
- ○ autre, précisez

□ Je n'ai pas entrepris de démarches en vue de parvenir à une résolution amiable du litige et je vous indique le motif :

____

____

____

____

____

Dans ce cas je suis informé que le juge pourra me proposer une mesure de médiation ou de conciliation.

Votre consentement concernant la transmission par voie électronique des avis adressés par le greffe du tribunal

J'accepte que les avis utiles à la présente procédure me soient adressés par le greffe de la juridiction au moyen d'un courrier électronique à l'adresse suivante :

______________________@______________________

3/5

Je suis informé que mon consentement **peut être révoqué à tout moment** par déclaration orale au greffe de la juridiction saisie ou par lettre recommandée avec accusé de réception adressée au même service.

J'ai bien noté qu'en cas de demande de révocation par lettre recommandée avec accusé de réception, ma révocation prendra effet à compter de la réception du courrier par le greffe.

J'ai bien noté que je dois signaler au service saisi de mon affaire tout changement d'adresse de messagerie.

J'ai bien noté que je dois signaler au même service toute circonstance ne me permettant pas de consulter ma boite mail de manière durable. Dans ce cas, **je sais qu'il m'est recommandé de révoquer mon consentement.**

Article 748-8 du CPC : Par dérogation aux dispositions du présent titre, lorsqu'il est prévu qu'un avis est adressé par le greffe à une partie par tous moyens, il peut lui être envoyé au moyen d'un courrier électronique ou d'un message écrit, transmis, selon le cas, à l'adresse électronique ou au numéro de téléphone qu'elle a préalablement déclaré à cette fin à la juridiction.
Cette déclaration préalable mentionne le consentement de cette partie à l'utilisation de la voie électronique ou du message écrit transmis au numéro de téléphone, pour les avis du greffe transmis dans l'instance en cours, à charge pour elle de signaler toute modification de son adresse électronique ou de son numéro de téléphone. ***Ce consentement peut être révoqué à tout moment.****

* En cas de demande de révocation, vous pouvez télécharger et imprimer le formulaire de « Consentement à la transmission par voie électronique des avis du greffe » dans l'onglet droit et démarche formulaire pour les particuliers, action en justice (http://www.vos-droits.justice.gouv.fr/) ou retirer ce formulaire au greffe de la juridiction que vous avez saisie. Ce formulaire, téléchargé et rempli par vos soins, pourra être déposé au greffe ou adressé au greffe par lettre recommandée avec accusé de réception.

ATTESTATION SUR L'HONNEUR

Je soussigné(e) ______________________ certifie sur l'honneur que les renseignements portés sur ce formulaire **sont** exacts.

Fait à: ________________________________ **Le** |_|_|_|_|_|_|_|_|

Signature

***Second demandeur* (si requête conjointe) :**

Votre consentement concernant la transmission par voie électronique des avis adressés par le greffe du tribunal

J'accepte que les avis utiles à la présente procédure me soient adressés par le greffe de la juridiction au moyen d'un courrier électronique à l'adresse suivante :

____@______________________________

Je suis informé que mon consentement **peut être révoqué à tout moment** par déclaration orale au greffe de la juridiction saisie ou par lettre recommandée avec accusé de réception adressée au même service.

4/5

MODÈLES DE LETTRES

J'ai bien noté qu'en cas de demande de révocation par lettre recommandée avec accusé de réception, ma révocation prendra effet à compter de la réception du courrier par le greffe.

J'ai bien noté que je dois signaler au service saisi de mon affaire tout changement d'adresse de messagerie.

J'ai bien noté que je dois signaler au même service toute circonstance ne me permettant pas de consulter ma boite mail de manière durable. Dans ce cas, **je sais qu'il m'est recommandé de révoquer mon consentement.**

Article 748-8 du CPC : Par dérogation aux dispositions du présent titre, lorsqu'il est prévu qu'un avis est adressé par le greffe à une partie par tous moyens, il peut lui être envoyé au moyen d'un courrier électronique ou d'un message écrit, transmis, selon le cas, à l'adresse électronique ou au numéro de téléphone qu'elle a préalablement déclaré à cette fin à la juridiction.
Cette déclaration préalable mentionne le consentement de cette partie à l'utilisation de la voie électronique ou du message écrit transmis au numéro de téléphone, pour les avis du greffe transmis dans l'instance en cours, à charge pour elle de signaler toute modification de son adresse électronique ou de son numéro de téléphone. ***Ce consentement peut être révoqué à tout moment.****

* En cas de demande de révocation, vous pouvez télécharger et imprimer le formulaire de « Consentement à la transmission par voie électronique des avis du greffe » dans l'onglet droit et démarche formulaire pour les particuliers, action en justice (http://www.vos-droits.justice.gouv.fr/) ou retirer ce formulaire au greffe de la juridiction que vous avez saisie. Ce formulaire, téléchargé et rempli par vos soins, pourra être déposé au greffe ou adressé au greffe par lettre recommandée avec accusé de réception.

ATTESTATION SUR L'HONNEUR

Je soussigné(e) ____________________ certifie sur l'honneur que les renseignements portés sur ce formulaire **sont** exacts.

Fait à: ______________________________ **Le** I__I__I__I__I__I__I__I__I

Signature

Loi n°78-17 du 6 janvier 1978 relative aux fichiers nominatifs garantit un droit d'accès et de rectification des données auprès des organismes.

5/5

MODÈLES DE LETTRES

Déclaration d'un litige

Madame la greffière, Monsieur le greffier,

Je, soussigné *(nom, prénom, date de naissance, adresse, profession)*, ai l'honneur de vous exposer le litige qui m'oppose à M. *(nom de l'adversaire, prénom, adresse, profession)*.

Je souhaite intenter une action en *(préciser : réparation, remboursement, annulation)*.

En effet, *(expliquer la nature du litige)*.

En conséquence, je réclame la somme de *(indiquer par exemple le montant de la somme versée à tort)* ainsi que *(somme)* euros à titre de dommages-intérêts pour le préjudice du fait de M. *(nom)*.

Toute tentative de règlement amiable ayant échoué, je vous prie de bien vouloir prendre en compte ma demande afin de régler ce litige.

Veuillez agréer, Madame la greffière, Monsieur le greffier, l'expression de mes sentiments distingués.

Demande en injonction de payer

Nous sommes là pour vous aider

Liberté • Égalité • Fraternité
RÉPUBLIQUE FRANÇAISE

MINISTÈRE DE LA JUSTICE

cerfa

n° 12948*01

Demande en injonction de payer devant le tribunal d'instance

(Articles 1405 à 1424 du code de procédure civile)

N° du Tribunal :
N° du Greffe :

DEMANDEURS
Indiquez ici vos nom de famille, nom d'usage (ex : nom d'épouse), prénoms, profession, domicile, nationalité, date et lieu de naissance.
Pour une personne morale, indiquez sa forme, sa dénomination, son siège social et l'organe qui la représente légalement.

MANDATAIRE
Indiquez, le cas échéant, les nom de famille, nom d'usage (ex : nom d'épouse), prénoms et domicile du mandataire
Pour une personne morale, indiquez sa forme, sa dénomination, son siège social et l'organe qui la représente légalement.

DEBITEURS
Indiquez ici les nom de famille, nom d'usage (ex : nom d'épouse), prénoms, domicile du ou des débiteurs.
Pour une personne morale, indiquez sa forme, sa dénomination et son siège social.

Le créancier ou son mandataire soussigné a l'honneur de vous exposer que le débiteur lui doit les sommes mentionnées ci-après, et requiert en application des articles 1405 et suivants du code de procédure civile que soit rendue, à l'encontre du débiteur, une ordonnance portant injonction de payer lesdites sommes.

☐ *En application de l'article 1408 du code de procédure civile, je demande qu'en cas d'opposition l'affaire soit immédiatement renvoyée devant ______________________________ ______________________________, juridiction compétente pour connaître du litige.*

1/2

SOMMES DEMANDEES	MONTANT	FONDEMENT DE LA CREANCE DOCUMENTS JUSTIFICATIFS
- principal - ____	____ ____	
☐ intérêts au taux légal ou ☐ intérêts au taux contractuel de ____ à compter du |_|_|_|_|_|_|_|_|	____ ____	
- clause pénale - frais accessoires - ____	____ ____ ____	

Date :

Votre signature :

La loi n°78-17 du 6 janvier 1978 relative aux fichiers nominatifs garantit un droit d'accès et de rectification des données auprès des organismes destinataires de ce formulaire.

ORDONNANCE

Nous, ____, Juge d'instance,
assisté de ____, Greffier
Vu la requête qui précède et les articles 1405 à 1424 du code de procédure civile,
☐ Attendu que la demande ne paraît pas fondée, rejetons la requête qui précède
☐ Attendu que la demande paraît fondée, totalement ☐ ou partiellement ☐
Enjoignons à ____
de payer à : ____

- ____ €, en principal avec intérêts - au taux légal (1)
  - au taux contractuel (1) de %l'an
  à compter du ___/___/_____
- ____ €, au titre de la clause pénale(1)
- ____ €, au titre des frais accessoires(1)
- ____
- les dépens liquidés à la somme de ____ €
- Fait à ____, le ___/___/_____

LE JUGE D'INSTANCE, LE GREFFIER,

Signification effectuée le ___/___/_____ à personne ☐ à domicile ☐
à étude de l'huissier de justice ☐ procès-verbal art. 659 NCPC ☐

Vu, sans opposition le ___/___/_____

LE GREFFIER EN CHEF,

(1) Rayer la mention inutile

2/2

MODÈLES DE LETTRES

Demande en injonction de faire

Nous sommes là pour vous aider

Liberté • Égalité • Fraternité
RÉPUBLIQUE FRANÇAISE

MINISTÈRE DE LA JUSTICE

cerfa

Demande en injonction de faire au tribunal d'instance

(Articles 1425-1 à 1425-9 du nouveau code de procédure civile)

Votre identité (demandeur):

► **Si vous êtes une personne physique, remplissez les rubriques suivantes :**

Madame ☐ Monsieur ☐

Votre nom (de famille): ____________________

Votre nom d'époux (se) : ____________________

Vos prénoms : ____________________

Vos date et lieu de naissance |_|_|_|_|_|_|_|_| à ____________________

Votre nationalité : ____________________

Votre adresse : ____________________

____

Code postal |_|_|_|_|_| Commune : ____________________

Adresse courriel : ____________________@____________________

Votre profession : ____________________

► **Si vous êtes une personne morale, remplissez les rubriques suivantes :**

Forme (SA, SARL, EURL, ...) : ____________________

Dénomination : ____________________

Représentée par : ____________________

Adresse du siège social : ____________________

Code postal |_|_|_|_|_| Commune : ____________________

Votre numéro de téléphone |_|_|_|_|_|_|_|_|_|_|

Votre adresse courriel : ____________________@____________________

Votre numéro de télécopie |_|_|_|_|_|_|_|_|_|_|

1

Si vous êtes assisté(e) ou représenté(e) :

Précisez les nom et prénom de la personne qui vous assiste ou vous représente *(avocat, conjoint, concubin, partenaire de pacs, parent ou allié, personne exclusivement attachée à votre service personnel ou à votre entreprise).*

Son nom : ____________________

Son prénom : ____________________

L'identité de votre adversaire (défendeur) :

► **Si votre adversaire est une personne physique, remplissez les rubriques suivantes :**

Madame ☐ Monsieur ☐

Son nom de famille: ____________________

Son nom d'usage (exemple : nom d'époux (se) : ____________________

Ses prénoms : ____________________

Son adresse: ____________________

____

Code postal I__I__I__I__I__I Commune : ____________________

Adresse courriel : ____________________@____________________

► **Si votre adversaire est une personne morale, remplissez les rubriques suivantes :**

Forme (SA, SARL, EURL, ...) : ____________________

Dénomination ____________________

Représentée par : ____________________

Adresse du siège social : ____________________

Code postal I__I__I__I__I__I Commune : ____________________

Son adresse courriel : ____________________@____________________

Votre demande :

➤**Vous exposez** qu'un contrat de : ____________________

____

a été conclu le I__I__I__I__I__I__I__I__I à ____________________

Précisez, s'il y a lieu, le lieu d'exécution du contrat : ____________________

Code postal I__I__I__I__I__I Commune : ____________________

Dans la mesure où l'autre partie au contrat n'a pas rempli (toutes) les obligations auxquelles elle s'est engagée,

➤**Vous demandez au tribunal d'instance de** *(choisissez le tribunal d'instance du lieu où habite le défendeur ou celui du lieu d'exécution du contrat) :*

Code postal I__I__I__I__I__I Commune : ____________________

2

MODÈLES DE LETTRES

➤ **de rendre une décision ordonnant au défendeur de faire avant le** |__|__|__|__|__|__|__|__|

➤ ***Précisez ci-dessous la (les) obligation(s) que le défendeur doit remplir*** :

(Ce que vous lui demandez. La prestation dont vous demandez l'exécution doit porter sur un montant supérieur à 4 000 euros et inférieur ou égal à 10 000 euros)

____

____

____

____

____

____

____

____

____

____

____

____

➤ Et le cas échéant, vous demandez au juge, en cas d'inexécution de cette (ces) obligation(s), de **prononcer une condamnation à** ______________ **euros à titre de dommages et intérêts.**

Fait à : **Le :**

Votre signature :

➤ *N'oubliez pas de joindre tous les documents utiles*

La loi n°78-17 du 6 janvier 1978 relative aux fichiers nominatifs garantit un droit d'accès et de rectification des données auprès des organismes destinataires de ce formulaire.

3

Index alphabétique

Achevé d'imprimer
en août 2015
par Dimograf
Bielsko-Biala Pologne